*L*ANG SONG YI SHU JIAOCHENG

朗诵艺术教程

赵兵　王群　著

文匯出版社

图书在版编目（CIP）数据

朗诵艺术教程 / 赵兵，王群著. — 上海：文汇出版社，2022.10

ISBN 978-7-5496-3835-2

Ⅰ.①朗… Ⅱ.①赵…②王… Ⅲ.①朗诵—语言艺术—教材 Ⅳ.①H019

中国版本图书馆CIP数据核字（2022）第177686号

朗诵艺术教程

著　　者 / 赵　兵　王　群

责任编辑 / 吴　梦

装帧设计 / 薛　冰

出版发行 / **文匯**出版社

　　　　　上海市威海路755号

　　　　　（邮政编码200041）

经　　销 / 全国新华书店

照　　排 / 上海歆乐文化传播有限公司

印刷装订 / 上海新文印刷厂有限公司

版　　次 / 2022年10月第1版

印　　次 / 2022年10月第1次印刷

开　　本 / 700×960　1/16

字　　数 / 310千字

印　　张 / 23.75

ISBN 978-7-5496-3835-2

定　　价 / 98.00元

这些年朗诵似乎比任何时候都红火，电视栏目、晚会、庆祝活动、群众文艺、语文教学、社会考级、比赛……都有朗诵的事儿。与此同时，人们对朗诵本质属性的认知也相当活跃。比如有专家竟然把中国古已有之的"朗诵"这一概念（见宋陆游《浮生》"朗诵短檠前"）拱手让给了外国，说我们的朗诵是舶来品；比如除了一直难以与朗诵分得清的"朗读"这一老概念以外，还高频出现了"诵读""吟诵"等几个似新非新的概念，搞得大家云里雾里有点晕头。而关系到朗诵形态的表现，有人也就更有想象力了，除了早就有的添加辅助手段的配乐朗诵、情景朗诵、化装朗诵、朗诵剧这些正常的形态以外，还出现了"演诵""行为朗诵"的新概念。

撒切尔夫人曾说：注意你的思想，因为它将变成你的言语；注意你的言语，因为它将变成你的行为。为了更好地推动和发展朗诵艺术，本教程首先想针对这两个根本问题——朗诵的本质属性和表现形态——表达一下我们的观点，力争为大家排除在朗诵活动中已经带来的困惑，以便找到一个正确的认知来引领指导我们的朗诵。

我们首先从逻辑上来分清"诵读""朗读""朗诵""吟诵"这四个概念外延从大至小的关系。也就是说，这四个概念中应该是前面的概念包含后面的概念，而后面的概念可用前面的概念相称。比如"经典诵读"活动，估计也就是因为"诵读"这一概念的外延最宽泛，所以诵读活动中可以有古诗词"吟诵"，即王力先生所言"古人的吟和今天的朗诵差不多"，而不是有曲谱的吟唱；可以有包括古诗词或现代诗文高水平的"朗诵"；可以有古诗词或现代诗文水平一般的"朗读"；可以有像"朗诵"那样的"朗读"（前三者把"诵读"一词理解为"联合结构"，后者把"诵读"一词理解为"偏正结构"）。再则，比如我们看到许多朗诵赛事、朗诵网站的名称（如颇有影响力的"全民朗读"）都用了"朗读"这一概念，不难看出主办方为了让更多人参与而采用的语言策略；再比如有的人分明是在"朗诵"，但他比较低调，称自己是在"朗读"；而有的人声称自己是在"朗诵"，但因为水平不高，别人会悄悄议论，"这哪是什么'朗诵'啊，不就是一般的'朗读'嘛！"这样的做法和说法也都顺理成章，符合逻辑。但是，这几个概念并非等同，如"朗读"非文学作品或语文教师教学"朗读"课文时属于非表演性质的课文范读，即使是文学作品也不能称之为"朗诵"（教学过程中通过朗诵的手段加深学生对课文的理解和感受例外），而"朗诵"现代文学作品也不能称之为"吟诵"。那么如何区分呢？主要取决于文本中的文体（体裁）和语言（文言或白话）。

而说起"演诵"这一概念，就关系到逻辑的内涵了，而且我们认为这还是一个伪命题。从当下朗诵活动的态势来看，这个伪命题还迷惑了不少人，把不少朗诵爱好者甚至专业人士带进了沟里。

有人认为"演诵"是一种"创新"。那么"演诵"果真是一个"创新"的概念，或者说是一个新词吗？非也。其实"演诵"一词古已有之，其中"演"这一语素义和"演讲"之"演"同义："当众"（相对应的是"表演"中语素义"表"，或者"演讲"的英语单词PUBLIC SPEAKING 中的 PUBLIC），并非今天的戏剧表演中塑造角色的"表演",而"演诵"的本义实际上是"当众诵读"。

而要说到朗诵形式的创新,事实上前面我们已经提到早已有之的情景朗诵、化装朗诵、配乐朗诵、朗诵剧。它们与所谓的"演诵"的最大区别在于以下几点。第一,看地位。前四者并未反客为主、"太阿倒持"。音乐也好,布景也好,化装也好,全都只是起到了烘托气氛的辅助作用,没有喧宾夺主、画蛇添足,而是锦上添花,"戏剧化"了一下而已。第二,看定位。前四者朗诵者角色没有错位,作品语体(语言风格)没有走形。朗诵者不是在塑造戏剧人物(影、视、话剧等文学作品中的台词朗诵除外),只是在对朗诵的文学作品进行二度创作,诗歌还是诗歌,散文还是散文,古诗词的韵律还在,并没有把这些文体的作品当台词中近似于舞台朗诵的"独白"方式处理,不必有话剧舞台表演的台词腔。第三,看走位。前四者朗诵者的创作方法和路线没有走偏,朗诵的作品没有伤筋动骨,文学作品的结构框架没有受到破坏,没把诗或散文的内容当成了戏剧舞台上的场景片段,没有违背作者的思维逻辑去胡乱编织一条戏剧人物的动作线做沉浸式或图解式的表演。

因此,所谓的"演诵"与其说是朗诵形式的创新,还不如说这是让朗诵走了样,变了形,模糊了两种不同艺术样式的边界,不是不同艺术样式的"跨借",而是不同艺术样式的"跨界"。

至于也有人觉得所谓的"演诵"者凭借他的语言和戏剧表演的功力、张力,让情感氛围得到了充分的渲染,确实在现场"感动"了不少观众。我们想说,诚然,是否能够感动观众的确是评价朗诵成功与否的一个标准,但文本的文体(体裁)和语体(语言风格)应该是朗诵艺术创作的本源,任何离开文本的文体和语体的朗诵艺术创作都是无本之木、无源之水。而如果认为所谓的"演诵"也是一种"风格"的话,那么我们想说,创新不是别出心裁,风格也不能出格,个性化非个人化,朗诵艺术创造必须建立在文本的文体和语体的共性基础之上。

当下，我们必须清醒地看到在这种创作思想的影响下朗诵态势存在的诸多问题。比如有人朗诵时轻有声语言而重辅助手段（这一般存在于初学者之中）；比如有人朗诵时用尽洪荒之力，声音和情感有释放而无节制（这一般存在于有一定基础的朗诵者之中）；比如有人混淆朗诵与演戏的区别（这一般存在于有"专业"水平的朗诵者，如所谓的"演诵"者）。

汪曾祺曾说："作品是'流'出来的，而不是'做'出来的。"米兰·昆德拉曾言："古希腊哲学探寻世界问题，并非是为了满足所谓的某种实际需要，而是为了'受到了认知激情的驱使'。"因此，朗诵者应该明白"大道至简"的道理。如果"为了满足所谓的某种实际需要"（如讨好观众，想博得廉价的掌声和旧戏院的吆喝声），而错把"发挥"当作了"发泄"，因不甘寂寞、刻意追求效果而展现自己的各种能力，不分轻重，满台飞舞，大声嘶吼；不是一心表达作品（"心中的艺术"——斯坦尼语），而是刻意表现自己（"艺术中的我"——斯坦尼语）的"做"法，则离朗诵艺术的本质属性将渐行渐远，也永远不可能达到朗诵艺术的最高境界。

我们认为，无论哪一种原因，但凡丢弃了文本体裁和语言风格的朗诵，无疑严重违背了朗诵艺术创作的根本规律。朗诵是以有声语言为主对文学作品进行二度创作的艺术活动。不尊重朗诵艺术的特点，将会严重破坏文本原有的风貌，改变朗诵艺术的本质属性。

因此，为了维护朗诵艺术的规范性，我们一定要认清朗诵艺术的本质属性，需要有一个不违背朗诵本质属性的表现形态：朗诵不是综艺节目，更不是杂耍；朗诵者不是在演戏，不是在念台词；朗诵舞台不是施展各种才艺的秀场。

当然，舞台朗诵不仅是听觉的享受，也是视觉的享受。我们不反对舞台朗诵"戏剧化"的艺术处理，可以调动"灯、服、道、效、化"一切手段，可以设置舞台情境，可以有合理的空间调度，但必须以有声语言表演为主，必须以文学作品的文体和语体为基础，必须把控一切辅助手段的分寸。

我们原本无拨乱反正、以正视听之力，但却有一颗对朗诵艺术的敬畏之心，这便是我们撰写本教程的初心宗旨。

"七岁的时候，每个人都是诗人。"不记得是在哪一本书中读到过这样的话。从广义来说，这句话恐怕不无道理。因为在步入成年之前，人们胸中时时涌起的情感，往往是如此纯真而强烈……

年轻的时候我也爱诗，甚至写过并发表过一些不成样的小诗。然而，那时我却认为诗只宜于写在纸上，盘旋在心里，而不宜于大声吟诵，所谓"一说便俗"。

但是中华人民共和国成立后，我竟开始在公众面前朗诵了。有人讥笑朗诵是"大声说话"，我也不以为忤。我朗诵的第一首诗，便是《黄河》大合唱中的"黄河之水天上来"。记得在上海文化广场面对上万观众朗诵这首诗时，观众的情绪使我深深激动了。我感到：诗，不再只是环流于心底的孤独的潜流，她还插上声音的翅膀，飞向听众，引起交叉共鸣和回响。她沟通千万人的心灵，共同融入一个时代的感情巨流之中。比起演戏来，朗诵需要和观众更直接的交流和相互感应，因而具有一种特殊的吸引力、煽动力。苏联诗人马雅可夫斯基向红军朗诵他的长诗《列宁》，在朗诵到"列宁在我们心中"时，一位红军指战员站起来大声说："枪，在我们手中，马雅可夫斯基同志！"这大概可以说明朗

诵的力量吧。

愤怒出诗人。在一些重大的历史转折点，诗的朗诵更成为号角的吹奏，激荡起亿万人民的心潮，推动人们去创造美好未来。在难忘的1976年，我虽然没有机会到天安门去目睹盛况，但粉碎"四人帮"后不久，在一次朗诵会上，我朗诵了《扬眉剑出鞘》。那只是短短的四句诗，然而当时听众的反应使我感到，有些炽热而复杂的大时代感情，通过诗的朗诵传达出来，其浓度、力度和深度，往往不是一般语言所能企及的。

当然，在日常生活中，朗诵也已成了陶冶性情、增强美的修养的高尚活动。四年前我曾在广州主持了一次朗诵会。在那次会上，广州及来自北京和上海的许多演员朗诵了诗歌、散文、寓言、名剧片段等等形式的文学作品。我曾担心，平时不大讲普通话的广州人不会对此发生兴趣，然而，完全意外，三天的入场券在三小时内销售一空，演出的剧场效果竟是如此热烈。人们称道这样的朗诵会为一次"高雅的艺术享受"。

将近五十年来，我曾不断在各种场合进行朗诵。同时由于电台、电视台以及唱片公司的热情相邀，也录制了不少朗诵节目，但说来惭愧，她始终只是我的一项"业余"活动。在这方面，我进行的研究和思索太少了。当我接到一些热情听众的来信，希望我能介绍一些朗诵的理论和经验的时候，我竟感到思绪非常纷乱，不知说些什么才好。我知道，在影剧界、语言界，有不少同志在朗诵方面下了不少苦功，他们切切实实地总结经验，深入钻研，并写出了有价值的论文。我敬佩他们这种精神！在朗诵这个艺术领域中，他们是真正的耕耘者。要使朗诵艺术得到发展，成为文艺百花园中一朵鲜艳的花朵，是非常需要这样锲而不舍的努力的。

在共同追求的道路上，我结识了赵兵和王群。赵兵先生在上海戏剧学院讲授舞台语言多年，同时，也有很丰富的朗诵实践经验。上海市成立文艺广播传播促进会，还曾授予他"知音奖"，表彰他通过广播传播语言艺术的贡献。而王群先生不仅有一定的朗诵艺术实践，也是一位多年从事高校语言教学的教师，在理论上颇有研究。他们是有心人，是辛勤的耕耘者。他们根据多年实践及讲授朗诵艺术的经验和理论研究所写出的这部朗诵专著，对朗诵艺术的源流、基本功、基本要求、内外各种技巧以及各种体裁的朗诵，做了全面系统的论述。他们把朗诵中遇到的一些问题提到理论高度予以思考，同时又列举了不少朗诵作品的实例，细致分析，反复论证。因此，它不仅是一部朗诵理论的书，同时也是一部生动的朗诵艺术欣赏的著作，读时像是身处琅琅的朗诵声中，令人兴味盎然。当然，任何艺术创造都不是能从哪一本专论中学来的。陆游说："汝果欲学诗，功夫在诗外。"和许多其他姊妹艺术一样，朗诵技巧的提高也要求人们具备广博的知识和修养。因此，我希望年轻的朗诵爱好者不要把这本书当作立竿见影的"指南"，而是把它看作是两位严肃的语言工作者的一部有价值的艺术总结，从中得到有益的启发和借鉴。我期待，在我们的书海中有更多这样的作品出现，从而使朗诵艺术能在我们的土壤中更深地扎根，有助于我国精神文明的建设，文化层次的提高。

如果能得到音像出版工作者的合作，将书中列举的实例录音选辑成编，制成盒式磁带，作为阅读本书时的形象参考，那就更能与本书的文字相得益彰了。

说起朗诵·乔奇

说起朗诵，我回想起了很多往事。

　　记得是刚踏入初中一年级的时候，有一天，一位语文老师带领全班同学在课堂上进行了一次诗朗诵活动。至今我还记得那位老师姓郑，那时他的确是位老人了，据说他是清朝最后一届举人。同学们跟着他老人家的语气声调吟诵着"床前明月光……"当时我的心情是兴奋的，也感到很是有趣，更由于和平常念课文、背课文不同，开始也有点不大好意思开口，感到有点羞涩，直到快下课前才逐渐跟上了老师和同学们的声调和节奏，大声吟诵起来。我已不记得这样的课堂实践后来还有过几次，可这一次却至今难忘，我第一次了解到中国古代的诗歌本身有着这样优美的韵律，跟着老师这么一念，似乎有点像戏曲里的小生道白那样，有腔有调，有滋有味，给人一种轻松自如的感觉。

　　到了抗日战争初期，我和当时许多青年学生一样，投身于抗日救亡运动，在一个业余话剧团里演戏。记得有一次在紧张的排练之余，团里的大哥哥大姐姐们在一个居民的家中——所谓的排练厅——举行了新诗朗诵会。由于我的普通话（当时叫"国语"）还只是在学习阶段，所以只是作为一名听众参加了这次我记忆中的盛会。朗诵会上，同学们慷慨激昂地朗诵着一首首抗日救亡和苏联的革命诗篇。我清楚地记得有一位女青年的朗诵语音准确，吐字清楚，声音响亮，感情纯真，特别是她对诗句的理解和表达能力，感动了在场所有的观众。这个最初的印象，激励了我以后这一辈子的工作和学习，她也成了我追求的楷模和榜样，我开始体会到了朗诵的魅力。

中华人民共和国成立后，我进入了上海人民艺术剧院。团长高重实是一位朗诵爱好者，也是一位热情的推广者。在他的组织、鼓动下，我开始参加了大量的朗诵活动，对朗诵艺术有了逐步的了解和感悟。在此期间，上海人民广播电台还专门设立了朗诵节目，我从一次次朗诵艺术的实践中，从一位位热情听众的反馈中学到了不少东西。我深深地体会到，朗诵活动不仅使我这个土生土长的上海人提高了普通话的水平和能力，更给我这个话剧演员在体会、体现角色的内心世界方面带来了极大的帮助。

"文革"结束后，不计其数的朗诵活动让我对朗诵艺术有了更多的感受和体会。朗诵不仅仅是少数人聚在一起用以抒发情感的方式，也不仅仅是戏剧表演课程中的一项技能训练内容，它已成为广大群众经常性开展的艺术创造活动。我曾经多次参加上海文化广场的大型朗诵专场演出，演员的精彩朗诵感染了听众，听众的热烈反应刺激了演员，演员和上万名听众的情感产生了强劲的共鸣，朗诵的高潮此起彼伏。我曾担任过无数次大中小学及工厂机关朗诵比赛的评委，组织者和参加者的巨大热情让我感动，朗诵者的艺术水平和听众的欣赏水平之高，令我惊讶。毋庸置疑，如今朗诵已为全社会各阶层认可和欢迎，特别是改革开放以来，朗诵已成为广大人民群众不可缺少的精神食粮。

今天，我有机会拜读了赵兵先生和王群先生撰著的这本有关朗诵艺术的著作，这是他们俩在多年的实践和教学中不断总结经验和心得写出的一本理论与实践密切结合的好书，这对广大朗诵爱好者是件值得高兴和非常有益的事。值此，我一来祝贺这本有价值的书即将出版，二来更盼望二位能"百尺竿头，更进一步"，日后有更多的佳作发表出版。我殷切地期盼着，祝福着。

目 录

目
录

目
录

目

录

朗诵艺术的源流

朗诵，像春天的惊雷，催人奋进；像初夏的细雨，润人肺腑；像秋日的清风，驱人愁云；像寒冬的阳光，暖人心房。朗诵，是艺术百花园中一朵争妍夺目的奇葩。

一提起朗诵，人们自然会想起朗读。而今天的朗诵和朗读已有一定的区别。今日的朗诵，是演员主要通过有声语言，向观众（或听众）表达文学作品思想感情和演员主体感受的一种听觉艺术。它带有一定的表演性质，具有明显的演出目的；而朗读则不然，它只是一般的有声语言活动。因此，从手段看，朗诵比朗读更多。比如面对观众的朗诵，朗诵者除了运用自己的声音、语言以外，还可通过自己的眼神、手势、身姿，甚至可以增加一些辅助效果，例如以相应的音乐、化装、灯光来强化感情的表达和气氛的渲染；而朗读则无须这些手段。从语调看，朗诵也比朗读丰富。朗诵很注重语势、重音、停顿和节奏的处理，富有很强的音乐性；而朗读虽也需抑扬顿挫，但只要注意语意清楚、舒缓不迫、字字分明就行，语调变化不必太大。从文体看，朗诵比朗读范围小。朗诵的对象仅限于文学性作品，如诗歌、小说、散文、寓言以及话剧和影视剧中的大段台词等，而朗读则涵盖种种文体。

然而，如果沿着朗诵艺术的源流去寻找其轨

迹,我们便会发现:"诵"和"读"却是有声语言家族中一对难以分割的孪生兄弟,"诵,读也;读,诵也"(《说文解字·言部》)。今天的朗诵艺术无疑是历史上"诵"的发展,但也不可否认,它也是历史上"读"及其他一些有声语言活动的延伸,它是有声语言发展史上必然结出的艺术之果。

如同其他艺术形式一样,朗诵在形成一门独立艺术之时,也走过一条漫长的道路,它具有自己的历史源流。

远古 诵的历史源头 《淮南子·道应训》篇中有这样一句话:"今夫举大木者,前呼'邪许'(杭育声),后亦应之。此举重劝力之歌也。"鲁迅曾对此阐述了自己的观点。他说:"我们的祖先的原始人,原是连话也不会说的,为了共同劳作,必须发表意见,才渐渐练出复杂的声音来,假如那时大家抬木头,都觉得吃力了,却想不到发表,其中有一个叫道'杭育杭育',那么,这就是创作;大家也要佩服、应用的,这就等于出版;倘若用什么记号留存了下来,这就是文学;他当然就是作家,也是文学家,是'杭育杭育派'。"鲁迅这段话虽然是针对文学的产生而言的,但也很清楚地说明一个道理:文学起源于口头传诵。换句话说,那位叫道"杭育杭育"的,也就是朗诵,他也可被认为是朗诵家。因此,这种没有文字的远古时代的口头传诵,虽说与今日朗诵的语调等情况有很大区别,但是如果要追溯今日朗诵艺术的历史源流的话,那么先于书面文学的口头传诵阶段,该算是它的源头了。

先秦 出现文字记载 早在先秦时期,我国的史书文献中就出现了有关"诵"的记载。

我国第一部历史散文《尚书》"舜典"篇中写道:"诵其言谓之诗,咏其言谓之歌。"从这句话可以看出,当时不仅有"诵"这种形式,而且十分清楚地与"歌"这种形式区分开来了。著名美学家朱光潜在《诗论》一书中就这句话,指出了诵和歌的不同"就在歌依音乐(曲调)的节奏音调,诵则偏重语言的节奏音调,使语言的节奏音调之中仍含有若干形式化的音乐的节奏音调"[1]。另一部记载先秦礼仪的书《周礼》"大司乐"中也写道:"以乐语教国子:兴、道、讽、诵、言、语。"尽管我们无法了解当时诵的腔调,但也可以清楚地看到当时的"诵"已明显区别于其他的有声语言——歌、言、语等表现形式了。

在当时,"诵"不仅明显区别于其他有声语言形式,而且常常用来"献诗陈志",士大夫往往通过朗诵诗歌对国君进行歌颂和讽谏。

《国语·召公谏弭谤》一文中记载了这样一件事:周厉王很残暴,而且想方设法制止人民对他的指责。召穆公告诉他,堵百姓的嘴,比堵洪水还难,不如引导大家说出自己的意见,对国家、对人民都有利。他说,以前天子办理国家大事时,就命令三公九卿一直到列士献上讽谏的诗,由盲人乐师诵诗给他听。从召穆公的劝说来看,充分说明献诗和朗诵诗在处理政治大事上的重要作用了。所以,当时在外交宴会场合上,宾主也常常通过"诵"诗来表达各自的愿望和态度。

《左传·鲁定公四年》就记载了这样一次外交赋诗的情况。那时楚国遭到吴国的入侵而濒于灭亡,就让申包胥到秦国求救,结果被拒绝。申包胥在秦庭外哭了七天七夜,最后感动了秦哀公,哀公即"诵"《诗经·无衣》一首,以表示态度。京剧《哭秦庭》演的就是这个历史故事。

我们都了解秦始皇焚书坑儒的历史事实。《汉书·艺文志》中写道:"诗三百遭秦火而全,以其讽诵,不独在竹帛也。"这就是说,2500多年以前的我国第一部诗歌总集《诗经》,虽然遭到秦始皇的焚烧,然而它却保全下来了。这就是因为《诗经》中大部分作品是古代人民的口头创作,是民间口头传诵的作品。刻写在竹帛上的《诗经》烧掉了,但扎根在人民中间的口头传诵却是焚烧不掉的,它终于被

---

① 朱光潜:《诗论》,生活·读书·新知三联书店,1984年,第95页。

保全下来了。由此可见，先秦时期"诵"的风习已相当兴盛，达到了《诗经》能烂熟于心，"不学诗无以言"的地步。

汉代　出现专门注释　到了汉代，古文字学家郑玄为"诵"字专门做了注释。他说："以声节之曰诵。"[a]意思是用声音把诗的节拍表示出来就叫诵。这恐怕要算历史上对诵的较早注释了。根据史料记载，当时学校里已经盛行诵诗了：有用琴瑟等弦乐配合的叫作弦诵，这大概有点类似今日配乐朗诵了；也有只口诵而不用乐器的，称之为诵读。可见此时的"诵"不仅是一种独立的有声语言形式，而且这种形式的自身已经发展得相当丰富多彩了。

如果说先秦时期诵的风习已相当兴盛，那么从下面两个材料我们可以看到当时有人对"诵"已到如痴如醉的地步了。

《汉书·朱买臣传》中写朱买臣家境贫困，却好"读书"。他以卖柴为生，常常担着一捆柴，一边走，一边"诵"书。他的妻子跟在后边，劝他别这样一边走路，一边诵书，可他反而越诵越响了。

范晔的《后汉书》也记载了"高凤晒麦诵"的趣事：高凤"家以农亩为业，而专精诵，昼夜不息"。一天，他的妻子嘱咐他在院里晒好麦子，不要让鸡吃了。忽然，天下起了雨，但高凤仍然"持竿诵经"，毫无感觉，一直到妻子归来唤他方止。

魏晋南北朝　出现理论探讨　到了魏晋南北朝，中国的佛教开始兴盛。佛教徒对于佛经的诵读很讲究声调和节奏，因此佛经的"转读"，以及新生的韵书，沈约等人发现的四声音律，对当时诗文的诵读产生了很大影响。可以认为，此时人们对"诵"的规律性已着手进行理论探讨。

南朝梁沈约创导了"四声八病"一说，《南史·陆厥传》中曾记载他提倡诗文"前有浮声，则后须切响。一简之内，音韵尽殊；两句

---

① 　转引自《朱自清诗文选集》，人民文学出版社，1955年，第189页。

之中，轻重悉异"。意思是说：撰写诗歌，要有意识利用四声音律，轻重有异，声韵得当；诵读时要诵出音乐的节奏来。沈约的学说，既是对诗歌创作的总结和探讨，也可说是对诵的概括和研究。同朝钟嵘在《诗品·序》中说："余谓文制，本须讽（诵）读，不可蹇碍，但令清浊通流，口吻调利，斯为足矣。"意思是说，诗文本靠诵读来表现它的内容特点，不可在四声上过分讲究，只要诵读流畅顺口就足够了。从沈约和钟嵘两人发表的观点来看，当时已明确提出诗文要充分利用音韵知识，符合诵读的规律的问题。沈约的话，内容具体；钟嵘的话，观点辩证。他们相互补充，在理论上进行研讨，无疑对当时的诗文诵读活动产生了积极的作用。

唐代　出现表演活动　唐代律诗的产生，与其说是诗人在文学形式上的突破，还不如说是当时人们对诵诗的一种新的追求。他们希望能充分发挥汉语有声语言的特点，展现它的优美韵律。于是，一种既能显现节奏韵律，又能让人咀嚼玩味诗句意蕴的吟诵方式便应运而生了。大诗人杜甫也曾"新诗改罢自长吟"，还有人"吟安一个字，捻断数茎须"，甚至于还"两句三年得，一吟双泪流"。吟诵之风当时已十分风靡，"而这种气力全用在'吟'上了"（朱自清《朗读与诗》）。那么什么是"吟"？王力先生在《诗词格律》中说："吟跟今天的朗诵差不多。"当时甚至还出现表演活动。《博异记》中记载的"旗亭画壁"一事，可以让我们了解一二。

唐开元期间，诗人王昌龄、高适、王之涣三人来到古人称之为"旗亭"的酒楼饮酒。正巧宫廷中几个伶官在此进行诵诗表演。于是三人私下相约："我们都享有诗名，但不曾排过名次等第，今天就以这些伶官吟诵谁的诗的多少来分高低。"不一会儿，一位伶官酒兴已浓，"即曰"昌龄诗一首，王昌龄高兴地在墙壁上画道："一绝句。"接下来，又一位伶官吟诵了一首高适的绝句。高适得意地在墙壁上画道："一绝句。"王之涣此时不慌不忙，信心十足地说："下面如果不是

我的诗，我就终身不和你们争衡了。"话音刚落，只听一伶官"发声即曰"："黄河远上白云间，一片孤城万仞山。羌笛何须怨杨柳，春风不度玉门关。"王之涣畅怀大笑，揶揄两位道："田舍奴，我岂妄哉。"

宋代 出现"朗诵"二字 宋代著名文学家陆游是极其重视读书、诵书的。他写过很多言志书怀的诗篇，吐露了"此生有尽志不移"的志向。在他《剑南诗稿》中的一首诗里，就出现了"朗诵"二字。

> 浮生过六十，百念已颓然。独有耽书癖，犹同总角年。
> 横陈粝饭侧，朗诵短檠前。不用嘲痴绝，儿曹尚可传。

陆游年岁已高，什么兴致都已淡薄了，但唯有读书的爱好，依然同少年时代一样——吃饭的时候，横陈着书籍，专心地阅读"藜羹麦饭冷不尝"；夜半更深的寂静中，在床头小油灯前孜孜不倦地朗诵，"要足平生五车读"。不怕有人嘲笑他这样做是痴迷到了极点，这种读书、朗诵的癖好作为一种崇高的品德和美好的风尚，要留传给儿孙后辈。可见当时读书人对朗诵珍视到何等重要的地步！

在宋代，除了陆游，尚有不少名人都很重视朗诵。据说，欧阳修填词作诗时，就常常把稿纸钉在墙上，然后手握一笔，在屋里来回踱蹀，徘徊瞻顾，一边朗诵，一边修改，直到满意为止。苏东坡也曾有"与客泛舟游于赤壁之下""诵明月之诗"的雅兴。

大理学家朱熹曾针对"诵"发表过自己的见解，他说："读诗正在于吟咏讽诵，观其委曲折旋之意……如人入城郭，须是逐街坊里巷、屋庐台榭、车马人物，一一看过，方是。今公等是外面望见城是如此，便说我都知得了。"[a] 这段话，后来衍化为"望城而止"这个俗

---

① 转引自黄仲苏:《朗诵法》，开明书店，1936年，第5—6页。

语。朱熹以进城做比喻，形象地道出了读诗与吟、咏、讽、诵的重要关系，说明当时人们已从把"诵"作为教学生识字、向朝廷献诗、做外交表态，或闲时消遣、酒肆茶楼演出的手段，发展到对"诵"能更深刻地理解作品内在"委曲折旋之义"这一作用的新的认识，这不可不说是在朗诵史上迈出的一大步。

元代　融入其他艺术　元曲这一新的诗体，虽说是一种唱的文学，但其中也融入了朗诵的艺术。"唱、念、做、打"中的"念"和朗诵不无关系。其中"念白交代""上场诗""下场诗"就明显采用了"诵"的方式。传奇中的第一出戏"自报家门"，或者叫"副末开场"，角色先是唱一两支曲子开端，可是在第二出戏唱了曲子以后，常有大段"自白"，这个"自白"全是用的"诵"这一方式。而有些优秀的曲艺实际应该只属于对叙事诗做某种形式的歌唱和吟诵，其中说话艺术与今日的小说朗诵就很有相近之处了。

明清　出现更多形式　到了明末清初，音韵学家蜂出，著名散文派别"桐城派"的"因声求气"的文学主张，说明当时人们对"诵"的作用又有了更高的认识，这便为朗诵推波助澜，出现了更多"诵"的方式。我们从当时的文学作品中，似乎可以了解到这些情况。

曹雪芹的《红楼梦》第二十八回"蒋玉菡情赠茜香罗，薛宝钗羞笼红麝串"里，写到蒋玉菡与宝玉等人在一起饮酒赋诗时，有这样一段内容：

> 于是蒋玉菡说道："女儿悲，丈夫一去不回归。女儿愁，无钱去打桂花油。女儿喜，灯花并头结双蕊。女儿乐，夫唱妇随真和合。"说毕，唱道："可喜你天生成百媚娇，恰便似活神仙离碧霄。度青春，年正小，配鸾凤，真也着。呀！看天河正高，听谯楼鼓敲，剔银灯同入鸳帏悄。"唱毕，饮了门杯，笑道："这诗词上我倒有限。幸而昨日见了一副对子，可巧只记得这句，幸而席上还

有这件东西。"说毕，便干了酒，拿起一朵木樨来，念道："花气袭人知昼暖。"

蒋玉菡先是"说道"，说毕之后"唱道"，唱道之后"念道"。曹雪芹用词是十分准确的。这里尽管没有出现"诵"这个字，但我们可以看到，当时由于文体、内容或情感的不同，行腔使调也有区别，称谓也就有异了。这"说""念"，其实是不同的朗诵法。我们推测这里的"说"，与今天的带有诵的成分的"读"差不多，而"念"就接近于今天的朗诵了。从这段描写的情况来看，当时的朗诵已达到了相当精深的程度。

现代　形成独立艺术　朗诵发展到现代，已经彻底与其他有声语言活动分了家，朗诵进入了艺术的大门。

当朗诵阵地——"诗坛"出现时，朗诵艺术已正式走上了舞台。一人在台上朗诵诗歌，很多诗人和听众在台下评骘。新诗的崛起，话剧艺术的诞生，白话文的兴起，文与语之乖离现象已不复存在，人们又发现"北方音"最适合于现代口语的朗诵，从此朗诵开辟了新的天地，朗诵艺术的专门活动形式——朗诵会，像雨后春笋般地涌现。朱自清、徐志摩、老舍曾多次在朗诵会上朗诵自己的新作。闻一多先生就曾在昆明西南联合大学朗诵艾青的诗作《大堰河》，博得了全场热烈的掌声，被誉为晚会中"最精彩的节目之一"[a]。朗诵以诗歌为主，却不限于诗歌，也包括散文和戏剧的对白，而且产生了一种专供朗诵的文体——朗诵诗，还出现了专门研究朗诵的专著——《朗诵法》。特别是抗日战争时期，朗诵已作为一门有力的宣传武器，激发起人民抗击敌寇的勇气和决心。

当代　天地更加广阔　中华人民共和国成立后，朗诵艺术天地更

---

① 《朱自清诗文选集》，人民文学出版社，1955 年，第 252 页。

加广阔，普通话的推广为朗诵艺术注入了新的血液。广播里，电视中，舞台上，我们到处可以听到、看到一些文学作品的精彩朗诵。这些朗诵，把听众（或观众）带进作品的意境之中，在脑海里展示出一幅幅动人的画面。

广播朗诵的内容越来越丰富。不仅有各种文体的短篇作品朗诵，也出现了中外著名长篇小说的连播。这些节目每每深受广大听众的欢迎。

电视的发展，不仅将舞台上的朗诵活动搬上了荧屏，还发挥了它独具的特点，出现了电视文学朗诵这一新的形式。如上海电视台播放的白居易《琵琶行》，随着朗诵者富有情感的声音，观众还可以在画面上见到白居易和琵琶女的形象，见到诗中所描绘的"浔阳江头夜送客"的景象。朗诵，这一听觉艺术有了视觉艺术的巧妙配合，真可谓锦上添花了。

舞台上的朗诵，也随着时间的推移，从内容到形式得到了充分的发展。上海、北京、天津等大城市不断举行各种专题的朗诵会，如"上海潮"朗诵会、"科学与文明"朗诵会、"讽刺与幽默"朗诵会、"情诗"朗诵会、"古诗文经典"朗诵会，以及为纪念中外著名文学家的专题朗诵会，等等。形式也从单人朗诵发展到两人对诵、集体合诵以及情景朗诵、朗诵剧等。舞台的辅助手段也越来越多，人们可在舞台上摆上高高低低的不同形状的台阶和积木，把队形和形体的造型融进朗诵艺术之中，以增加朗诵艺术的美感；可穿着恰当的服饰，进行一定的化装，为朗诵艺术增添色彩；可运用音乐音响，简单的布景、天幕、灯光，更好地体现朗诵作品的意境，烘托朗诵的气氛……

目前，朗诵艺术的创作活动，不仅在专业演员中，也在千百万群众中广为开展，各种朗诵大奖赛，每次都有数千名爱好者报名参加角逐。各种业余艺术学校的朗诵班，也吸引着广大青少年前来参加学习，全国各地出现了社会组织，如朗诵协会，有些省市还成立了朗诵

艺术团。

在理论研究方面，继黄仲苏《朗诵法》一书出版以后，著名话剧演员朱琳曾写过一本《朗诵初步》，很多诗人、艺术家和语言理论工作者也相继发表了不少有关朗诵艺术的文章，理论研究蔚然成风。

朗诵艺术活动的发展，真可谓迅猛异常，它在社会文化生活中起到了越来越大、越来越多的作用。它给人们以教育，成了读书学习、增长知识的好方法；给人以鼓舞，成了鞭策人们工作、战斗的号角；给人以美的享受，成了提高人们文化素养、陶冶情操的好形式。朗诵者的声音就像一股清泉，激荡着、冲洗着、灌溉着听众的心田，工厂、农村、学校、兵营、社区，我们到处可以听到朗诵者的声音。朗诵，这一门有声语言的艺术活动前景无限宽广！

【思考与训练】

有人说"朗诵"是外国引进的"舶来品"，你同意这种观点吗？请结合本文谈谈你的理由。

孔子曰："工欲善其事，必先利其器。"想要做好一件事，一定要先把做这件事的器具磨炼好。画画要有好画笔，打乒乓要有好球拍，演奏音乐要有好乐器……那么朗诵的器是什么呢？就是我们的"一张嘴"。有的人嘴好使，有的人嘴不好使。不好使的嘴可以锻炼得伶牙俐齿；好使的嘴不锻炼也会变得笨嘴拙舌。这就要求朗诵者不间断地锻炼自己的嘴，也就是要反复练习，熟练掌握朗诵艺术创造所需要的基本功。

戏剧界老前辈欧阳予倩先生说："任何艺术都要有基本训练，好比造房子，必须先砸好地基，地基砸不好，房子就容易垮。"①

周恩来也说："任何艺术不掌握规律，不进行基本训练，不掌握技术是不行的。我看，艺术应当苦练，这虽是从话剧讲起，但应运用于各个艺术'部门'。"②

那么，朗诵基本功的要求是什么呢？它训练的具体内容又有哪些呢？

---

① 欧阳予倩:《一得余抄》，作家出版社，1959 年，第 159 页。
② 《周恩来论文艺》，人民文学出版社，1979 年，第 102 页。

第一节　基本功的要求

朗诵是一门艺术，艺术就要给人以美感。要使朗诵的语言能够准确、生动、鲜明、形象地反映生活，就必须在言语声音上达到以下四点要求："松弛""耐久""清晰""纯正"。

一、松弛

所谓"松弛"，是指朗诵时的声音应是轻松、自然、悦耳、毫不造作的，给人以"清水出芙蓉，天然去雕饰"的美感。朗诵可能遇到各种情况，有的地方需要低声耳语，有的地方需要高声呼叫，有的地方需要深沉有力，有的地方需要激昂慷慨……不管情况如何，朗诵的声音始终应该是松弛的，不能给人以紧张造作、吃力、声嘶力竭的感觉。京剧界名丑萧长华老先生在谈到京剧念白时说："声音好就容易做到'口甜'。第一不要紧张。如果念的时候浑身上下一僵上劲，及至紧要之处，立即面红耳赤，粗脖红筋，好心的观众直'可怜'你，替你捏把冷汗，那还说有什么'美'呢？"[1] 这个道理用在朗诵上也是完全适用的。我们听孙道临、董行佶等的朗诵，从声音上就能使我们得到艺术上的享受。比如表演艺术家孙道临朗诵的《哈姆雷特》（电影《王子复仇记》），其中有这样一段独白，就充分体现了他声音的深厚功底：

> 啊，但愿这太、太结实的肉体融了，解了，化成了一片露水，但愿神明并没有规定下严禁自杀的戒律！上帝啊，上帝啊！我觉得人世间这一套是多么的无聊、乏味，无一是处！真可耻

---

[1] 萧长华述、钮骠记：《萧长华戏曲谈丛》，中国戏剧出版社，1980 年，第 93 页。

啊、可耻！这是个荒废的花园，一天天零落；一些个杂草全都给它占据了。居然有这样的事情！才死了两个月！不，还不到两个月。这样好的一位国王，比起这一个来简直有天渊之别。对我母亲又那样的恩爱，甚至于怕风吹疼了她的脸蛋儿。天啊！一定要我记住吗？过去她跟他寸步不离，仿佛越长滋味越有味，然而不到一个月——我简直不敢想！脆弱啊，你的名字是女人！……才一个月。她给我父亲送葬的时候，哭得像泪人儿一样，那时候穿的鞋子还一点没有旧。她啊，居然会……啊，上帝啊！连无知的畜生都会哀痛得长久一点儿呢！跟我叔父结婚了；我的这个叔父可不像我父亲，毫无相似之处，还不到一个月，她结婚了，真是快得可耻啊，就这样轻巧地钻进了乱伦的衾被！这不是好事，也不会有什么好结果。碎了吧，我的心，因为我有口难开！

父亲莫名其妙地去世，使哈姆雷特悲痛不已；母亲如此之快地投入了阴险的叔父的怀抱，使哈姆雷特愤懑难忍。这样富有激情的独白，在孙道临诵来，声音却是非常松弛、自然，丝毫没有紧张、呆板和沉重的感觉，恰到好处地表达了哈姆雷特的思想感情。

有的人为了体现哈姆雷特此刻的激动心情，一开始便咬牙切齿地把声音挤压得又紧又僵，甚至会憋得脸红脖子粗。可孙道临根本没有使很大的劲，他淡淡地，带一点气音地朗诵了开头几句。然而在这"淡"的后面仍然使人感受到内心中有燃烧的怒火在滚动。当他朗诵到"不，还不到两个月"这句时，忽然由气音变为响亮的实音，使我们感到被压抑的怒火冒出了强烈的火苗。然而这儿的实音来得那么自然，声音虽响亮但没有使拙劲。之后，他又随即变为气音朗诵了下去，似乎强烈的火苗又被压了下去。当朗诵下面几句："然而不到一个月""脆弱啊，你的名字是女人！……才一个月""啊，上帝啊！连无知的畜生都会哀痛得长久一点儿呢！"以及后面的"还不到一个

月"，他又几次用了响亮的实音，然而听来也绝对没有紧张嘶叫的感觉，感情是炽烈的，声音是动听的。就这样，实音与气音的几经交替往复，孙道临却过渡轻松、运用自如，丝毫没让人产生吃力、沉重或造作的感觉，准确地表现了哈姆雷特当时七上八下、无比纷乱的心情，表现了哈姆雷特时时在努力控制着自己愤怒的火焰，但又常常无法控制的内心矛盾。

我们从孙道临先生的这个例子可以看出，要做到"松弛"并非易事，它要求朗诵者不仅在平静时能做到"松弛"，而且能在情感的强弱引起语流的上下起伏、刚柔交替、声音大小转移，甚至包括形体的变化时都能做到"松弛"。这就需要很扎实的基本功功底了。

但必须指出，我们这里所说的"松弛"，绝非是有些人在朗诵时所表现出来的松懈状态，绝非是有些人朗诵出来的那种松松垮垮、无精打采，一点力度也没有的声音。要知道朗诵时的松懈状态、没有力度的声音，是无法体现作品本身所具有的思想感情以及朗诵者的主观感受的。

二、耐久

所谓"耐久"，是要求朗诵者嗓音要有耐力，能持久耐用，就是俗话说的"这嗓子经使"，做到凤头、猪腹、豹尾，给人一种完整、充实的美感。有些朗诵者嗓音条件很好，自以为得天独厚，朗诵时完全靠"本钱"。结果一段较长的作品，前半部朗诵的声音倒也挺洪亮，但渐渐音色发暗，以致最后嘶哑干裂，失去了美感。这里还有另一层深意，"耐久"不仅指朗诵一篇作品或一场演出时的声音完美，更包含朗诵者艺术青春的持久。二三十岁时声音还可以，到五六十岁时就不行了，这也是基本功不扎实的表现。著名戏曲表演艺术家白云生先生在《戏曲的唱念和形体锻炼》一书中说："原来声带好，不练声，初唱或偶尔唱一次两次，也很响亮，但是唱的次数多，时间长了，声音就会渐渐沙哑，再久或许就会出裂音……譬如一把刀，日久不用也会生锈的。"①著名豫剧演员马金凤的嗓音条件并不算好，但由于她不间断地训练，不仅越唱嗓音越好，而且还练得颇有耐久力。1983年她在上海戏剧学院讲课时谈到她的嗓子情况，说道："我每晨去郊外练习，直到日本侵略军来了，才改为屋内练习。今年我六十多岁了，但嗓音仍保持良好的状态。"像马金凤这样始终保持嗓音青春的演员是很多很多的：梅兰芳、张君秋、白云鹏、小彩舞（骆玉笙）……七八十岁的老人仍然保持着一副甜润的好嗓子。这些都说明：朗诵者也得不停地锻炼自己的嗓子，使自己具有坚实的底子，耐久的功夫，首尾处理自如的技巧，这样才能让自己的朗诵产生感动人的力量。

著名配音演员曹雷，在2000年到来之际接受了上海人民广播电台《午夜星河》栏目之邀，举行了一次"曹雷独诵会"。下面就是这次朗诵会的节目单：

诗歌朗诵会篇目

《木兰辞》（乐府诗）

《上邪》（乐府诗）

《水调歌头》"明月几时有"苏轼

《雨霖铃》"寒蝉凄切"柳永

《声声慢》"寻寻觅觅"李清照

《江城子·乙卯正月二十日夜记梦》 苏轼

《卜算子·咏梅》 陆游

《卜算子·咏梅》 毛泽东

《我的名字》 普希金

《小花》 普希金

《我爱过您》 普希金

《我不是你的》 萨拉·蒂丝黛尔

《一句话》 闻一多

《那时》 冯至

《再别康桥》 徐志摩

《你的名字》 纪弦

《新生活——为〈新生活〉杂志第一期而作》 胡适

《钢铁是怎样炼成的》（小说片断） 奥斯特洛夫斯基

《啊，野麦岭》续集 （日本电影片断——阿竹独白）

听过这场演出的很多观众，都被她那独特的声音、饱满的情感、丰富的语调所折服，会后不少观众久久不愿离去，请她签字，请她讲讲朗诵的经验，介绍一下如何进行基本功的训练。

如今耄耋之年的曹雷，四十多岁时因患癌症曾与死神擦肩而过。她从上海电影译制片厂退休后，以更高的热情进行朗诵艺术创造，成绩斐然。我们从这场演出可以看出，一个人单独朗诵这么多的作品，而且是一篇接着一篇，中间没有片刻间断，洪亮的声音能一直保持到最后，这是多么深厚的基本功功底啊！也正因为有如此扎实的基本功功底，她的艺术青春才能延续至今啊！为了保持艺术的青春，几十年来不间断地训练，不吃老本，不断"充电"，她又比常人多花了多少的功夫啊！

三、清晰

所谓"清晰"，是要求朗诵者口齿干净、分明，使人听来字意清楚，容易听辨。朗诵时如果言语含含糊糊，语意表达不明确、不清楚，人们听起来就会感到异常吃力。这好比放映电影的镜头焦距没有调准，观众就会焦躁不安，甚至会起哄，谁还能欣赏到作品中的美呢？所以，有的观众讽刺某些演员说："你吐字不清，还不如给我们一刀呢，那样倒痛快！"著名曲剧演员魏喜奎说过，"'嘴里有功夫'，指的就是吐字清楚、干净、利落、见棱见角、有劲儿。凡是趴着的、扁着的、含糊的、拖泥带水的、模棱两可的都不可取"①。

朗诵者当然都愿意自己的朗诵字字清晰完整，语意表达得准确鲜明。

但如果功底浅了，就会感到力不从心。特别是当朗诵的速度较快、情感较为激烈时，常常就会出现"焦距"不准的情况。而我们听孙道临的朗诵，则感到他口齿清晰，"焦距"准确，语言清楚，嘴上很有功夫。下面是他朗诵《哈姆雷特》的另一段内容：

> 啊！天上的神灵！啊！地啊！还有那地狱里的鬼怪。啊！忍着，忍着吧！记着你，唉！可怜的阴魂：只要我错乱的脑袋里头还有记忆，记着你，对！我一定要从我的记忆里头擦去一切无所谓的记录和过去留下来的一切印象，只让你对我下的这个训令单独地留在我的脑海里面，再也没有什么别的杂念。对！我发誓！噢！好毒辣的女人啊！噢！奸贼！奸贼！你这万恶的奸贼啊！好叔叔，你等着吧！我一定要记住，那就再见，再见！记着我，我发了誓！②

哈姆雷特见到父亲的鬼魂，鬼魂告诉他有关自己被谋害的真相，他听后全身几乎都要爆炸了。这段独白一共 166 个字，其中有 42 个是轻声字。大家知道轻声字的特点是声音短而弱，朗诵起来常常会出现咬字不清楚的现象，或者把那些轻声字咬得过死，丧失了轻声字的特点。另外，这段独白的轻声字不仅占的比例很大，而且整段朗诵都需要有强烈的激情，言语速度也较快，这就更容易出现"吃"字、语音一片模糊的现象。但孙道临在这段朗诵中既保持了轻声的特点，轻

---

① 魏喜奎：《唱念艺术和基本功》，《人民戏剧》，1981 年第 3 期。
② "。"为轻声符号。

重交错，富有音乐性，又清晰地表达了语意。更不容易的是其中有这样一个长句子："对！我一定要从我的记忆里头擦去一切无所谓的记录和过去留下来的一切印象，只让你对我下的这个训令单独地留在我的脑海里面，再也没有什么别的杂念。"这句话共有65个字，而这个长句子还是在速度特别快、情绪异常激烈的情况下朗诵的。但他朗诵得快而不乱，干净利落，语意表达得非常明确、清楚。整个朗诵富有充沛的感情，生动地刻画了哈姆雷特的性格。

此外，在这段台词中，有一些词与词之间、字与字之间口型变化很大而不易吐清的地方。例如："地狱里"的"地"字是齐齿音，口型是扁的，嘴角向两边展开的；"狱"字则是撮口音，口型是圆的，嘴要撮起；"里"字又是齐齿音嘴角又要向两边展开。说快了，如果口型变化跟不上就会说成"地义里"，人家就听不懂了。再如："擦去一切"说快了也容易说成"擦气一切"。还有一些词，前面一个字韵母的发音与其后一个字的字音恰巧相同。例如："记忆"，"记"的韵母为"i"，"忆"的字音也是"i"，而且声调也一样。朗诵时这个词的第二个字音往往会被第一个字"吃"掉，只剩下"jì"了。然而，在孙道临的这段朗诵中，这些地方人们听来都是干干净净，没有任何含混之处。

四、纯正

所谓"纯正"，是要求朗诵者的语音不仅做到一般意义上的准确，而且不掺杂一丁点儿方音，做到字正腔圆，韵味浓郁，有水波粼粼之美，而无佶屈聱牙的枯涩之感。一些朗诵者由于受方言的影响，又没在语言的规范化上下功夫，以致倒字讹音的现象不时发生。朗诵在推广普通话规范语音方面起着积极作用，很多普通话比赛都是以朗诵的形式进行的，人们习惯性地以朗诵作为普通话语音交流学习的一次机会。所以，朗诵者一定要在语言规范化方面下功夫。特别是出版社公开发行出版的有声读物，朗诵者和出版社更要把好语音关，不能误导听者，遗憾的是我们看到有些发行出版的有声读物语音错误很多，朗诵爱好者如果把这样的有声读物当作语音教师的话，那就"受害匪浅"了。

　　也有的朗诵者由于嘴上缺少功夫，吐字无力，索然寡味。这都大大降低了朗诵的艺术效果，甚至还会产生歪曲内容的笑话来。所以，朗诵者不仅语音要准确，还要做到吐字如珠，使其圆润、丰满。正如川剧艺术家胡度所说的："'擒字如擒兔，每字圆如珠。'即要求演员咬准字音，并且要'圆润悦耳，满如贯珠'，使人听来有立体感。"[①] 我们之所以欣赏董行佶朗诵的《荷塘月色》，就因为他朗诵得语音准确，富有韵味。请看他朗诵的这一段：

　　　　月光是隔了树照过来的，高处丛生的灌木，落下参差的斑驳的黑影，峭楞楞如鬼一般；弯弯的杨柳的稀疏的倩影，却又像是画在荷叶上。塘中的月色并不均匀，但光与影有着和谐的旋律，如梵婀玲上奏着的名曲。

　　《荷塘月色》是一篇文学性很强的优秀散文，董行佶朗诵得不仅语音准确，而且韵味浓厚，为表现作品所描写的优美意境和作者的淡淡哀愁增添了不少色彩。他善于运用我国汉语中的四声，恰如其分地把握了高低强弱的变化，使字音与字音之间衔接得非常柔和自如。即使单独一个字音，他也朗诵得有强有弱，字正腔圆，而不是直愣愣的。有的人虽然字音念得也还准确，但由于不注意字音变化中的衔接，以及声音强弱变化的和谐，就失去了优美的音乐性，缺少韵味。这样就仍然没有达到言语纯正的标准了。在朗诵中，董行佶还非常注意那些叠音词，如："峭楞楞如鬼一般""弯弯的杨柳的稀疏的倩影"两句中的"楞楞""弯弯"。他对那些本身就富有音乐性的叠韵词以及

————————

[①] 胡度:《川剧艺诀释义》，重庆人民出版社，1963年，第46页。

双声词也不放过，认真处理，例如其中的叠韵词"均匀""和谐""荷叶"，双声词"参差""斑驳"等。所以，他的朗诵听起来总觉得很有韵味，更让人感到他言语的纯正，基本功的深厚。

俗话说，功夫不负有心人。只要长期刻苦训练，就必然会使自己的基本功底愈来愈扎实，愈来愈深厚，达到"松弛""耐久""清晰""纯正"。

第二节　基本功的内容

要达到基本功"松弛""耐久""清晰""纯正"四个方面的要求，必须在"用气""发声""吐字"三个方面下苦功夫。这就是这一节要讲的基本功的内容。

一、用气

"用气"说的是呼吸问题。唐代的《乐府杂录》中说："善歌者必先调其气。氤氲自脐间出，至喉乃噫其词，即分抗坠之音。既得其术，即可致遏云响谷之妙也。"俗话也讲："气乃时之帅。"气息好比是声音的"原动力"。久卧病床的人，由于身体虚弱，说话就相当吃力，有些字音，因为"气"打不上来，而被"吃"掉了。这就是声音的"原动力"太弱的缘故。年轻人或者身体健壮的人，就比老年人和身体虚弱的人说话声音洪亮、有力，因为他们的"底气"足，声音的"原动力"强。

戏剧家黄佐临是很强调气息的重要性的。他说："话剧所珍贵的，就在于这口'气'。这口'气'怎么用，用得好，这里有着很大的学问，有着很高的艺术。"[1]波兰戏剧家格鲁托夫斯基也说："每逢我首次

---

[1]　黄佐临：《人气、仙气、志气——关于话剧的提高》，《戏剧学习》，1979 年第 4 期。

接触一个演员，第一个问题要注意的是他的呼吸怎么样。"[1]

不少人以为生活中每个人都在呼吸，因此根本无须练习。他们不明白艺术创作中的呼吸是与平时生活大不相同的，它不仅直接影响着声音的音量大小、音质优劣，还会对思想情感的表达起到极大的作用（详见第四章第一节）。所以，朗诵艺术创造要求我们努力做到：呼吸"深沉、通畅、饱满、自如"。

生活中气息吸得较浅，吸到胸部就可以了。但朗诵时就要用丹田之气，要气沉丹田。用气时，气息的运动要均匀通畅，不能在通道上受阻。气息还要饱满，"气太少、太短，只凭着脖子喊，喊出来的声音不会好听，时间也不能够持久"[2]。练习气息，要练得能运用自如，要多即多，要少即少，要停即停，要来即来。

著名戏剧家金山在《风暴》中饰施洋大律师有一大段念白，由于呼吸掌握得恰到好处，使其极富感染力，享有盛誉。

下面是金山朗诵的这段独白的开头几句：

今天下午六时左右，V江岸铁路机厂的工头胡大头，N命令工人黄德发、江有才到车站替魏处长的父亲开压道车。N魏处长的父亲为了急于要去新市场看戏，N说得明白一点N是为了给一个新来汉口的女戏子捧场，N一路上迫命黄、江二人加紧摇车。V这时候迎面开来了一列军车，N按铁路行车规章的惯例，N压道车必须让火车，N所以，黄、江二人准备下车让路。N但是魏处长的父亲N蛮不讲理，破口大骂，用手杖痛打黄江二人。N这时军车已经开近了压道车，黄德发不得已跃车逃命，江有才却被魏处长的父亲一把揪住了死缠不放，军车刹不住，江有才就被魏

---

① 《人气、仙气、志气——关于话剧的提高》。
② 《唱念艺术和基本功》。

处长的父亲拖住了，一同辗死在火车轮下。V 这就是全案的经过。V 工人弟兄们，N 这难道还不明白吗？V 真正的杀人犯是谁呢？V 难道是黄德发吗？V 当然不是。V 真正的杀人犯 N 正是那位已经死去了的 N 魏处长的父亲。①

以上只是这段念白的三分之一，是个开头，念白还要经过多次起伏跌宕才达到高潮。但仅就这一小段我们就可以看出金山在气息运用上的功力了。这一小段念白，有两次出现高潮。一次较大的高潮，从"这时军车已经开近了压道车"开始，朗诵节奏逐渐加快加强，一直到"一同辗死在火车轮下"才又恢复平缓的语调。这中间几乎使人感到是一气呵成的。当然，实际上"一口气"是谁也办不到的，而金山运用了巧妙的极快速偷气技巧，使得这段念白天衣无缝。如果没有娴熟的基本功，就可能出现"虽快却乱"的状况，就可能产生中间大口的喘气，使念白支离破碎，失去了念白的音乐性，也破坏了施洋大律师临危不乱、慷慨陈词的神情。另外，到这一段念白的最后一句，"真正的杀人犯正是那位已经死去了的魏处长的父亲"，又出现了一次小小的高潮。金山在这里娴熟地运用呼吸的技巧，一句中连续两次偷吸，不仅逐步推进了节奏，加强了声音的响度，还逐步提高了声音的高度，加强了声音的力度，使这段台词充分表达出人物当时的情感，像一发重型炮弹打在敌人的身上。

怎样才能使呼吸深沉、通畅、饱满和运用自如呢？我们要从最基本的正确呼吸姿态谈起。

正确的**呼吸姿态**应该是：

头顶虚空肩膀松，直背收臀要弛胸，

---

① "V"为正常换气符号，"N"为偷吸符号，"⌒"为连接符号。

眉宇舒展心欢畅，神态清爽脑集中。

呼吸姿态包括姿势与神态两方面，使形体与精神两方面都处在对呼吸有利的最佳状态之中。"头顶虚空"就是头部要有一种向上的，既有控制又不僵硬的感觉。"弛胸"就是要求胸部松弛，不紧张，既不抠，又不挺。老艺人说："气托丹田力于顶，音贯三腔在于通。"如果要达到这个要求，首先要在发音之前感到"头顶虚空""肩膀松""直背""收臀""弛胸"，就是说要把妨碍呼吸的姿势，如"扛肩""驼背""撅臀""抠胸""挺胸"等都去掉。

神态也会影响气息的。以心情舒畅、心胸开阔的精神状态练习呼吸，才会使气息通顺，找到正确运用气息的感觉。

其次，正确的**吸气方式**应该是：

　　兴奋从容两肋开，小腹微收肩莫抬，
　　扩展腰背七分满，不觉吸气气自来。

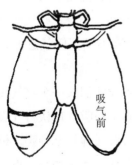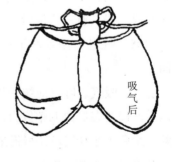

吸气后

吸气前

吸气前后的两肋形态变化示意图

也就是说，在既兴奋又从容的状态下，两肋向周围展开，上肢仍然松弛自如。而两肋的展开，会使腰带周围逐渐紧张起来，似乎有一种"发胖"的感觉。但不要"胖"到顶端，仅仅七分满就够了。因为

太满就僵了，一僵就无法控制，气就"死"了。很多人吸气时，没有让两肋展开使气息自然吸入，而是有意向里吸，这就会发出较响的吸气声夹杂到朗诵中，从而产生不好的朗诵效果。初练时可能找不到"两肋开"的感觉，你可以请一个人帮忙，请他站在你的背后用手掐住你的两肋，给你一些压力。此时，你要用气息把他的双手顶开，但要注意，顶时肩膀不要使劲、上抬，要始终保持状态。当你能用气顶开掐住你两肋的手时，你的"两肋开"的感觉自然就找到了。当他离开后，你仍然做到"两肋开"，那么基本功的吸气方式你也基本上掌握了。

而正确的**呼气方式**应该是：

> 丹田支点要扎根，气柱缓缓往上升，
> 不僵不懈控制好，两肋逐渐复原形。

丹田是呼气的支点，不能懈掉，因为气是靠丹田托着的；一懈掉，气就失去根了。呼出的气要均匀、平稳，自我感觉从丹田到声门之间形成一股具有一定能量的气柱。要控制两肋，不要一呼气两肋就恢复原状，气息一用就没了；也不要两肋始终不动，使气息僵死在里面。

姿态、吸气、呼气应统一为一体进行练习。我们找一个空气较好的地方，按姿态口诀调整好自己的形体与神态，按吸气口诀将气吸入腹腔，然后再按呼气口诀慢慢地发Ｓ音，将气缓缓地打至硬腭，想象着这Ｓ音透过硬腭，穿出鼻子，飞向前方，形成一条抛物线，将其送至很远很远，随之我们把"两肋逐渐复原形"。当气息感觉快用完时，不要憋气，再重新调整"姿态"，重新"扩展腰背"，重新发Ｓ音，经过反复训练我们就能逐渐掌握正确的呼吸方法，最后自如地运用在朗诵艺术的创造中。

二、发声

"发声"讲的是声音问题。声音的好坏直接影响着朗诵的效果。传说古希腊演说家德摩斯梯尼，第一次参加演讲比赛遭到了惨败，很重要的一个原因就是他的嗓音嘶哑。后来，他苦练嗓音，终于成为享有盛名的演说家。

优美的声音，会给朗诵艺术增添绚丽的光彩，而浊哑的声音，将使朗诵艺术黯然失色。因此，我们要求朗诵的声音应该达到"集中、自然、圆润、可塑"。

声音集中，才能洪亮，才能结实。声音自然，才能毫不做作。声音圆润，才能给人以美感。而只有把声音训练得"集中、自然、圆润"了，才能达到进一步的要求——"可塑"的境地。如果没有"集中、自然、圆润"的基础，就要求声音变化那是很难的。即使是硬憋出一些声音的变化来，也会损伤声带，给声音带来致命的危害。那么，为什么要求声音要有可塑性呢？因为我们朗诵时会遇到各种不同文体、不同风格、不同感情、不同人物性格和其他不同艺术形象的作品。如果只有一种声音，就显得单调乏味，无法使作品表现得丰富多彩了。统一又富于变化，是朗诵艺术的美学要求，是声音造型的美学原则。哈尔滨人民广播电台的赵宗婕在朗诵时，是懂得这个道理的。

比如她在朗诵《四世同堂》中的叙述部分时，运用的是自己的本色声音，柔和、清晰、细腻：

> 大赤包见蓝东阳坐下，她把嗓子不知是怎么调动的，像有点懒得出声又像非常有权威，似乎有点痰，而声音又那么沉重有劲地叫……

刻画大赤包这个人物，她用的是模拟的声音：

来呀！倒茶！

声音低哑、粗俗。短短四个字，就使我们似乎已经看到了一个目空一切又俗不可耐的肥女人的形象。

而她在演播胖菊子的角色时，又为胖菊子装饰了鼻音，并运用了一些滑音、飘音，显现出了人物一副轻浮、泼悍的嘴脸：

嗨！快点吧！反正是这么回事，何必多饶一面呐。离婚是为了有个交代，大家脸上都好，你要不愿意呢，我还是跟着他去，你不是更……

另外，赵宗婕在演播小说《高山下的花环》中梁大娘的声音时又是那样苍劲有力，朴实无华，形象而准确，表现了一个饱经风霜、深沉正直的农村大娘形象：

蒙生你身体好？同志们的身体也都好吧？每次俺给你写信都是玉秀写的。这次因为大娘要说到她的事，就让俺村小学的孙老师给俺写这封信。

她在广播小说《阿列霞》中塑造女巫则又是一种声音：

曼诺维利哈？我是叫过曼诺维利哈，现在你叫我什么都行啦！

又低、又粗、又苍、又哑的声音，使我们相信她就是这个女巫。
她在塑造小卓娅时，声音又做了变化处理：

妈妈，还做什么呀？你真坏，你为什么打妈妈，你别打妈妈。

一听这悦耳的童声，似乎一个天真活泼可爱的小女孩就出现在我们的眼前了。

仅从以上几个片段可以看到，赵宗婕的声音色彩是很丰富的，如果她没有一个"集中、自然、圆润"的声音为基础的话，是无法塑造出如此众多的人物声音形象来的。

如何才能有这么好的声音呢？一是训练，二是保护。

正确训练声音的方式是：

> 开牙关，要微笑，舌根松，下巴掉，
> 一条声柱通硬腭，声音集中打面罩。

"开牙关，要微笑"，必然引起软腭上提，这就增加了口腔的空间，并具有一定的力量，可以加强口腔共鸣，使声音竖立、明亮、圆润，避免挤压出缺少共鸣、毫不悦耳的扁音来。后声腔适当打开，对充分运用胸腔、咽腔共鸣也有好处。"舌根松、下巴掉"，是指喉部要放松，以免紧张，妨碍气息的畅通，产生挤压声音的现象。"下巴掉"，不是说有意识地把下巴向下拉，而是让自己有一种下巴轻松得如同不存在似的感觉，目的还是让它松弛。"一条声柱通硬腭，声音集中打面罩"，是指结合气息的运用，要形成一条声柱（而不是一片）直通硬腭中心线，打到面罩上来，使声音集中，并具有穿透力。

除了科学地进行训练之外，还必须加强保护。俗话说："生活无规律，寒暖不

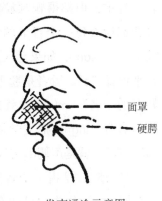

面罩
硬腭

发声通途示意图

注意，抽烟喝酒多刺激，损伤嗓音定无疑。"这点务必请朗诵者多加注意。

三、吐字

"吐字"讲的是字音与韵味问题。清代李渔曾在《闲情偶寄》中说过，"出口一错，即差谬到底，唱此字而讹为彼字，可使知音者听乎？""如出口不分明，有字若无字……与哑人何异哉？"我们朗诵就是要把作品的思想内容传达给听众，无论你的声音有多么优美，但是如果在吐词咬字上含混不清，缺少功力，也就失去了朗诵的意义。朗诵还要重视语言的规范化，如果不注意，不仅会歪曲作品的原意，甚至还会闹出笑话来。比如在一次朗诵会上，一位朗诵者把"田里的麦（mài）子"，读成"田里的妹（mèi）子"，韵母发错，应发 ai，不是 ei；把"他是我们队里的主（zhǔ）力"读成了"他是我们队里的阻（zǔ）力"，声母应发 zh，而不是 z，声母发错了就使主要力量的"主力"变成了产生障碍的"阻力"，引得听众哄堂大笑，演出几乎无法进行下去。因此，我们要求吐字应该达到"分明""完整""有机""有力"。

"分明"，是指一个音节的声韵调要清晰可辨。上一节中提到的"吐字如吐珠"，也就是说的这层意思。尽管这"珠"有大、有小，有轻、有重，但都得颗颗粒粒，干干净净，绝不能混淆不清。这就需要我们检查每一个音节的声母韵母、声调是否准确。比如一二三四的"三"（sān），如果念成高山的山（shān），就是声母的错误，前者是平舌音"s"，后者是翘舌音"sh"。人民的"民"（mín），如果念成姓名的"名"（míng），就是韵母的错误，前者是前鼻音"in"，后者是后鼻音"ing"。把文学体裁中的"寓（yù）言"，念成说话的"语（yǔ）言"，就是声调的错误，前者是去声，后者是上声。

"完整"，是指一个音节发声和收声两个部分必须齐全。李渔在《闲情偶寄》中说："世间有一字，即有一字之头，所谓出口者是也；

有一字，即有一字之尾，所谓收音者是也。尾后又有余音，收煞此字，方能了局。"道理是很明白的，比如，把思想教育的"教（jiào）育（yù）"，读成"驾（jià）驭（yù）"，就是没有把这个"教"字念完整。"教"字声母是"j"，韵母是"iao，共有"j-i-a-o"四个音素，如果在收声中丢失了韵尾"o"，归音不到位，当然不会齐全，造成了字音的错误。

"有机"是指发音时音素与音素之间要有自然的过渡。我国汉字的每个音节大多是好几个音素组成的。对那些音素较多的字，必须注意音素之间的有机过渡。头腹尾"皆须隐而不现，使听者闻之，但有其音，并无其字……"[1] 比如，飘扬的"飘"（piāo），就不可将其分隔成"pi""ao"，让人误听为"皮袄"。音素的过渡必须有机，使之自然滑动，浑然一体，千万不可使之机械地跳动，将音素和音素之间割裂开来。

"有力"，指的是吐字时要有一定的强度。然而并非字字使拙劲。陈彦衡老先生用了一个很形象的比喻，十分贴切地说明了这个问题。他说："咬字如捉虎，就像一只老老虎叼着一只小老虎穿山跳涧一样，叼紧了，就咬死了；叼松了，小老虎就掉了。"[2] 前面提到的金山、孙道临、董行佶和赵宗婕几位的朗诵，或轻或重，或快或慢，或强或弱，总是字字完整，清晰可辨，每个字又都是既那样喷吐有力，又亲切自然，恰到好处。总之，字韵的训练一定要做到：

念准声韵辨四声，字字清晰要分明。
音素有机来过渡，咬字不死也不松。

---

① 转引自周贻白：《戏曲演唱论著辑释》，中国戏剧出版社，1962年，第144页。
② 转引自白凤鸣：《民族说唱的念字和发音》，《戏剧学习资料汇编》第3期，中国戏剧出版社，1958年，第108页。

　　另外，练习字韵应该与练气、练声结合起来。比如绕口令就是为了把一些容易混淆的字音，以及比较拗口的字音放在一起，锻炼我们嘴上的功夫，同时也通过它们来训练我们的气息与声音。练习的材料中如有思想内容的，还不能做纯技术性的机械练习，一定要适当地注意其中的含意与情感的表达。简言之，基本功就不仅是"气""声""字"了，还要加上"意""形""情"，但重点的是前三个字。

　　本书后面，有一些练习材料供大家训练使用。希望大家注意方法，认真地有目的、有选择、有步骤地根据自己的主要问题有点有面地进行训练。

　　最后，我们还要谈谈训练的刻苦性问题。基本功的训练是个很枯燥很吃苦的过程。老艺人有"冬练三九，夏练三伏"的说法。说明基本功的训练一定要坚持到底，而不能"三天打鱼，两天晒网"，高兴了喊几声，不高兴了几天不开嗓，这样是绝不会练出来的，我国著名京剧艺术家、四大名旦之一程砚秋先生教导我们："每天都要练功，而且要恒久不断。即令是功夫根底已经很好，也成名了，对基本功的练习仍然不能搁下。因为技巧的锻炼总是不进则退。"[①] 要迷上它，不仅每天保证一定时间进行训练，还要时时都注意，只要一说话、一开口就是训练，逐渐养成生活中的语言也能自然地运用"用气""发声""吐字"正确方法的习惯。这样，不仅可以大大扩展我们的训练时间，而且当我们朗诵时也能下意识地运用"用气""发声""吐字"的正确方法，这就能避免在朗诵时为了寻求正确的"用气""发声""吐字"的方法而在表情达意方面分心，或者给人一种"有意做出来的"感觉，使朗诵产生不自然的矫揉造作之感。

　　听说一位演员生了病，医生用听诊器给他做胸部检查，医生让他

---

① 程砚秋:《谈如何学艺》，北京宝文堂书店，1959 年，第 13 页。

大口呼吸，由于他习惯性的"扩展腰背"，医生无法正常听诊，闹出了笑话。还有一位朗诵演员，他也是养成了"扩展腰背"的呼吸习惯，当他开阑尾做了局部麻醉后，腹部仍然不停地起伏。手术后医生对他说："别人麻醉后，腹部都不动了，你怎么仍动个不停？"当医生了解了他是位语言艺术工作者，才恍然大悟地说道："原来如此！"

　　以上两个例子说明只要坚持训练，语言艺术所要求的呼吸方法是可以改变日常生活中呼吸习惯的。从理论上说，这样的呼吸方法对身体还会大大有益，因为胸腹式呼吸吸入的氧气要比一般人的量多得多。

　　关于语言规范，我们认为也应在日常生活中不断练习。"万丈高楼平地起"，为了建造好朗诵艺术的"宫殿"，让我们打好"用气""发声""吐字"的基础吧！

【思考与训练】

　　1. 请用自己的语言谈谈"用气""发声""吐字"三个基本功的要求和要领。

　　2. 这些要求和要领与你平时的习惯有差距吗？差距在哪里？

第二章 朗诵艺术的内部技巧

生活中，有人说话观点鲜明，条理清晰，有人却思维混乱，不着边际；有人说话富于想象，绘声绘色，有人却机械呆板，没有光彩；有人说话感情饱满，身临其境，有人说话却游离言外，毫不动情。前一类人说话很有吸引力，后一类却让人昏昏欲睡。

朗诵语言是一种艺术语言，它来自生活语言，然而却比生活语言更高，更具有艺术性。因此对朗诵者来说必须掌握以下的内部技巧：加深理解，增强感受，丰富想象，调整状态。

第一节　加深理解

"语言是思想的直接现实。"我们平时说话，无论是讲述一件事情，还是阐明一个道理，思想总是很明确的。而朗诵则是用有声语言把作者的思想传达给听众。这就有一个理解作品的问题。"以其昏昏"是无法"使人昭昭"的。著名话剧演员高重实曾说："在舞台上说话念词，必须自己先弄清楚说这话的目的和这词里的内在含意。如果脑子里没有，或者还没弄清楚，当然表达起来就含混不清，言不由衷。只有把目的弄清楚了，才能打得准、打得重；把词意理解得透彻了，才能说得深刻有力。"[①]

舒绣文是大家熟悉的演员，她每朗诵一部作品，都非常重视对作品的理解。一次，她朗诵鲁迅的《一件小事》，从阅读到正式演出，对作品进行了上百遍朗读，反复加深理解。她说《一件小事》虽然只有一千字左右，但她并不是一读就全懂的。从再三的诵读中，她才明白了它的主题思想。舒绣文由于对作品有了比较深刻的理解，艺术处理就有了依据，朗诵就"传达到了听众的心里"。可见，作为一名朗诵者，首先需要理解所要朗诵的作品，其次才是寻求适当的表现方法。只有首先理解了作品，表达方法才有可靠的基础；只有透彻地理解了作品的内容，才谈得上正确而完善的表达。拿到作品后，千万不能机械地背诵，把一些生动活泼的内容变成"刻板的死气沉沉的台词"，"只停留在舌头肌肉上面"。

如何加深对作品的理解？

可以从作品的立意、作品的结构、作品的词句、作品的风格这四方面进行。

一、抓住立意，塑造灵魂

立意，好比是文章的"灵魂"和"统帅"。任何一件作品，总要说明某个问题，宣传某种观点，表示自己提倡什么，反对什么，或者寄寓着某种强烈情感。

杜牧在《答庄充书》一文中说："凡为文以意为主……苟意不先立，止（只）以文彩辞句绕前捧后，是言愈多而理愈乱，如入阛阓（街市），纷纷然莫知其谁，暮散而已。"杜牧在这里打了一个很形象的比喻，他认为假如立意不首先想明白了就下笔，只能是搬弄"辞句"，写得越多就越乱，好比一个人到了街市，乱哄哄谁也不认识谁，天一黑，只好四处星散，各自回家，毫无收获。王夫之也曾深入浅出

[①] 高重实:《话剧台词问题杂谈》,《上海戏剧》, 1962 年第 3 期。

地说明了这个道理。他在《船山遗书》一文中写道："无论诗歌与长行文字，俱以意为主。意犹帅也。无帅之兵，谓之乌合。"

因此，拿到作品，如果不先理解作者的立意，只是在"文彩辞句"上下功夫，一旦朗诵起来必然是脑中乱麻一团，听众随着你昏乱的朗诵进入了一个语言的"街市"，等你朗诵完了，还不知你说了些什么内容，表达了什么意思，只好"暮散而已"，离席而去。

比如要朗诵好杨朔的散文《荔枝蜜》，如果理解了文章对小蜜蜂所寄托的"志"，即对勤劳忘我的劳动人民的赞扬，那么朗诵就会言之有心，对文章最后一段的画龙点睛之笔，就会放慢节奏，点送清楚，让听众品味到作者对小蜜蜂观察所带来的思想收获，让听众进入这个"奇怪的梦"，"梦见自己变成一只小蜜蜂"，无私地为祖国建设而辛勤地工作。如果你肤浅地把这篇文章理解成一般的写景状物，就会忽略对文章最后一段所具深刻含义的艺术处理。这样，就抓不住文章的主旨，浮光掠影随口读去，使听众随着你的朗诵，进入了一个语言的"街市"，忽而荔枝，忽而蜜蜂，忽而农民，忽而自己，脑中乱麻一团。等你朗诵完了，也不知你要说明什么问题，寄托何种感情。

著名演员瞿弦和朗诵郭小川的诗歌《团泊洼的秋天》，就有一个逐步加深理解作品的立意，不断寻找朗诵基调的过程。

开始，他觉得这首诗景色描写得很美，很细腻，于是采用了很抒情的基调。后来有些听众，包括郭小川的家属听了他的朗诵，都感到不满意。他们给瞿弦和讲了郭小川当年受"四人帮"残酷迫害仍与"四人帮"进行坚决斗争的情况。瞿弦和顿感先前的理解是肤浅的，此时他的内心得到了充实，对作品立意的理解有了升华。他认识到这首诗不是一般的写景抒情，而是对"四人帮"的有力控诉。他"逐渐找到了"诗中"压抑中蕴藏着反抗，静中孕育着动"的基调，并且"重新进行了处理"，"后来的演出实践证明，这样的理解和处理，感染了观众"。[1]

总而言之，文章的立意"就像一条红线或明或暗，若断若续，从头到尾贯串在作品里"[2]。朗诵者应该牢牢地把握住这根红线，让塑造的灵魂始终附着在自己的身上，时刻随着作品的灵魂在跳动。

二、梳理结构，支架骨骼

如果说立意是作品的灵魂，那么结构就是作品的骨骼了。一切艺术作品的表现，都离不开结构。有了骨骼，灵魂才有所依附，有所寄托。

早在两千多年以前，古希腊哲学家亚里士多德在《诗学》中就写道："一个完善的整体之中各部分必须紧密结合起来，如果任何一部分被删去或移动位置，就会拆散整体。"[3]

朗诵艺术也是这样，朗诵者必须对作品的结构梳理清楚，了如指掌，才能放声朗诵。要不，必然会眉毛胡子一把抓，就像是一幅没有层次、失去比例的图画，"平面"一块，主次不明，无法体现作品的思想和感情。还是以朗诵杨朔的散文《荔枝蜜》为例。文章以"我"对小蜜蜂的感情变化为线索，分为四个层次：第一层写"我不大喜欢蜜蜂"，"每逢看见蜜蜂，感觉上疙疙瘩瘩的，总不怎么舒服"；第二层写"我"喝了荔枝蜜后，"不觉动了情，想去看看一向不太喜欢的蜜蜂"；第三层写"我"听了养蜂人老梁赞扬蜜蜂的一番话后，"心不禁一颤：多可爱的小生灵啊……"；最后一层，由物及人，写"我"望见正在酿造生活之蜜的劳动人民，"这天夜里……梦见自己变成一只小蜜蜂"。全文层次分明，如剥笋似的一层是一层。如果弄清了这些结构，朗诵时就可以掌握全文和各小段的基调了，每一层次可随

---

① 瞿弦和：《让诗句飞进心灵》，《诗刊》，1979 年第 11 期。
② 唐弢：《创作漫谈·理乱麻》，作家出版社，1962 年，第 5 页。
③ 转引自傅修延：《形式论四题》，《文艺理论研究》，2008 年第 3 期。

第二章 朗诵艺术的内部技巧

着"我"的情感发展：厌倦——新奇——钦佩——深思而有所变化。各层次的转折处，可设计一个较长的停顿，让听众感到文章清晰的脉络——"我"的情绪变化过程。如果没有理解文章的这些结构，就无法对作品进行艺术处理，更谈不上什么艺术性了，听众自然也就懵懵懂懂，不知所云了。

又比如朗诵郭风的《木兰溪畔一村庄》。文章一共只有三个自然段，每个自然段的开头都写道："这是一个小小的村庄。它像一朵花，开放在蓝色的木兰溪边。"如果说杨朔的《荔枝蜜》是纵式结构的话，那么这篇文章就像云片糕似的是横式结构了。弄清楚了文章的结构特点，我们朗诵这三段，就可以采用抒情的总基调，在这抒情的总基调下，第一段可以处理为充满一种赞美之情，与少数听众进行交流，仿佛在向他们介绍似的，语调可稍舒缓些；第二段可以处理为怀着自豪的心情，就像是向更多的听众在颂扬似的，语调可比前面上扬些；而第三段宛如陶醉一般，可在第二段与第三段之间延长一点停顿时间，重复的语句节奏略微放慢，让这些语句一直萦绕在听众心头，有一个感情的回味。这样有发展、有变化地对三句重复的语句加以有力的渲染和强调，一叹三咏，回环往复，仿佛是一首歌的副歌部分，一次次地去打动听众的心，加深听众的印象。

再比如电台曾播送过纪宇写的长诗《风流歌之二》。两位朗诵者在为诗的第一章安排分诵、合诵、轮诵上花了不少劲。他们对这一章反复进行了研究，认识到这一章可以说是全诗的序，安排的好坏会影响到整首诗的朗诵。所以不仅要从声音的色彩上考虑，更要从诗的内在结构出发，这样才能使听众既能获得一种音乐的美感，又有助于理解诗的思想倾向。

这一章共 21 节，每小节两行，共分三个层次。第一层次，即诗的第一、第二两节，话"当年"，说"今天"，与五年前写的《风流歌之一》前后呼应，于是朗诵者采取了男女分诵的形式。第二层次，即

第三节至第八节，歌颂了五年来的风流人物，其中第三、第四两节提纲挈领概括了五年来风流人物的总貌，朗诵者采用了合诵的形式；第五至第八节具体歌颂了四个风流人物和集体，于是朗诵者又采用了男女分诵的形式。第三层次，第九节至二十一节，作者从时间到空间，"把一曲《风流歌》播向九州！"其中第九节既是上面四节的小结，又是下面几节的引子，朗诵者们采用了轮诵的形式，造成了一种回声效果，扩大了听众的视野，把朗诵推向了一个小高潮。第十节到二十一节，作者以第一人称的口吻，写了面对九州众多风流人物的思索和选择，最后决定为最杰出的老山前线战士"再唱风流歌"。这里除了第十二节，以一个青年代表身份向诗人提出问题是由女声独诵外，其余全都处理为男声独诵。以上的这些处理，如果没有对诗歌的结构理解为前提，那么想安排妥当是根本做不到的。

正如明代王骥德在《曲律》中所写的那样："作曲，犹造宫室者然。工师之作室也，必先定规式，自前门而厅，而堂，而楼，或三进，或五进，或七进，又自两厢而及轩寮，以至廪庾、庖湢、藩垣、苑榭之类，前后、左右、高低、远近、尺寸无不了然胸中，而后可施斤斫。"朗诵者也必须把作品中的"门厅、堂楼、长廊、小屋、仓库、厨房、浴室、篱笆、院墙、花园"等了然于胸。文章的结构千变万化，各有特点，因内容体裁而异。只有做到心中有数，才能朗诵得有条理、有层次。

三、斟酌词句，丰满血肉

如果说文章的立意就是灵魂，结构是骨骼，那么文章的语句，该算是"血肉"了。

杜牧在《答庄充书》一文中说："以辞彩章句为之兵卫。""无帅之兵"谓之"乌合"。那么，无兵的光杆司令也是不行的，文理字义尚且不明，谈何准确地表达思想？语句之间又怎么能贯串丰富的情感呢？因此，斟酌词句，丰满血肉，即理解作品中每一个词、每一个句

子，也是朗诵中的重要环节。

　　著名表演艺术家孙道临在朗诵方面是很有造诣的，他不仅在朗诵前做充分的准备，而且在朗诵录音时，总要随身携带一本字典，可以随时翻查，以便读准每一个字音，准确表达每一个词义。有时他为了吃透一个词或一句话的意义，还特地跟大学教师探讨，向他们请教。他在艺术上，真可说是精益求精，一丝不苟。

　　要朗诵好前面谈到的杨朔散文《荔枝蜜》，还得理解作品的语句。比如在第三段中引了苏东坡的一诗句："日啖荔枝三百颗，不辞长作岭南人。"诗人说，只要每日能吃到许多荔枝，情愿贬官来到岭南这个僻远荒凉、生活艰苦的地方。由此可意会到荔枝蜜之甜美了。理解了诗句的这个含义，朗诵时就可以采用轻柔的语调，而对"啖"和"荔枝"两词赋予更多的感情色彩。这样才能准确地体现作者的用意——突出荔枝是"世上最鲜最美的水果"。诗句中的"啖"（dàn）字，口字旁，加一个烈日炎炎的炎字，恐怕也得查一下字典，音怎么读，意思怎么理解，决不能想当然念成 tán 或者 yán，让人一听扭了意思。

　　比如文章的最后一句话："这天夜里，我做了个奇怪的梦，梦见自己变成一只小蜜蜂。"这句话如果只是从字面理解，认为作者是"日有所思"，白天看了小蜜蜂，听了老梁对小蜜蜂的介绍，而"夜有所梦"，那么朗诵起来一定会采用一种轻快的节奏，显得比较肤浅；如果你能深刻地理解到这句话是作者由物及人，从小蜜蜂的酿蜜联想到劳动人民勤劳建设自己的生活，再由彼及己，从赞扬劳动人民到向劳动人民学习。了解了这一层层意思，朗诵起来，就会采用一种沉稳的节奏，内在地表达出作品的思想内容，那么情感就要深得多。

　　郭风有一篇文章叫《榕树》，其中有这样一段：

　　　　我看见一棵榕树。它美丽得好像开花的土地。它的树干好几个小孩子手携手才能围抱住。它的褐色的须根，好像马鬃一样从暗绿的枝叶间长长地垂下。

要朗诵好这篇作品，就得仔细琢磨文中的每一语句。从文字上看，作者写榕树，充满了对大榕树的赞美之情。如果只停留在文字的表面上，就会运用轻柔的语调来朗诵，文章所蕴含的深刻含义和深沉感情就难以充分体现出来。如果深入理解，就会感受到作者对大榕树的赞美之情另有寄托，另有深意。郭风在另一篇文章《闽南印象》里，就直接把榕树与闽南人民联系起来，他说：

> 这里的老人像榕树那样强壮，这里的少女像玫瑰那样艳丽，这里儿童的眼睛像向日葵那样明亮。
> 这里，人民的智慧开放着有如鲜花。

可见，郭风对榕树的赞美，寄托了他对闽南老人的真挚的赞美之情。理解了这些语句的含义后，就会采用柔和中见刚健的调子，诵出作者对闽南人民的深情。

北京人艺著名演员苏民朗诵过郭沫若的一篇诗作《地球，我的母亲》。全诗二十一节，节节都有"地球，我的母亲"这一句。苏民为了处理好这二十一个重复的句子，不让听众感到平板单调，就翻阅了《郭沫若文集》。他希望从这首诗的注释里找到一些启发自己的材料，但这首诗偏偏一点注释也没有。后来苏民从诗尾的一行小字"1919年12月末作"中找到了理解诗句的钥匙，豁然开朗。当时，郭沫若在思想上正处在涤旧换新的时期，在那样一个庄严的、幸福的时刻，也是一个内心感到前所未有的充实的时刻里，以他那特有的浪漫主义风格的语言，接连呼唤了二十一次"地球，我的母亲"，表现了诗人对理想的憧憬，光明的追求，为信仰而献身的渴望。苏民理解了这一

点，朗诵技巧的运用就如鱼得水。他时而坚毅，时而温柔，时而激昂，时而深沉，语调中高低、轻重、强弱、快慢、连断，对比分明，错落有致，获得了很大的成功。

四、把握风格，体现个性

如果说作品的立意是灵魂，结构是骨骼，词句是血肉，那么风格应该是作品的个性了。

刘勰在《文心雕龙·体性》中说："才有庸俊，气有刚柔，学有深浅，习有雅郑，并情性所烁，陶然所凝，是以笔区云谲，文苑波诡者矣。"很清楚，由于作家的先天禀赋和后天教养不同，他们的作品会有不同的风格，表现出与众不同的独特个性来。

不同时代、不同民族作家的作品会有不同的风格。比如俄罗斯作家高尔基的作品让我们感受到的是俄罗斯式的宏大、沉重和忧郁，而鲁迅的作品则让我们感受到中华民族特有的压抑心酸和感慨。同一时代、同一民族作家的作品也会有不同的风格。比如李白运用的是浪漫主义创作手法，表达了对理想的热烈追求和对现实的强烈不满，想象力极其丰富，语言极度夸张，构成一幅幅惊心动魄、璀璨夺目的画面。而杜甫则运用现实主义创作手法，表现的是写实的生活图景，深沉地表达了自己生活中的感受和情怀，形成了沉郁顿挫的艺术风格。

别林斯基说，风格是"在思想和形式密切融汇中按下自己的个性和精神独特性的印记"。朗诵者能否根据这种独特性把一个作家的作品和另一个作家的作品区别开来，通过你的朗诵，让听众听出不同作家的不同作品的不同风貌，则是每一个朗诵者必须掌握的内部技巧，是朗诵者对所要朗诵的作品加深理解的一个不可或缺的内容。

比如我们要朗诵宋代词人苏轼和辛弃疾的作品。他们的创作都具有浪漫主义色彩，善于通过大胆的夸张和丰富的想象来表达自己的思想感情，豪迈而奔放，文学史上一直被并列称为"苏辛词派"，是豪放派词人的代表人物。但由于苏轼处在北宋社会危机急剧发展、阶级矛盾日趋尖锐的时代，数次政治上遭到朝廷的贬谪和生活上遭遇的坎坷不平，以及他的世界观同时受到儒、佛、道思想的影响，包含着许多矛盾的因素，因而在创作风格上常常既包含着所谓的旷达飘逸，又包含着超尘拔俗的虚无色彩。

而辛弃疾则处在南宋初期民族矛盾空前尖锐的时代，他本人又是个一生胸怀光复祖国山河壮志的英雄，因而他的作品中豪放里包含着悲歌慷慨、热情横溢的爱国激情，充满了悲壮、深沉的浓郁色彩。

《唐诗宋词经典诵读》中，著名电影表演艺术家孙道临朗诵了苏轼的《念奴娇·赤壁怀古》，著名配音演员乔榛朗诵了辛弃疾的《南乡子·登京口北固亭有怀》。同属于豪放词，但是两位艺术家牢牢把握住了两位作者各自的风格。前者声调高昂，情感勃发，如千丈瀑布奔流而下，特别是最后几句那一字字、一声声的慷叹，使人感到荡气回肠，并把作者旷达的胸怀展现得淋漓尽致；而后者声音雄浑有力，情感悲怆，既表现了作者对国家命运的关切之情，又鞭挞了南宋朝廷的无能，宣泄了词人报国无门的愤懑。两位艺术家凭借着他们的深厚功力和内外部技巧，把两位豪放派词人各自的独特个性表现得一清二楚，泾渭分明。

风格可以在体裁、题材、人物、主题、手法、语言等诸多方面表现出来。总之一句话，要想朗诵艺术取得成功，必须从以上多方面加深理解，把握风格，体现个性。

以上讲的是朗诵艺术的内部技巧之一：加深理解。总而言之，当我们拿到一篇作品之后，不仅要深刻理解其立意，而且要深刻理解它的结构，以及每一个语句，乃至每一个标点符号，还有作品的风格、背景。这是朗诵艺术创造必不可少的工序。

第二节　增强感受

法国著名雕塑家罗丹说过，"艺术就是感情"。朗诵也不例外。对朗诵者来说，表达情感同样是重要的艺术活动。如果朗诵者忽视了感情，就等于失去了艺术的感染力。

明末清初的散文家黄宗羲的《柳敬亭传》，通过民间艺人柳敬亭的说书艺术谈到了感情与说书艺术的关系：

> 生曰："子之说，能使人欢哈嗢噱矣。"又期月，生曰："子之说，能使人慷慨涕泣矣。"又期月，生喟然曰："子言未发而哀乐具乎其前，使人之性情不能自主，盖进乎技矣。"

柳敬亭的老师认为，柳敬亭开始说书已能给人欢快，逗人发笑。过了一个月以后，这位老师觉得柳敬亭说书已能使人感慨悲叹，痛苦落泪。又过了一个月，这位老师评价柳敬亭说书尚未开口，但欢快或哀伤的情感已经完全感染了听众，使得他们难以控制自己的性情，这已经超过了一般的技巧，其艺术造诣达到了神妙的境界。

这里虽然讲的是说书，但跟朗诵艺术有着共同的道理。朗诵同样需要以情动人。瞿弦和说得好："没有真挚感情的朗诵，是没有灵魂的朗诵。"[1]因此，朗诵者要使表达的思想飞进听众的心灵深处，就必须借助情感作为有力的"翅膀"。

我们要想获得这种炽热的情感，就必须在朗诵创作的过程中，自始至终进行真挚的感受。意大利著名悲剧演员萨尔维尼指出："我认

---

[1]　瞿弦和：《让诗句飞进心灵》，《诗刊》，1979 年 11 月。

为每一个伟大的演员应当而且确实感受到他所表演的东西。"① 德国作家莱辛也说："一个仅知其意的演员比那同时还心有所感的演员要相差多远啊。"② 经验表明，在朗诵创作中，仅仅理解了作品的思想是远远不够的，还必须用我们的心去真挚地感受作品中所蕴藏着的丰富情感。

黎铿在朗诵贺敬之的诗作《放声歌唱》的过程中，对此就有切身体会。诗的开头有这样一段：

> 无边的大海波涛汹涌，生活的浪花在滚滚沸腾，啊，是何等壮丽的景象，我们祖国的万花盛开的大地，光华灿烂的天空……

怎样唤起自己歌颂祖国的感情呢？黎铿曾为这个难题苦闷过。后来一个偶然的机会，他来到铁路局体验生活。有一天上夜班，火车经过鞍钢，他看到了远处奔流的钢水，金光迸发，映红了漆黑的夜空；近处一片耀眼的灯光，好像坠落在地面上的满天繁星，又像是一片灯的海洋！看到这迷人的景象，他激动了。他仿佛听到了祖国的脉搏在跳动，仿佛看到了祖国大步前进的雄姿，禁不住从心底喊出了他所要朗诵的诗句："啊，是何等壮丽的景象，我们祖国的万花盛开的大地，光华灿烂的天空！"他以后每当朗诵这首诗的时候，都会回忆起当时这一激动人心的感受，都会回忆起这一令人难忘的景象。一股对祖国无限热爱的火辣辣情绪便从心底油然而生。这使他在朗诵这首诗时，艺术水准产生了飞跃，受到了观众的好评。

那么如何增强对作品的感受呢？

① ［苏］阿尔佩尔斯、诺维茨基主编:《西欧·俄罗斯名家论演技（上册）》，中央戏剧学院出版社，1981 年，第 88 页。

② 同上，第 30 页。

要增强对作品的感受应做到：热爱生活，亲身体验；了解作者，用心投入；熟读作品，不断积累；利用记忆，即时唤起。

一、热爱生活，亲身体验

托尔斯泰说过，"在自己心里唤起曾经一度体验过的感情，在唤起这种感情之后，用动作、线条、色彩、声音，以及言词所表达的形象来传达出这种感情，使别人也能体验到这同样的感情——这就是艺术活动"①。这里所说的"曾经一度体验过的感情"，是指日常生活中体验过的感情。由于年龄、经历以及对生活的态度不同，每个人对生活的感受也不尽相同。而对生活的感受多少和深浅，又决定了朗诵者对作品感受的程度。朗诵者如果与作品的人物"同过命运，共过患难"，那么，他一定能从作品中获得真挚的感受。因此，要想从作品中获得真挚的感受，就必须热爱生活，对祖国、对人民有着强烈的爱，对敌人、对丑恶的事物有着强烈的恨，做到好恶分明，决不能麻木不仁。正如著名导演陈颙说的，一个演员要想在舞台上创造出一个火热的艺术形象感染观众，就必须首先是在生活中有火热般激情的人，不是冷漠的人。前面谈到的黎铿朗诵《放声歌唱》就是一例。可以设想，如果他没有看到，或者看到了鞍钢那迷人的景色却无动于衷，毫无感受，那当然在朗诵时也就出现不了激动情绪的回忆，也不可能从作品中获得什么真挚的感受，一股对祖国无限的赞颂之情也无法产生，朗诵的艺术水平也不可能产生什么质的飞跃。

著名诗人柯岩曾亲自在"海洋诗会"上朗诵她的诗作《又见蔗林》。她那充满情感的朗诵深深打动了在场的每个人的心。不仅她自己流下了激动的泪水，而且在座的作家、编辑的眼里也噙满了泪珠，似乎听到了她那怦怦的心声。等她一朗诵完，掌声骤起，大家齐声称赞她不仅写了一首好诗，而且做了一次精彩的朗诵，一致认为"只有

---

① ［俄］列夫·托尔斯泰：《艺术论》，丰陈宝译，人民文学出版社，1958年，第47页。

她来朗诵，才能如此动人，其他人怕难以表达出如此强烈的感情"。果然，后来有人朗诵这首诗，都没有她朗诵得那样好。这是什么原因呢？很清楚，二十世纪六十年代，柯岩曾和诗人郭小川、贺敬之随同王震将军走访这些地方。她对甘蔗林、对故人有着特别深沉的感情，所以朗诵起来就具有异乎寻常的回肠荡气的魅力。

有一次，上海广播电台要播送一篇散文《上坟》。这篇散文写的是一个后辈给已故母亲上坟的情景。文章没有曲折的故事情节，没有强烈的感情色彩，从头至尾只是以第一人称的口吻在平平地叙说，静静地回忆。编辑觉得这是一篇风格淡雅的好文章，但担心很难朗诵。著名配音演员丁建华接受了这个任务，录音一气呵成，既保持了作品的清淡风格，又让人感受到了作品中"我"对母亲的拳拳深情。编辑当场通过，录音师激动地对丁建华说："你把我们的眼泪都念出来了。"

丁建华朗诵这篇作品，获得如此成功的诀窍在哪儿呢？那就是因为她平时生活中对自己的母亲有着赤诚的爱。丁建华说，十年动乱中，父亲受到迫害，很早离开了人世。当时家里除了她，还有好几个弟妹。母亲为了维持生活，想方设法养活全家，甚至帮人家倒过马桶。她非常感激母亲在那艰难困苦中对她的养育之恩，所以她对母亲有一种无法用言语表达的爱。因此，朗诵这篇散文时，她一下子就唤起了对自己母亲的那种深厚情感来，很快就增强了对作品的感受，这样，朗诵时自然就非常顺畅了。

二、了解作者，用心投入

一篇优秀的文学作品，无疑是作者的思想、感情的结晶。剧作家丁一三说："为什么要搞创作，我自己渐渐地明白，就是要抒发我的感情。现实生活使我的感情、心灵受到震动，我就要抒发出来，以感染别人。"[①] 因此，要朗诵好一篇作品，准确地表达作品中的思想感情，

①　丁一三：《关于戏剧创作的信》，《光明日报》，1979 年 7 月 27 日。

就应该用自己的心去体会作者的心，去体会作者在现实生活中的感情、心灵所受到的一次次震动，那么对作品的真挚感受也就会油然而生，就能真挚地感受到作者在创作时的火热情感，进入作者在创作时所具有的那种精神状态中去。这就要有一个"了解作者，用心投入"的过程。有人说，朗诵者是作家的"代言人"，是代表作家的心，通过有声语言去沟通读者的心的。我们要获得这个"代表权"，当好这个"代表"，不了解作家的心是不行的。诗人徐迟在谈到诗歌朗诵时说过，"不通过诗人的人格，不以诗人的代表自居来朗诵诗，是无法正确表达这首诗的"①。这话是非常正确的。

比如朗诵法国著名作家福楼拜的《包法利夫人》这部长篇小说，如果我们能够了解到福楼拜创作时的心境，像他那样"创造什么人物，就过着什么人物的生活"，"今天同时是丈夫和妻子……骑马在树林里漫游……明天包法利夫人服毒自杀时，仿佛自己口中也苦涩异常，甚至头晕目眩、浑身无力"②，那么我们一定能够增强对作品的感受，以浓烈的感情去吸引、打动听众。

著名演员金乃千曾在1976年朗诵郭沫若的《水调歌头·粉碎"四人帮"》这首词。他的朗诵之所以获得成功，原因之一就是他充分了解和感受到了郭老的心。金乃千在谈朗诵的体会时说："必须理解郭老写词时的心情……郭老和无数革命前辈一样受尽了多少明枪暗箭，他理解人民的心情和愿望，压在他心底的岩浆，终于在盼望已久的十月爆发了，郭老的心里话脱口而出。我感到这不是一首普通的词，而是比《屈原》中的《雷电颂》更加明朗、更加强烈的咆哮和欢呼。"因此，"在朗诵时，我恨不得把每一个字都挤出水来。当读到'狗头军师'时，我把这四个字从牙齿里挤出来，然后稍稍停顿一下，再用

---

① 徐迟:《诗与生活》，北京出版社，1959年，第50页。

② 转引自朱彤:《美学与艺术实践》，江苏人民出版社，1983年，第56页。

鄙视的神态朝角落里一瞥，好像那里就躺着一具干瘪的活尸……说出这个'张'字。朗诵时观众产生了强烈的共鸣"。[1]可以看出，由于金乃千深入作者的心灵，感受并体会到了词中每个字后面的丰富内容和细微的感情，所以才朗诵得那样爱憎分明，那样铿锵有力。

三、熟读作品，不断积累

感受是对客观事物做出的情感反应。要增强对作品真挚、深切、细腻、丰富的感受，有时候是不可能"一见钟情"的。它要求我们必须熟读作品，从中积累潜在的情感信息。反复阅读的过程就是对每次阅读时所接受的情感信息进行反馈的过程。有人把熟读作品不断积累比作热恋着的情人会面，每次都使情感加深一步，又都渴望着下一次的会面，他们绝不会感到有丝毫的厌倦，因为他们的情感正步步深入，以至沉浸在爱的长河之中。如果只凭一些粗浅的、泛泛的一两次阅读的直接感受而想要把作品的内在立意注入观众的心田，那是难以达到的。

不过熟读不是死读，它要求我们每一次阅读，都要用心去体会才行，决不能像小和尚念经那样有口无心，其结果不是"熟能生情"，却是"熟而生假"了。

电影演员赵静为电影《两个少女》中一段很长的痛哭配音时，一共录了三次。由于她不断地感受，每一次都重新或者加深体验角色的情感，以致最后一次配完之后，她都无法站立起来，差点晕倒过去，因此最后一次获得了很大成功。

富润生朗诵契诃夫的《变色龙》，以刻画人物情感的细腻、准确而受到听众们欢迎。然而从接受任务到正式录音，他整整用了一个多月的时间。这是为什么呢？他对我们说："我觉得光理解作品是远远不能朗诵的。在正式录音之前，我熟读了作品，从中不断积累对作品

---

① 金乃千：《浅谈台词》，《戏剧学习》，1979 年第 2 期。

的感受，使我看清了沙皇俄国统治阶级走狗怎样趋炎附势、欺压百姓的丑态，产生对沙皇俄国时代上骄下谄的恶劣社会风气的厌恶情绪。而后，自己先录了三遍，每次录好后都请于鼎提意见，自己再一遍遍地听，仔细琢磨，直到自己觉得每个字都是出自内心，而不是孤立地零散地发出来的一连串空洞的声音才正式去电台录音。"

四、利用记忆，即时唤起

在现实生活中，每个人都会因为外界事物的影响而引起不同的感受，从而产生喜、怒、哀、乐等不同情感。很多表演艺术家常常把生活中不同的感受用笔记的方式记录下来，以加深对这些感受的记忆。这对朗诵者增强对作品的感受是有极大帮助的，一旦作品中出现了与生活中的相类似的情感，就可以从记忆的仓库中即时"唤"出类似的情绪来。

曾经有一位青年朗诵汪钺的话剧剧本《岳飞》中岳飞饮毒酒前的一段独白：

先烈们，等等我，帮帮我，等我吞下这杯毒酒，帮我引来风雨雷电，轰开这座铁牢，让岳飞重返疆场，让我们的亲爹妈，亲兄弟，亲姊妹，同心协力，披荆斩棘，前仆后继，还我河山！

最初朗诵时，他对岳飞的这种"生当作人杰，死亦为鬼雄"的壮志激情觉得感受较浅。后来，他回忆起以前听到为岳飞《满江红》谱写的歌曲而产生的那种热血沸腾的情绪，一下子加深了感受。于是，他朗诵的力度明显加强，语气变得异常坚定，心中始终伴随着《满江红》的歌声。这歌声与岳飞的形象交织着在心中出现。这样，他仿佛身临其境一般，情感始终保持在一种新鲜、饱满的状态之中。

再比如朗诵雨果的《悲惨世界》这部小说中以下一段：

同时他伸直左臂，右手捏住钝口凿的木柄，把白热热的凿子压在赤裸裸的肉上。

肉被烧得哧哧作响，穷窟里顿时散开了行刑室里特有的臭味。马吕斯吓得心飞肉跳，两腿发软，匪徒们也人人战栗，而那奇怪的老人只是脸上微微有点蹙，当那块红铁向着烟的肉里沉下去的时候，他若无其事地，几乎是威风凛凛地，把他那双不含恨意的美目紧盯着德第，痛苦全消失在庄严肃穆的神态中了。

要使听众敬佩"那奇怪的老人""当那块红铁向着烟的肉里沉下去的时候"，表现得"若无其事"的样子，朗诵者首先要"确有其事"加深感受来感染听众才行。如何才能做到这一点呢？可以利用记忆，唤起自己曾不留神被火灼、水烫时的感受，身临作品之中。然后在朗诵"把白热热的凿子压在赤裸裸的肉上"这句话后面来个倒抽气、大停顿，身上微微颤动一下，再放慢语速诵出下面一句，特别在"哧哧"两字上。这样就能产生很大的艺术力量，很强的艺术效果。

著名话剧演员陈奇在朗诵《生日》这首描写纺织女工在旧社会受苦受难的诗时，情感饱满，眼噙泪珠，似乎字字都是从心底迸发而出，在人们脑海中留下了深刻的印象。她在谈起朗诵这首诗的感受时，总是抑制不住内心的激动，说"这得感谢纺织女工给我的帮助，是她们帮我在大脑这个'储蓄所'里'储蓄'了这种感受。以后每当我朗诵起这首诗，就从这个'储蓄'里提取它，这时我就仿佛身临其境一般了"。原来，1952年，陈奇曾在某一纺织厂体验生活，她和纺织女工同吃、同住、同劳动，交上了朋友。女工们跟她无话不谈。当女工们谈到旧社会在老板、工头的压迫下那一段苦难生活时，陈奇的情绪总是非常激动。以后的日子里，她一直忘不了这一段的生活经历，一直保存着这种情绪记忆，以至于朗诵的时候来了个"零存整取"。

第三节　丰富想象

任何一篇文学作品，都是用形象来表现社会生活和作者的思想感情的。作家唐强在《创作漫谈》一文中说："一篇小说或者一出戏剧，之所以能够使人狂笑，或者流泪，那是因为形象感动了人们。"朗诵文艺作品就是要通过有声语言对这些形象的描绘，使听众狂笑或者流泪，从而获得教益和美的享受。而在朗诵中，要创造出鲜明的形象来，必须在创作过程中，通过丰富的想象才能获得。

高尔基说："艺术靠想象而存在。"俄国的文学批评家别林斯基在谈到创作经验时也介绍说，俄国伟大的作家果戈理在"没拿起笔来的时候，他已经清楚地看见他们，已经可以数清他们衣服上的褶襞，他们额上的犁刻着热情和痛苦的皱纹"[1]。朗诵文学作品，也要像作家创作文学作品一样，通过丰富的想象去获得朗诵作品中一个个鲜明的形象。正如著名话剧演员朱琳所说："要朗诵得好，朗诵得非常生动，还要做一项很重要的工作，那就是根据作品展开丰富的想象。"[2]

我国戏剧教育家徐光珍谈到过在教学中她的学员如何展开想象的例子。在《屈原》第一幕《橘颂》的朗诵初排时，一个学员怎么也体现不了作品的意境和作品所描绘的形象。于是，她就不断地运用直接和间接的生活素材启发这个学员，使他展开想象，让他获得应有的内心视象[3]。后来这个学员的朗诵逐渐有了进展，在艺术小结中写道："园内的宁静，橘子的芳香，以及江南的早春，清晨晴朗的天空，把

---

[1] 《别林斯基选集》第一卷，上海译文出版社，1979年，第179页。

[2] 朱琳：《朗诵初步》，北京出版社，1960年，第9页。

[3] 内心视象：当演员用言语表达某一事物的同时，随着想象仿佛感到内心也清晰地看到他所要表达的这一事物的形象。这在艺术的行话里就称之为内心视象。

诗人带入到想象的意境中去。也正因为屈原是诗人，就更加需要极丰富的想象。为了这点，我看了很多著名山水画和摄影展览，如：桂林山水和壮丽迷人的黄山、西湖、太湖……这些美丽离奇的景色吸引了我……从而我在舞台上的想象展开了，眼界开阔了，有了清晰的'内心视象'。当朗诵《橘颂》时，不再是对一棵橘树，一个宋玉了；赞颂的对象丰富了，眼前是一望无际的橘林，是整个楚国的'青年一代'。也正因为我的想象展开了……真正唤起了'内心视象'，角色的感觉就有了，产生了人物所需要的思想感情，更重要的是有了时代的气息，也就感受到了诗样的意境。"①

这个例子说明，通过想象产生内心视象在朗诵中是至关重要的。"朗诵者'死背'稿件和不善于运用内心视象的规律"，就会使"语言僵硬"；相反，"清楚地看到内心形象，一定会使语言生动活泼，焕然一新"②。

所以朗诵者在创作过程中，要自始至终地展开想象，就像放映电影似的，随着作品所描绘的情景，一幕幕地在眼前展现，使文学作品的一个个字，很自然地"化"成形象，讲给听众听，使听众不仅听到了，而且也仿佛"看"到了你所叙述的一切事情。

那么如何才能获得丰富的想象，产生内心视象呢？

借助生活，善于观察；借助图像，多方汲取；借助幻想，大胆描绘；借助文字，充分类比；这是朗诵艺术创作时获得丰富想象的四种好方法。

一、借助生活，善于观察

一篇文学作品所描绘的事物，如果是朗诵者所熟悉的，朗诵起来就容易展开想象，容易唤起内心视象；反之，则会感到困难。我们都清楚，一个从未到过农村的城市青年，朗诵一篇描绘农村景象的文学

---

① 徐光珍:《谈演员的"内心视象"》,《戏剧学习》,1979 年第 2 期。
② ［苏］符·阿克肖诺夫:《朗诵艺术》,齐越、崔玉陵译, 广播出版社, 1984 年, 第 80 页。

作品，比起一直生长在乡村的青年来就较难展开想象。对朗诵者来说，丰富自己的生活，善于观察生活是十分重要的。

一位学习朗诵不久的青年，曾在朗诵《老子 折子 孝子》这篇作品的过程中，由于借助了生活体验，使自己获得了丰富的想象，朗诵有了很大进步。作品塑造了一个见钱眼开、尖嘴饶舌的极端自私的庸俗小市民形象赵彩霞。可这位青年开始朗诵作品中描绘赵彩霞夫妇议论怎么捞到她公爹落实政策时补发的五万元一段内容时，怎么也想象不出赵彩霞的模样，把赵彩霞的语言总是说得平平稳稳，柔声柔气，诵不出人物的个性。后来她在教师的指导下去观察生活。一次，她去菜场，碰到了两位中年妇女正在议论邻里关系，其中一位由于过分激动，言语速度就像开机枪，而有时又为了表现得神秘，忽然减慢了言语速度，而且还拖长了音调。又有一次，在弄堂口，她看到了一位胖墩墩的中年妇女坐在汽车前，不让汽车通过，口里念念有词地以极快的语速嘟囔着什么，忽然又大声哇哩哇啦地以粗哑的嗓门喊两声，接着又继续快速地嘟囔起来，最后干脆耍无赖，躺在了汽车前面。从对这两个小市民妇女的观察，这个初学朗诵的青年眼前逐渐出现了赵彩霞的形象，想象出了赵彩霞的眼神、形态、感觉，特别是她说话的性格语调。于是她把人物的言语设计为：音色较暗带沙，语速多变，语势高低起伏较大，常带有强调、夸张的拖腔。

下面以其中的一段为例：

胡光对妻子赵彩霞讲："你放心，分起钱来决不会少我们一份的。"
（赵彩霞说）"哼！你想得美！
［语速快，音调较高，音量大。］
你们那宝贝妹子有多～厉害啊！ [1] 在家

---

[1] ～为拖腔符号。

〔音调降低，语速减缓，"多"字上加拖腔。〕

的时候就是出名的宁波汤团儿，又是

〔出口时比上句音调高，随之逐渐下降语势，语速加快。〕

圆～，又是甜～，又是糯。近几年做

〔语速减缓，在"圆""甜"字上加拖腔，到"又是糯"忽然加速，干脆地收住尾音。〕

了政工干部，更厉害了，嘴皮子练得

〔语势较平，音调较低，语速平稳，在"更"字上加重、延长，"薄""哇"加拖腔。〕

那个薄～哇～，她呀，比谁都精。再

〔语速猛然加速，音调加高。〕

加上你那个妹夫，门旮旯里的诸葛亮。

〔音调降低，语速较快，每个字都咬得很有力。〕

夫妻俩一搭一档，

〔语速减缓，音调较前上升。〕

老头子的钱被他们

〔音调较高，语速加快，并随着语势上升逐渐加高，到"骗光了"达到最高点。〕

骗光了，我们也不会知道。"

〔语速仍然很快，语势下行，力度较强，有力地收住尾音。〕

这位初学者以上一段的朗诵，一改先前的情况，这个巨大变化正说明体验生活是丰富想象的重要手段。

这是不是说，我们朗诵作品时，必须亲临作品所描绘的环境中去才行呢？比如朗诵袁鹰的散文《青山翠竹》，就一定要到井冈山去一趟？诚然，如果有机会去一趟无疑是很好的，这对朗诵会有很大的帮助。但不去就不能朗诵了吗？不能这么说。因为文学作品是提高了的

典型化的生活，不是对生活一成不变的"记录"。所以，我们可以借助那些与作品描绘相类似的生活经历，引起类似联想，产生内心视象，这也是丰富想象的一个很好的途径。

朱自清的游记散文《威尼斯》描写了威尼斯这座"水上之城"和"文化之城"。文中有两处就是运用这种类似联想来沟通读者的心的。文中写到威尼斯这座水上之城"干净""谐和""透明"这些特点时，有这样一句："中国人到此，仿佛在江南的水乡……"当介绍威尼斯是座"文化之城"，描绘威尼斯大运河上的节奏繁密、声情热烈时，朱自清这样写道："这个略略像当年的秦淮河的光景，但秦淮河却热闹得多。"

如果我们朗诵朱自清这篇作品，即使没去过意大利的威尼斯，也没有听过威尼斯的小夜曲，也没有看过威尼斯摄影、绘画的图片，但我们也可以凭借我们对"江南水乡"，对"秦淮河"的生活印象，将它们加以"改造"，根据我们自己的生活经历创造威尼斯这座"水上之城""文化之城"的内心视象。这样，朗诵起来在脑海中就不会空虚了，想象就又能展开了，朗诵语言就会绘声绘色了，朗诵者就能和听众一起去"游览"这座世界名城了。如果没有这种类似联想就产生不了这些具体的内心视象，这样，朗诵者的语言也只能如老和尚念经似的，缺少一种生命力。这当然不能称之为朗诵艺术了。

著名配音演员曹雷朗诵过一篇散文《杨湾拾翠》，其中有一段是描绘苏州西山橘林的。怎样将文字中所描写的图景浮现在眼前呢？她借助了自己在苏州东山见到过的那片橘林的形象。她对我们说："我曾经见过东山橘林，记得一接近橘林，映入眼帘的是一望无际的绿色海洋，数不清的杏黄色的果实，有如天上的星星点缀其间，好看极了。周围是那样宁静，使人感到心胸异常开阔。走入林间，一股清香沁人心脾。我贪婪地呼吸着这令人陶醉的空气，似乎进入了一个没有一丝污尘的清爽世界。那种心旷神怡的感觉，简直难以用言语表达。

现在，我要朗诵的这篇散文是描绘西山橘林的，与我见到的东山橘林相比，无论是规模、高矮都有差异，但其色调、氛围、意境形态却基本上是一致的。于是朗诵时我借助游览东山时的生活体验，脑海中想象顿时活跃起来。我采用了舒展的语调，力图表现作者置身于橘林之中那种异常旷达、酣畅的心境，把西山橘林的图景形象地展现在听众面前。"

总之，借助我们的生活经历，平时善于观察，朗诵时积极展开类似联想，让作品的内容在我们心里，在我们眼前活起来，就像自己亲身经历过的一样，这是丰富想象的一种好办法。

二、借助图像，多方汲取

一个人的生活总是有限的。有的作品所描绘的形象，也许在自己的生活经历中一点影子都没有，又如何获得丰富的想象呢？

斯坦尼斯拉夫斯基在《演员自我修养》中写道："想象要从书本图画、照片里以及其他一些给人以知识的或表达别人印象的源泉去汲取。"这里说得很清楚，如果我们依靠直接生活展开类似联想有困难，那么借助间接生活（如电影、电视、戏剧、画报、图片等），也是我们展开丰富的想象，树立内心视象的一种途径。

有些人在朗诵前，特别是朗诵小说，翻阅了不少连环画，一旦发现画册中有的形象很像自己心目中的人物，就想法画下来或剪下来，订成小册子。有人甚至还为此学习绘画，把自己对作品中的人物、景物的想象画下来。这些工作表面看来都与朗诵无关，但实际上对朗诵时树立鲜明细微的内心视象有着极大的帮助。

上海人民广播电台的梅梅，擅长朗诵儿童文学作品。有一次，她朗诵故事《不不园》遇到了困难。作品中有一段描绘小朋友茂茂来到"不不园"，一个胖胖的老妈妈带着一群小朋友去迎接他的场面。怎样展开丰富的想象，从而把握这些人物的基调和语气呢？她苦苦地琢磨着。回家后，她无意中翻画报，忽然一幅画面映入她的眼帘，一个胖

胖的老妈妈，戴着一副眼镜，头上还有顶花边帽子，身上穿着宽大的白围裙，笑眯眯的，周围有几个小朋友，有的在做怪样，有的笑开了花。对了，在老妈妈边上有一个鼻子上长着雀斑、模样十分调皮的小朋友，不就是茂茂嘛！这样，在梅梅眼前一个个人物立刻活起来了：音色亮而偏硬，语气调皮，尾音上翘，娇气十足的茂茂；音色宽厚，语气幽默，既威严又使人感到慈祥的胖胖的一园之主老妈妈；还有那一大群各种神态的孩子们，尽管他们没有什么对话，但叙述时，脑海中出现了这些具体的视象，演播就生动多了。

配音演员施融在朗诵长篇小说《青春激荡》时也有类似的体会。他在塑造男主人公阿廖沙和另一个主要角色彼得·戈尔基延科的人物性格语言时遇到了困难。这两个人物除了职位不同外，几乎都很相像：年轻，有理想，待人真诚、干事业兢兢业业，甚至他们有许多语言都很像，并且经常在一起说话。比如小说中有这样一个片段：

"睡不着，阿廖沙？"彼得为了不吵醒叶莲娜，轻轻地向我转过了脸，"这样的雪，我还从来没见过。一下子就铺天盖地……我们全队一起行动，这真是做对了，否则，下这么大的雪，还得再用推土机去开路"。

"这样做当然对，我们大家都在一起，大家的条件都一样。这点非常重要。"

"阿廖沙，大家情绪怎么样？"

"对我们来说，没有什么习惯不了的。再说，一切都很新鲜，很多过去不认识的人，大家彼此结识、交朋友……那些'知识分子'表现得比谢廖加坚强。都是好样的。"

以上是两个年轻人在怕吵醒别人的情况下的小声谈话。朗诵时要将这两个人物区分清楚是相当困难的。但我们从施融朗诵的语气、语调中，可以明显地感觉他塑造了两个不同的人物：一个稳健些，一个热忱些。他是借助什么来将人物区分清楚的呢？施融对我们说："借助电影与小说，使自己展开丰富的想象，是帮助我解决这一难题的关键。书中阿廖沙，使我首先想到了电影《保尔·柯察金》中保尔的形象，而彼得·戈尔基延科就使我想到电影《伟大的公民》中的沙霍夫。阿廖沙应更侧重他的年轻，热情，喜爱文学，富于幻想。因此朗诵阿廖沙的言语时更多采用激昂的，有时又富有诗意的语调，声音采用清脆的男高音。而对彼得则侧重塑造他作为一个年轻指挥者的组织才能和工作魄力。因此朗诵他的言语时更多采用果断的、干脆的，有时是异常沉稳的语调，声音与阿廖沙相比偏厚、偏低一点，但又不失去年轻人的特点。总之，有了保尔与沙霍夫的影子，对我塑造阿廖沙与彼得产生了巨大的影响。"

可见，借助图像，从多方面汲取形象来帮助自己展开想象，把文字变成一幅幅生动的画面，在朗诵时，脑子里不会只是一些概念，朗诵的语言就会充满生命力。

三、借助幻想，大胆描绘

朗诵充满幻想的文学作品，有时还要借助幻想的力量。

美术片《金猴降妖》是在《西游记》原著的基础上的又一次创作。一块块石头在战鼓的敲击声中，一点点出现了形状，慢慢我们认出来了，那是虎、那是狼、那是熊、那是豹……于是它们活了，跳下来了，开始说话了……创作者如果不是借用了幻想力，那是不可能出现这一幅幅生动的、引人入胜的画面的。朗诵者在朗诵类似《西游记》这样的神话时，也必须和美术片创作者一样，借助幻想力来创作出一幅幅生动的画面。美术片创作者将这些画面画出来，而朗诵者则运用艺术语言将它们讲述出来。

著名广播工作者郭冰非常擅长朗诵神话故事。从他那多变的语调声中，我们似乎也真的看到了一缕青烟以后，白骨精化成了温柔美

丽的少女，说话嗲声嗲气；孙悟空抓下一把汗毛，说声"变"，于是千百个小猴出现了……这些现实生活中根本不存在的图景被郭冰讲述得活灵活现，好像真有其事似的。可以肯定，如果郭冰没有借助幻想，而是被现实生活所束缚，那么就无法出现内心视象，讲述就不可能这么生动，这么吸引人了。郭冰在谈到他怎样演播神话故事的时候对我们说道："我小时候很喜欢躺在床上，海阔天空地遐想，有时到了想入非非的地步。很多形象、很多情景都是现实生活所没有的，但有时却反映了对超现实生活的一种追求，一种向往，一种愿望。现在我朗诵一些神话故事时，一方面借助庙宇中的壁画、雕塑及戏曲中的形象进行想象；另一方面还要唤起幼年时那种遐想的童心，摆脱现实生活的束缚，大胆创造出神话故事中所描绘的图景来。"

郭冰的这一番话，对朗诵神话故事这一类作品提供了宝贵经验。朗诵艺术创造既要有现实生活的基础，但又不能完全受现实生活的束缚，对那超现实的"神力"要大胆向往、大胆追求，才能产生那些并不存在于现实生活中的内心视象，才能使我们的艺术语言具有"神乎其神"的形象感。

除了神话、科幻一类文艺作品之外，朗诵某些现实题材作品，有时也同样需要利用我们的幻想能力。苏联著名作家奥斯特洛夫斯基重病瘫痪在床上时，听到一个窝囊废为了个人问题而垂头丧气，甚至丧失了生活信心，于是他写了《我的幻想》一文，其中有一段写道：

　　如果我能像他那样，有手有脚，又健康，可以在广大的世界上随意行动，那该怎样呢？我想我年轻、洒脱、健壮，想象着穿起衣裳，走到阳台上去，看见眼前的一切生活状况……那该怎样？我一定不能简单地走出去，我要努力地跑，也许要抓住火车车厢的把手，随着火车一起跑，跑到莫斯科……我将要拼命地疯狂地工作着。我将贡献出多少啊！

以上的想法对一个正常的人来说是不足为奇的，只要你愿意，那还是容易或者说能够做到的，但对于作者——这位双目失明、下肢瘫痪的残疾人来说却是典型的幻想。因此朗诵这篇现实题材的作品，无疑是要从奥斯特洛夫斯基的角度，借助幻想才能展开丰富的想象。朗诵者一定要幻想着一个双目失明、严重瘫痪的人，真能神奇般地突然从床上一跃而起，脚上如同装上飞轮似的与列车一起奔跑，像电影中跳格出现的快镜头，两手穿梭似的忙碌着，不知疲倦地工作着，然后以怒潮奔马似的语言节奏，充分表现作者迫切希望获得健康、及早投入社会建设的焦急心情。

四、借助文字，充分类比

朗诵作品，通过本篇作品的文字展开想象，这当然是不言而喻的。借助其他作品的文字，通过充分类比，也同样能丰富朗诵者的想象。

有位演员朗诵司马迁的《鸿门宴》，听众觉得他塑造的樊哙这个人物个性不鲜明，语言显单薄。这位演员也完全同意大家的意见，因为他自知樊哙这个人物在自己脑海中确实还未能形成具体形象，先前只是根据字面在做概念化的朗诵。以后，他阅读了《三国演义》。当看到小说上描写张飞是"身长八尺，豹头环眼，燕颔虎须，声若巨雷，势如奔马"，他眼前一下子就闪出了樊哙的影子。接着，他又仔细阅读了有关描写张飞的一些章节："张翼德大闹长坂桥""张翼德义释严颜""猛张飞智取瓦口隘""急兄仇张飞遇害"等等。于是，一个豪爽、勇猛、坦荡、疾恶如仇、粗中有细的"万人敌"形象逐渐浮现在他脑海中，并由此联想到樊哙，一个鲜明、具体的形象自然很快在心中活跃起来。当他再朗诵到《鸿门宴》中樊哙这个人物的言语时，声音洪亮、浑厚，语调干脆、爽直，特别是樊哙在项王面前说的那段话，朗诵得铮铮如洪钟，铿锵有力胜千钧。大家听后都说樊哙这一人物形象得到了丰富。

有一个学生朗诵苏轼的绝句《题西林壁》：

> 横看成岭侧成峰，
> 远近高低各不同。
> 不识庐山真面目，
> 只缘身在此山中。

　　一开始，这位学生朗诵得干巴巴的，诗中的形象怎么也表达不出来。他十分苦闷，便请教了老师。老师问他眼前有无庐山的图像，他摇了摇头。的确，究竟庐山是怎样的岭，怎样的峰，"远近高低各不同"，"不同"在哪儿，由于这个学生还未曾去过庐山，所以实在无法想象，脑海里怎么也产生不了具体的形象。老师交给了他一本《中国名胜词典》，学生刚看了一段庐山概况的文字介绍，就觉得心中已树立了一些具体的形象。接着他又阅读了有关描写庐山的章节："上覆劲松、下临绝壑，似苍龙昂首"的"龙首崖"；"峰顶砌有汉阳台"、星罗棋布的"汉阳峰"；"似五个老人并坐"的"五老峰"；有一壁铁青色悬崖，崖顶有"巨石如船"的"铁船峰"；"山九叠而屏"，故"又名屏风叠"的"九叠屏"等。看后他兴奋起来，异常感慨地说："诗句中的'各不同'这三个字内容太丰富了，简直有成千上万幅千姿百态的美丽画面一下子出现在我的眼前了。那'远近高低'也不仅仅是字面上的长度、高度，而是包含了色彩、氛围、形态、境界。想象展开了，视象清晰了，再朗诵时就与先前大不相同了。"比如其中"横看成岭'"这四个字，由于学生看到了词典上有关庐山异常广阔雄伟的文字介绍，朗诵时气息深沉而通顺，每个字都很自然地给予了延长，显得异常开阔而舒畅，而对后三个字"侧成峰"（特别是"峰"字）则适当加强力度，让听众通过语调的变化对庐山产生险要、陡峻的感觉。第二句的"远近高低"，他却轻轻读来，每字一顿，使人感到诗中之画并非一幅。在"各不同"三个字上，他对"各"字给予了延长、加重、强调，将他对想象中的庐山各种美景所产生的强烈的热爱之情倾注其中。

当然，以上两位后来的朗诵不能说是尽善尽美，处理方法也不是唯一的，但他们在朗诵中所产生的飞跃，充分说明了借助文字也是丰富想象的一个好方法。

第四节　调整状态

朗诵是一种艺术创造，创作状态的好坏直接影响朗诵的效果。大家知道，体育运动比赛与运动员的竞技状态关系十分密切，两个球队、两个运动员如果势均力敌，而临场时的竞技状态不同，那么一般情况下，竞技状态好的，水平、技巧、能力就发挥得出，便可能是赢家；反之，竞技状态不好的，水平、技巧、能力就发挥不出，便可能是输家。竞技状态好的，即使开始出现不利，也可能反败为胜；竞技状态不好，即使开始不错，也可能反胜为败。

运动如此，艺术创作也是如此。我们常常会评论一名艺术工作者的创作状态的好坏，艺术工作者也常常会感觉到自己的创作状态的好坏。一名艺术工作者如果没有进入到上佳的创作状态，那么肯定是无法创作出好的作品来的，作家写不出精彩的文章，舞蹈家跳不出优美的舞姿，一个朗诵者如果没有调整好自己的创作状态，那么也同样不可能把作品的思想感情充分地传达出来。因此，我们认为要想朗诵获得成功，除了深入到作品中去，深刻理解，真挚感受，丰富想象外，还必须调整好自己的状态。

那么从哪些方面调整自己的状态呢？我们认为可以从以下四方面入手：充满欲望，引发冲动；明确态度，采取行动；注意听众，加强

互动；树立自信，掌握主动。

一、充满欲望，引发冲动

前面已经说过，朗诵是一种艺术创造活动。既是活动，即要为达到某种目的而采取行动。这个行动既指有声语言，也指朗诵者为了更好地完成这一活动，为了达到表达出作品的思想感情这一明确目的而产生的强烈要求，让自己充满创作的热情，使自己处在一种兴奋、冲动的创作情绪当中。

斯坦尼斯拉夫斯基说："我之所以需要这些话语，并不是为了机械式地报告台词或炫耀自己的嗓子和语音，而是为了工作：使听的人懂得我所说的事情的重要性……要感染，感染你的对象！钻进他的灵魂里去……"[1]

"我爱上了它，把它（指台词）当作自己的！我贪婪地抓住它，玩味和品尝每一个音，爱上每一种语调。"[2]演戏、说台词需要这样，朗诵文学作品也是这样，绝不能在或想表达或不想表达、管听众爱听不爱听的状态中，拘泥死板地张口把文字转换成有声语言就算数了，而是应该有一定要"使听的人懂"的强烈愿望，要有"感染你的对象"（听众）的迫切心情，要有"爱上它"（作品中的每一句话）的巨大热情，要有与听众一起"贪婪地抓"、细心地"玩味"、精心地"品尝""每一个音""每一个语调"的积极行动。

一位著名俄国演员所说的话充分地证明了这一点，他说："我之所以成功，是因为每次演出时，我都渴望着说我要说的每一句台词。"你想使自己的朗诵获得成功吗？请你也像这位著名俄国演员一样，"渴望"着将作品中的每一句话传递给听众吧。

[1] 转引自《朗诵艺术》，第80页。

[2] ［俄］斯坦尼斯拉夫斯基：《演员自我修养》（第二部），艺术出版社，1956年，第146页。

在朗诵活动中，有不少值得我们借鉴和学习的范例。原中央戏剧学院教师赵常如曾朗诵过一首幽默风趣的《吐鲁番情歌》。他一出场就吸引住了台下所有的观众。他穿着一身带有新疆风味的衬衣，一双半筒高靴，迈着轻快的步伐走上台来，一到台的正中，一个带有一点舞蹈动作的转身，面向观众后，非常"帅"地用脚后跟"啪"地一磕，接着在诙谐、风趣的语调中朗诵了这首诗。朗诵获得了很大的成功。演出后他深有体会地说道："上场之前我就唤起了我强烈的朗诵欲望，我希望报幕员快点报完我要朗诵的诗名，当时我真有这样的感觉，似乎她报得慢一点我就要冲出去了，我在努力地克制着自己，我真想早早登上舞台，'一吐为快'啊！"赵常如的这番话中虽然没有提及他的服装和别出心裁的上台动作，但是从他对服装和上台动作的精心设计中更能充分证实他对朗诵这首诗充溢着强烈的欲望，满怀着无限的热情。这是他朗诵好这首诗不可缺少的重要保证。

每个朗诵者如果要参加朗诵比赛或者演出都会挑选自己喜欢的作品，我们也常听说一些朗诵者在接受朗诵任务时会为拿到的是自己不太喜欢的作品而感到头疼。这是为什么？道理很简单，就是朗诵者潜意识中十分清楚，如果对某篇作品缺乏朗诵热情，缺乏朗诵某一篇作品的第一冲动，那么肯定是朗诵不好的。因此，朗诵者要想获得成功，就必须动用一切手段，调动自己的情绪，使自己在朗诵前、朗诵时振奋起来，使大脑皮层和相应的器官机能全都处于积极的活动状态之中，使自己喜欢的作品更加喜欢，不喜欢的作品成为喜欢，并把这种情感迅速转变为朗诵创作冲动。

二、明确态度，采取行动

前面我们讲过，要想朗诵好一篇作品，就必须对作品加深理解、增强感受，但仅仅理解了作品的思想内容，唤起了一度体验过的感情还不够，还必须露形于外，采取行动。

态度是思想感情的初级阶段，听众最直接的便是从朗诵者的态度

上去接受作品所蕴含的思想感情，因此，要想使听众对作品的思想感情内容有所领悟、触动，就必须对作品中所反映的各种事物的看法和判断明显表现在表情态势和语气上。

有些朗诵者与其说朗诵时没有深刻理解、真挚感受作品的思想感情，倒不如说是对作品中的一些事物缺乏明确的态度。从他们的表情态势和口气上看不出是持肯定态度，还是持否定态度；是持相信的态度，还是持怀疑的态度；是持褒扬的态度，还是持贬抑的态度，等等。

赵丹同志在总结他创作的聂耳形象时曾讲道："聂耳演完了《扬子江暴风雨》回到后台化妆室，苏平来告诉他，他已经被批准入党了。聂耳喜泪盈眶，万分激动……竟以手抓发，默默地低下头去，然后慢慢地、激动地抬起头来，眼中含着泪凝视着他的入党介绍人——苏平……我觉得这场戏要表现的聂耳，是将他那纯洁到几乎是透明体的赤子之心和思想上的成熟融为一体。在党的面前，他像个孩子那样激动起来……我用的是一抑、一扬、一隐、一现的技巧。我把内心最强烈的行动埋藏起来，代之以用手抓发的形体动作以期达到下面一个更强烈的动作——含泪、凝视着苏平——千言万语汇成一句极为简单而又朴素的语言：'苏平啊！'"

很清楚，赵丹在处理聂耳的"苏平啊！"这句台词时，首先是深刻理解、真挚感受此时此刻欣喜和激动的思想感情，然后通过各种外部的形体感觉、形体动作和眼神的变化让观众明确地感觉到他对这件事的反应和态度。因此赵丹说出"苏平啊！"这三个字时充满了深厚的底蕴，有了这个底蕴，这三个字就有了生命，就起到了震撼观众的作用了。

戏剧台词是如此，朗诵也同样是这样。《中国最高爱情方式》描述了这样一个特别的爱情故事：有两位老人，他们在青年时代彼此的心中就热恋着对方，然而由于旧传统观念的束缚，这份感情六十年一直埋藏在自己的心中。六十年的漫长岁月谁都未开过这个口，六十年谁也丢不下这份珍贵的感情，直到老态龙钟那一天，在一个大雪天他们走到了一起……在上海举办的"中外经典爱情诗歌朗诵会"上，一位朗诵者朗诵了这首诗，下面是这首诗的最后一小节：

> 外面雪还是落，沉重地落下来
> 盖住屋顶，盖住道路，整个世界
> 六十年的苍茫大雪啊

六十年的爱情终于有了结果，这爱情就像天上的大雪一般的纯洁，为了表达"我"的喜悦和极其兴奋的心情，听众首先感觉到的是朗诵者对这一特殊爱情的赞美态度，并采取了一切行动，此时手势加强，特别是"盖住整个世界"一句，几乎是用双手拥抱整个世界似的，仿佛这整个的世界都被这纯洁的爱情所覆盖了，这美妙的"大自然"是六十年爱情的结晶啊，因此朗诵者肯定、褒扬的态度溢于言表，热烈地欢呼道："六十年的苍茫大雪啊！"欢呼之后，又畅怀大笑起来，这是在为纯洁的爱情而欢笑。但在笑声过后，又转而变成了哭，因为这六十年来未曾说过一句话的爱情又是经过了多少痛苦和折磨啊，如今虽走到了一起，但毕竟大好青春早已过去了，大好春光已白白流逝了，如今只剩下短暂的残生，又不能不说是个大悲剧啊！因此在哭泣声中再次重复"六十年的苍茫大雪啊！"这一声热烈的欢呼、一声畅怀的大笑、一声悲凉的哭泣将朗诵推向了情感的高潮，朗诵达到了最佳状态。

整个朗诵我们强烈地感受到了朗诵者通过鲜明的态度及与其相应的一切行动——语气、语调和面部表情、形体动作，将他对作品所领悟到的思想、体验到的情感，充分地袒露在观众的面前，获得了很好的艺术效果。

三、注意听众，加强互动

朗诵的目的是将作品的思想感情传递给听众，使听众获得思想感情上的共鸣，获得教育和美的享受。但是有的朗诵者只是把朗诵当作自我感情宣泄的一次机会，于是只顾自己在台上朗诵，独自沉浸在喜怒哀乐的感情之中，心中没有听众，眼中没有交流的对象，与听众之间缺乏心灵上的交流，彼此未形成思想感情上的影响和刺激。不用说，这是朗诵时不应有的一种状态，我们务必加以调整才行。

那么如何注意听众，加强与听众之间思想情感上的互动呢？眼睛是心灵的窗户，如果是面对观众的朗诵，那么要把作品的思想感情传达给观众，就要尽可能用眼睛与观众进行直接的交流。

既然要交流，那么首先朗诵者的眼睛里要有内容，让观众通过你的眼睛确实能看到或者说感受到什么，盲目地注视着听众，眼睛睁得再大也是毫无意义的。其次朗诵者必须学会视线的转移。也就是说视线不要总是固定在一处，应不断地变化，但变化要有依据，不要毫无目的地东看西看。要设计一下你眼前出现的视象高低左右在什么位置上。你看清了不是目的，而要把视象转给观众，此时视线必须转移，要把视线从观众身上转移到后面你所应有的视象之中，也就是用你的眼睛把观众带入你所创造的景象中去。然后，再把你所看到的景象传递到观众的心中，于是视线又转移到观众身上。就这样不断地反复。

视线在何处转移？这没什么"必须"可言，但运用得一定要合理、要恰当。

比如《微笑》这首诗的开头一小节：

> 微笑是心灵上无声的问好，
> 微笑是淡雅友爱的花苞。
> 它是像蓝天一样宁静的小诗，

它是试探性的信任和礼貌。

我们看到一位朗诵者是这样安排视线与观众交流的：第一句直面观众，亲切地与观众交流，语调轻柔，目光中蕴含着赞许之情；第二句随着柔和的诵语将视线慢慢转移到右前方的视象之中。接着视线转向左上方，诵出了"它是像蓝天一样宁静的小诗"，第四句又回到了观众的身上，以十分坚定而又亲切的语气告诉听众微笑的作用——"它是试探性的信任和礼貌"。我们也看到另一位朗诵者眼神与前一位有所不同。前两句都在观众身上，但我们仍可从他的眼神、形体、手势的变化中，感到他的视象是十分清晰的；在朗诵第三句前，他将视线又转向了右上方，然后再诵出第三句；而朗诵第四句前，他又转向了左前方，若有所思似的诵出了第四句，他的眼睛虽然未看观众，但从他的表演中分明让人觉察到是与观众一起在体味句中的含义——微笑的作用。两位朗诵者虽然处理各有不同，但他们都抓住了观众。反过来观众的明显反应又刺激了朗诵者，给朗诵者增强了自信，增添了朗诵的欲望，使朗诵现场产生了良好的气氛，使朗诵艺术的创造步入了思想感情互动的良性循环。

是否要与观众直视，这要看作品的需要。一般来说，叙事性的作品朗诵者与观众直面交流的为多，而抒情、描写性的文字与观众直面交流的较少，甚至整篇作品都不与观众做直面交流。比如有些旧体诗只有四句，往往都是一些写景的内容，如果与观众直面交流，就可能破坏了诗的意境，这会显得很别扭。试想朗诵王之涣的《登鹳雀楼》："白日依山尽，黄河入海流。欲穷千里目，更上一层楼。"看着观众朗诵哪一句都会觉得挺滑稽的。但你的心中必须有观众，切记不可自我陶醉。

有些朗诵由于准备的时间太短，一时背不下来，手中捧个夹子当然是可以的，但一定不要把眼睛一直就盯住夹子上的词，应该不时地

抬起头来与观众交流，把你眼前出现的思想感情和内心视象传递给观众。总之，我们必须明白，朗诵是朗诵者和听众之间的一次思想感情交流，即使我们朗诵时眼前没有听众（如在广播中朗诵），朗诵者也必须时时想着听众，调整好艺术创造的正确状态，让朗诵获得最大限度的成功。

四、树立自信，掌握主动

不少初学朗诵的人都有这样的体会，台下准备得挺充分，可是一登台，效果就大打折扣，特别是朗诵时出了点差错，下面的观众稍稍有些个骚动，或是场内的秩序有点乱，或是有领导、亲友来看演出，或是参加比赛考试，台下坐着专家评委，就会觉得特别紧张，以致控制不了自己，控制不了听众，小至影响了朗诵应有水平的正常发挥，大至朗诵无法进行下去。

朗诵如此，其他文艺表演也会如此，甚至当众说话也会如此，运动员参加重大比赛也会如此。由于往日应付环境的正常感觉被打破了，因心理上的一些压力而产生肾上腺加速分泌、心跳加快，即我们通常所讲的紧张反应，心理学称之为"刺激—反应"。要想成功地创造朗诵艺术，就必须把这一因为情况超常而导致心理失常的状态控制在最低限度。

那么怎么才能控制呢？我们以为除了多多实践，让自己老练起来，多点经验，增强心理承受能力，树立自信以外，不管遇到什么情况，掌握场上的主动是必不可少的。

上海电视台的著名节目主持人叶惠贤曾向相声老前辈马三立请教舞台经验，马三立先生说："在台下要谦虚，可上了台要自信，你就是老大。"法拉第是位杰出的科学家，同时他又是卓越的演讲家。当年英国的皇家学会，每逢他做科学普及演讲，总是座无虚席。有一个刚刚开始学演讲的青年去问法拉第："如果被邀请去给有高深文化素养的听众介绍科学知识，是否应该先假定一下，哪些是他们已经知道的呢？"法拉第不假思索地回答："他们什么都不懂！"很显然，这并不是法拉第的狂妄自大，而是在告诉这个初学演说的青年人调整演说状态的技巧——树立自信，掌握主动。

著名京剧演员高盛麟在二十世纪五十年代时风华正茂。一次毛主席、周总理前来观看他的拿手戏《走麦城》。高盛麟知道后既兴奋又紧张。周总理在演出前接见他时一眼看出了高盛麟的紧张情绪，就对他说："高盛麟同志，我送你八个字，演员做戏要做到'目中无人，心中有人'。"高盛麟反复思考后，明白了周总理的意思。所谓"目中无人"就是说演员登台之后，要只管自己做戏，不要因台下的观众而影响自己的情绪和表演，要把握住自己的主动权；所谓"心中有人"就是说演员要明白"戏"是给观众看的，要和台下观众有感情的交流。

周总理说的这八个字，形象、精辟地道出了演员和观众之间的辩证关系，以及演员在台上应有的正确状态。演戏如此，朗诵也是如此。

另外，不少人在朗诵时会出现一些杂念，自我意识太强，朗诵时老是想着别人对自己的评价，这也是导致心理紧张的一个重要因素。因为注意力集中在个人名利上，势必会大大妨碍艺术创作，破坏正常的艺术创作状态，越想越紧张，越紧张就会越失常。此时，你应深深地吸一口气，定一定心，把所有杂念排除掉，把精力集中到你所朗诵的作品中去，集中在艺术的创造上，心无旁骛，牢牢地把握住自己在台上的主动权。

在任何艺术创造活动中，意、情、形是紧密不可分割的有机整体。它们"你中有我，我中有你"，三者缺一就不能称之为艺术；三者分离，艺术也就失去了生命。为了讲述方便，我们才将理解、感受、想象分而论之，而"状态"则是创造艺术生命的保证。

总之，以上四点是朗诵艺术创造中不可缺少的四大内部技巧。

【思考与训练】

请你选择一篇自己要朗诵的作品，按照本章内容的"四大内部技巧"中的要求写一篇朗诵前的案头文字，要求观点准确，思路清晰，语言精确。

朗诵一篇作品，要达到较高的艺术水准，仅仅掌握内部技巧是不够的，还必须准确、鲜明和生动地掌握表达作品思想情感的语调，也就是我们所说的朗诵艺术创造的外部技巧。

诗人萧三说："朗诵是一种加过工的、艺术化了的讲话，它有韵律、节奏的美。不过这种音乐性的美是由读和诵来达到的。"[①] 要想鲜明地体现作品的思想内容，让听众听出原作中的妙处，领略一种有韵律、有节奏的美，这就需要朗诵者在对作品进行理解、感受、想象及调整好状态的同时，不仅要有一个"总谱"的构思，而且得体会每一段"乐曲"的色彩，研究每个"乐句"的安排，推敲每个"音符"的运用。而这一切都集中体现在朗诵艺术的语调上。

我们还是先从生活中的一句话说起吧。

比如说："这是谁的？"这样一句话，不同的含义就有不同的语调；反之，一般说来，不同的语调就会表达不同的意思，产生不同的效果。

让人招领失物的语调：语势稍平，"谁"字语音略重。觉得碍事的语调：语速稍快，"谁"字语音拖长，并带有厌烦的感情色彩。

---

① 萧三：《诗朗诵漫谈》，《诗刊》，1963 年第 3 期。

想向别人借取东西的语调：语速稍慢，声音较柔，语气诚恳。

启发幼儿的语调：语速更慢，每一个字语音稍有延长，语气亲切，声音柔和。

审问罪犯的语调：语速较快，声音刚劲有力，语气严肃。

独自思索的语调：语速较慢，声音较弱，并伴随一定的气音。

又比如说同样一个"好"字，用不同的语调也会产生不同的效果。朱彤在《美学与艺术实践》一书中，曾对鲁迅的《阿Q正传》中出现的二十六个"好"字进行了分析。他说："二十来个'好'，至少涌现三组互相对立的意思。阿Q说：'打虫豸，好不好？……还不放么？'这个'好'要求谅解。小D说：'我是虫豸，好么？'也是'好'，却用来向阿Q挑衅。——这是第一组对立。'好了，好了！'看的人们说，这'好'大约是调解的。跟着有人喊：'好！好！'分明用'好'来煽动了。——这是第二组对立。第三，当革命风潮传到未庄时，阿Q唱起戏文来：'好，……我要什么就是什么。'真是满心舒畅呵！然而假洋鬼子不准他革命，他毒毒地点了一点头：'好，你造反！……满门抄斩！'这是仇恨到极点的'好'。其他，还有十来个'好'，随着语言环境的改变，它们的涵义和感情色彩，没有一个是相同的。"① 我们朗诵这篇小说，就必须把"好"字后面这些微妙之处通过高低强弱的语调体现出来，产生各自不同的色彩，从而让《阿Q正传》中一个个人物活起来。

可见掌握朗诵艺术创造的技巧，是鲜明地体现作品思想感情必不可少的手段。

朗诵艺术创造的外部技巧主要是由语调中的语势、重音、停顿、节奏所组成。

---

① 江苏人民出版社，1983年，第122页。

第一节 语 势

语势是指语调中的抑扬对比，高低升降。

为了讲清楚语势即语调的抑扬对比，让我们先从音乐说起。小提琴协奏曲《梁祝》是大家十分喜爱的，它的开始一句 3 5. 6｜i. 2 6i 5｜5. i 6535｜2 -｜就是通过语调中的抑扬的启示"偷来"的。著名作曲家、《梁祝》曲作者之一的何占豪先生对我们说，他曾向越剧表演艺术家尹桂芳大胆透露，他那《梁祝》中的第一乐句就是从尹桂芳演《山河恋》时"妹妹啊"这一唱腔中"偷"来的。他希望尹桂芳也能向他"坦白"这句唱腔的来历。尹桂芳毫不迟疑地向他透露：原来这只是一句念白，但总觉得无法表达角色的感情，古话说，言之不足而歌咏之，因此，有一次她情不自禁地将这一句念白唱出了 3 5. 6｜i. 2 6i 5｜这样抑扬对比的曲调来，而且博得了观众的掌声。尹桂芳的这一句唱腔，实际上就是她把语调中的抑扬加以夸张，使其对比更加鲜明。以后每次演出，她都有意这样处理，台下总是掌声不绝。后来，何占豪每每谈起此事，总是深有感触地说："音乐从语调中来，是语调的深化。"

音乐是这样，朗诵也是这样。

比如朗诵小说《下班后……》其中的一句话："你今天到底回不回家？"前面已经说过，生活中，不同的说话目的、不同的情感就会产生不同的抑扬变化，而朗诵就是在这个生活基础上给予适当的艺术加工，使之更加鲜明的。下面我们暂且把这句话脱离上下文，做单独分析，比较其不同语势。

如果朗诵时处理成一般的询问，那么这句话的语势应明显逐渐上扬："你今天到底回不回家？"

如果朗诵时，处理成平静、冷漠的语气随口问问，那么这句话的语势起伏就不大了："你今天到底回不回家？"

如果朗诵时处理成心情迫切地询问回家的时间，就应在"今天"两字上明显提高音调，形成这句话语势的高峰，然后再逐渐下降："你今天到底回不回家？"

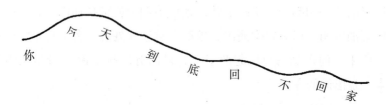

如果朗诵时处理成是问了多遍，但对方一直不回答，于是以烦躁的心情在刨根问底，那么语势就应明显上下反复波动："你今天到底回不回家？"

可见，语势的处理是否正确与表达作品思想内容有直接的关系。那么语势可分为几种类型呢？语调中的语势由于受音节本身的声调、言语的内在含义、情感的浓度以及作品的风格等诸因素的影响，其变化是十分复杂、十分微妙的，并非几种类型所能包含得了。上面的四种语势图，将其抑扬的变化进行了粗略的勾画，但从中可以看出：语势的抑扬变化都是在曲线中，形成了波浪式前进的语流；但它们都有一个相对向上、或向下、或较平、或较曲的总趋势。因此，我们对一个语句或词组，按其总趋势可将它分为四大类型：平行语势（→）、上行语势（↗）、下行语势（⌒↘）、曲行语势（⌒↗）。

一、平行语势

所谓平行语势就是句中的抑扬变化不显著，比较平直，一般在叙述、说明某一事物，或者感情比较冷淡、悲痛、麻木，或者是较为庄重、严肃的气氛中运用。比如朗诵散文《徐霞客和〈徐霞客游记〉》这篇文章的开头一段文字，其中的每一句话都应采用平行语势：

> 徐霞客，字宏祖，号霞客，明朝末年人，生于一五八七年，卒于一六四一年，是我国历史上伟大的地理学家。

这段话主要是向听众做一些人物交代，要朗诵得缓慢些、平稳些，无须大的抑扬变化，否则不自然，反而不易讲清楚。

再比如朗诵小说《祝福》中祥林嫂多次重复的那几句话，每一句也都需要采用平行语势：

> 我真傻，真的……唉唉，我的阿毛如果还在，也就有这么大了……

祥林嫂一生历尽艰难痛苦，厄运接踵而至，最后连给她带来唯一

精神寄托的儿子也被狼叼走了，这等于叼走了她那颗早已冰凉的心，她的精神完全崩溃。因此，祥林嫂在开始与后来一直说这句话，虽然思想感情不完全一样，处理上要有所区别，有所发展，但总的基调应该和这个精神处于麻木状态的"木头人"是统一的。此时的祥林嫂情绪不可能还有什么起伏，因此朗诵时每一句都必须采用平行语势，最后似乎像背书一样，一字一板地毫无感觉地从嘴里漏出来才好。

二、上行语势

上行语势是指语句中一种由低到高、逐渐上扬的语势，一般在反问、号召、命令、愤怒、惊异或感情逐渐推进时经常运用。比如朗诵散文《路标》中下面一句话就可以采用上行语势：

让我们每一个人都取得一架这样的发动机飞腾前进吧！

这是一句祈使句，从内容来看，它带有强烈的号召性。要朗诵出这种强烈的号召性，对听众产生巨大的鼓动作用，激发起人们的热情，就要像进军的号角一样，采取逐渐上扬的上行语势。

《小松树》一文下面这一段话，也可采用上行语势朗诵：

一个月，两个月，它看啊，想啊，长啊，终于长高了许多。

显然，本段文字以拟人化的手法，表现了小松树通过两个月的努力，"终于长高了许多"的喜悦心情。要表现这种心情，朗诵时需要与小松树茁壮成长的形态协调一致，采取逐渐上扬的语势才准确、鲜明、生动。如果采取逐渐下抑的语势朗诵，势必给人以小松树不愿意长高的感觉。如果这一段话前后无抑扬变化，或忽抑忽扬，也都是与本句的思想感情相悖逆的。

三、下行语势

所谓下行语势是指语句中由高到低、逐渐下抑的一种语势（特别在语尾显得更鲜明些），一般用来表示赞叹、祝愿以及沉重的心情。

比如朗诵秦牧的散文《土地》中这样一句话，就可以采用下行语势：

> 啊！一寸土，一撮土，在这种场合意义是多么神圣！

这是作者在记叙了劳动人民为了土地而进行连绵不断的悲壮斗争之后而发出的感叹。因此，运用下行语势，才能较准确地表现作者这种深沉的感叹，表现作者对土地无比珍惜的感情。

朗诵魏巍的散文《依依惜别的深情》中下面一段话，其中很多语句都应采用下行语势：

> 啊，亲爱的、可敬的朝鲜人民！在纷飞的战火中，你是那样刚强！敌人把你的城镇变成了废墟，你没有哭；敌人把你的家园烧成灰，你没有哭；敌人杀死你的亲人，你没有哭；敌人把你绑在大树上，烧你，烤你，你没有哭；你真是一把拉不断的硬弓，一座烧不毁的金刚！可是今天，当你的战友——中国战士们要离开你的时候，你却倾洒了这样多的眼泪，仿佛要把你们每个人一生一世的眼泪，都倾洒在今天！你是多么刚强而又多情多义的人民！

作者运用对比手法表现了朝鲜人民和中国人民志愿军依依惜别的深情。在这样的特定情境中，气氛一定是十分压抑的，而在这样的特定情景中产生出来的对朝鲜人民的高度赞扬的言语，也只有采用下行语势朗诵才显得深沉。如果采用上行语势来朗诵，必然会与这种气氛不一致，与人物的思想感情不协调，给人一种言不由衷、浮夸虚假的

感觉。

四、曲行语势

曲行语势是指语句中抑扬变化较多，较为曲折的语势，通常在讽刺、幽默或烦躁以及话中有话的语句中运用。

比如朗诵话剧《雷雨》中鲁贵对四凤的一句对白：

你走得开，你放得下这么好的地方么？你放得下周家——

四凤和周家大少爷产生了感情，鲁贵窥测到了这个秘密以后，乘机死皮赖脸地向四凤索取钱财。四凤想摆脱他的纠缠，提出要离开周家时，鲁贵话中有话，狡黠而具有威胁地道出了这句话。"你走得开"，这四个字语势可平些，先将四凤稳住；然后欲擒故纵地将"你放得下"这四个字语势稍稍下抑；在"这么好"三个字上突然上升，又一下子滑翔下来；再将"地方"二字高高托起，以示诱惑；到下面"你放得下"这四个字再次落入语谷；最后在"周家"二字上蹿至语峰，并可在"家"的尾音来个小小的起伏。这样就形成了对比，曲曲折折、抑抑扬扬地将"周家"两字后面的潜台词给抖搂了出来，让人一听就知道鲁贵指的是"周家"，就是"周家大少爷"。这里只有运用时抑时扬的语调，才能准确、鲜明、生动地揭示出鲁贵老于世故的油滑面目和诡诈心理，含蓄地表现了四凤与周家大少爷之间复杂而微妙的关系。

再比如《一头学问渊博的猪》这篇寓言结尾有一段八哥对猪说的话：

算了吧，我的学者！一个从垃圾堆里啃烂萝卜的嘴巴，来谈论书本上的事，是不大相宜的，还是啃你的烂萝卜去吧！

著名演员唐纪琛曾朗诵过这篇寓言，她是这样处理的：在朗诵"算了吧"这几个字时，从扬到抑，一落千丈，一开始就表现了八哥对猪的嘲笑和蔑视态度；紧接着为了清楚地朗诵出"我的学者"这句话的反义，语势又高高扬起，并在"者"这个字上加了个小小的颤音；当朗诵到"一个从垃圾堆里啃烂萝卜的嘴巴"这句贬义的话时，采用了由抑到扬的语势，像把猪高高捧起似的，增添讽刺意味；朗诵"来谈论书本上的事，是不大相宜的"这句话，又将语势下抑，形成句意上的鲜明对比，而到"不大相宜的"五个字再一次上升，以表示肯定的结论。末了一句"还是啃你的烂萝卜去吧！"她在"烂萝卜"这三个字处又高高扬起以示强调，然后在"去"这个字上又突然下降，但马上又在"吧"这个语气词上扬起、滑下，并在尾音上来了个颤音，尽情把猪戏谑了一番。这种抑扬变化大、曲曲折折的语势，就充分表现了对那种不学无术但又矜夸自诩一类人的讥讽和嘲笑。如果改用其他调类，是绝对达不到这种效果的。

　　在运用这四类语势时应注意，不可机械地形成固定不变的四类上下起伏的模式，因为前面说过，它仅仅是从语句或词组的总趋势说的。在同一类语势中其上下起伏的大小都会有所差异，因此必须根据内容与情感的发展变化而有所区别。

　　我们除了要处理好语句或词组本身的抑扬变化以外，更要处理好词组之间、语句之间、段落之间的抑扬变化。而恰当地确定语句或词组在出口时起音的高低，乃是处理这种抑扬变化的一个重要手段。

　　比如朗诵袁鹰的散文《青山翠竹》开头一段：

　　　　井冈山五百里林海里，最使人难忘的是毛竹。从远处看，一片郁郁苍苍，重重叠叠，望不到头。到近处看，有的峻峭挺拔，好似当年山头的岗哨；有的密密麻麻，好似埋伏在深坳里的一支奇兵；有的看来出世还不久，却也亭亭玉立，别有一番风采。

我们朗诵这段文字时，可以运用句与句之间的抑扬对比，来更好地显现出作品中近处看井冈山的这三种不同图景。"有的峻峭挺拔，好似当年山头的岗哨"，朗诵时，语势上扬，给人以威风凛凛的感觉。"有的密密麻麻，好似埋伏在深坳里的一支奇兵"，朗诵时，语势较平，语流在低低的音调中前进，给人以一种神秘之感。由于前面那句话到尾音时音调已经较高，而这句话出口时则起音较低，这一高一低，两句话的音调产生了反差。朗诵第三句话"有的看来出世还不久，却也亭亭玉立，别有一番风采"，则运用曲行语势，使之带有一定的跳跃性，可表现新生事物的活泼可爱；由于前面一句话尾音较低，而这句话的起音适中，因此这两句话的音调又产生了反差。这样，通过三种不同的语势既反映了不同的内容，也使句与句之间音调的高低有了适当的差距，这就使得层次更加清楚，语言的音乐性更加丰富了。

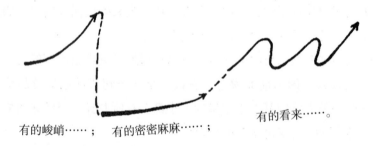

有的峻峭……；　有的密密麻麻……；　　　　有的看来……。

再比如朗诵寓言《乌鸦与狐狸》中狐狸的一段话：

　　亲爱的乌鸦，您的羽毛真漂亮，麻雀比起您来就差多了。您的嗓子真好，谁都爱听您唱歌，您就唱几句吧！

这段话显然是在吹捧乌鸦，目的是让乌鸦张嘴，好让奶酪掉下来。一开始可以用上行语势，假心假意地呼唤："亲爱的乌鸦。"（句尾落点音调较高）然后好似忽然发现了它的漂亮的羽毛，低声低气地温柔道出："您的羽毛真漂亮。"（以低音调出口，并基本在低音区浮动）而后又好像突然想到比羽毛更好的嗓子，于是声音一句比一句高地诵道："您的嗓子真好，谁都爱听您唱歌，您就唱几句吧！"最后一句简直达到了阿谀奉承的高潮，使整段话形成了多次起伏和变化。

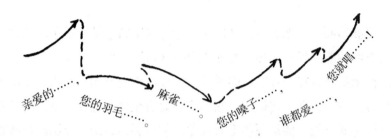

亲爱的……　您的羽毛……。　麻雀……。　您的嗓子……，　谁都爱，　您就唱

千万不要一看这段话都是吹捧的意思，就每句都用相同音调出口，用相同类型语势朗诵，句与句之间也没有抑扬的对比。这样就缺少音乐性，失去了美感。

当一段话连续出现两个或两个以上相同类型语势的句子（或词组）时，就更要避免在同一调门上起音。比如前面举的平行语势的例子《徐霞客和〈徐霞客游记〉》中，几个分句都属平行语势，但由于各分句所表达的内容不同，所以就可以采用高低不同的调门起音：

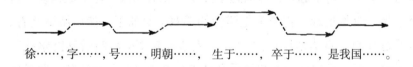

徐……，字……，号……，明朝……，　生于……，卒于……，是我国……。

如果不把分句的起音调门给予适当错开，而使它们都处在同一条线上，这就好比弹琴时总重复几个音，听了令人发困。然而，处理句子、词组首尾相接的音调差别时，一定要把握准分寸，过渡自然。如果内容没有突然转折，情感没有大幅度变化，这种差别可不必过于显著。

最后我们以斯坦尼斯拉夫斯基的一句话来结束这一节："言语的

力量不应从高压里去找，不应该从大声喊叫里去找，而应该从声音的抑扬变化里找。"①

第二节　重　音

要准确而清楚地表现作品的深刻含意和丰富感情，赋予朗诵语言以音乐性的美，我们还必须重视处理好语句的重音。

什么是重音呢？我们所朗诵的文学作品中的语句，是由若干词或词组组成的，但在一句话中，它们之间总有重要和次要之分。对那些重要的词或词组，要运用轻重对比手段加以强调，给予突出。这些被强调、突出的词或词组就是重音。

艺术家在作品中要突出什么、强调什么是取决于自己的创作旨意的。法国雕塑家罗丹为巴尔扎克雕塑过一个巨大的人像，人像上那双闪烁着智慧光芒的眼睛，一下子就能把所有观众吸引住。在雕塑过程中，曾有一段充满美学道理的故事：当塑像即将大功告成时，罗丹家里来了一群学生，他们一见巴尔扎克的塑像，就纷纷赞叹起来："瞧，这眼睛，多神啊！""嘿！这双手简直是举世无双了！"听了这话，罗丹一下子严肃了起来，向后退了几步，眯着两眼，仔细地揣摸着这个塑像，忽然抡起一把斧头把塑像的那双手给砍了，然后微微笑着，似乎是在自言自语地说道："我要让人通过雕塑的眼睛看到巴尔扎克的灵魂，而不是这举世无双的手和其他什么部位！"很清楚，罗丹之所以要砍掉被学生称之为"举世无双"的手，目的在于突出重点，准确鲜明地反映他的创作立意。正如我国著名戏剧家朱端钧先生所说，艺术需要强调的地方就要"不惜工本地泼墨堆金，浓浓地狠狠地倾盆

① 《演员自我修养》（第二部），第 174 页。

泻倒"①，反之，当然要忍痛割爱了。

艺术都需强调，但各有艺术手段。朗诵艺术运用的手段主要就是处理好轻重对比关系，掌握好重音这一技巧，让听众听到作品跳动的灵魂。

重音就好比路标，是带领我们寻找和掌握作品思想感情和人物行为的线索与依据。戏剧界老前辈欧阳予倩则指出："轻读重读如果处理得不对，语意就不可能正确。"②他就曾多次批评一些剧团在演出《日出》时，将下面一句陈白露对黑三等人的对白的重音读得不准确的情况。

　　　陈白露："（忽然声色俱厉地）站住，都进来？你们吃什么长大的？你们要是横不讲理，这个码头不讲理的祖宗在这儿呢！"③

不少演员将"这个码头不讲理的祖宗在这儿呢！"一句的重音，放在"这儿"两字上，显然，这是错误的。因为这里并没有需要告诉黑三等人"不讲理的祖宗"是在"那儿"，还是在"这儿"，而是应把重音放在"祖宗"一词上。这样一纠正，我们顿时感到，陈白露为了要镇住黑三等人，就将自己放在了他们的祖宗的地位上。突出了"祖宗"二字，言语的威慑力大大加强，含意更加准确了。

可见正确地处理语调中的轻重关系，对正确表达作品中的内容，准确体现语意，更充分地反映作品的思想情感，都起着相当重要的作用。

重音有四种类型：语法重音、逻辑重音（也称逻辑强调音）、修辞重音（也称修辞强调音）、感情重音（也称感情强调音）。

---

① 朱端钧：《导演技巧对话》，《上海戏剧》，1961年第11期。
② 欧阳予倩：《演员必须念好台词》，《戏剧学习》，1958年第3期。
③ ·为重音符号。

一、语法重音

顾名思义，它是从语法角度来说的，也就是说一句话在不表示什么特殊的思想和感情的情况下，根据语法结构的特点，朗诵时把其中的某些音节的声音稍稍加重，就叫语法重音。比如："我朗诵散文诗。"从语法角度来说，其中宾语"散文诗"是人们言语习惯中自然形成的强调音，它要比主语"我"和谓语"朗诵"都读得响一点。

语法重音是有规律可循的。一句话中主语和谓语相比，习惯上谓语是重音。比如"太阳出来了"，语法重音在谓语"出来了"上面。但是当疑问代词做主语时，习惯上则主语为重音了。如："什么最好？""谁来了？"语法重音就在主语"什么""谁"上面了。一句话中谓语和宾语相比，习惯上宾语是重音。比如"我吃面包"，宾语"面包"是语法重音。但是当代词做宾语时，习惯上谓语是语法重音了。例如"我认识他""他了解自己""我爱你"，语法重音就在谓语"认识""了解""爱"上面了，而宾语"他""自己""你"则轻读。另外，一般说来，一句话的附加成分定语、状语、补语与基本成分主语、谓语、宾语相比，习惯上附加成分为重音。比如"太阳一眨眼就出来了""我吃了三个面包""我吃得太饱了"其中的状语"一眨眼"、定语"三个"、补语"太饱了"都是重音。

语法重音不需要过分强调，它只是与其他部分相比，显得稍稍重一点罢了。它本不属于艺术处理的范畴，但是很多人一朗诵起来却常常有读错语法重音的情况，莫名其妙地把重音放在某一个音节上，或是过分强调了重音，破坏了词义，影响了艺术效果。

有的人朗诵《徐霞客和〈徐霞客游记〉》这篇散文中下面一段，就出现了以上所讲的读错语法重音的情况：

> 徐霞客，字宏祖，号霞客，明朝末年人，生于一五八七年，卒于一六四一年，是我国历史上伟大的地理学家。

这段话没有言外之意，没有潜在内容，仅仅是对徐霞客做一般性介绍，按语法重音的规律，把字面上的内容交代清楚就行了。很明显，那位朗诵者对有些语句的语法重音的位置没有读准，又过分加重，让人产生了一种误解。比如："明朝末年人"，他没把重音放在限定成分"明朝末年"上面，而放在了中心词"人"上，让人错误地以为，他想说明是"明朝末年人"，而不是"明朝末年事"的意思。还有"是我国历史上伟大的地理学家"一句，他没把重音放在后面的宾语"伟大的地理学家"上，而放在了动词"是"上面，让人听来，觉得他在和那些否认徐霞客是我国历史上伟大的地理学家的一些人争辩似的。

总之，语法重音是属于人们自然形成的语言习惯，朗诵时，如果不加以注意，同样会影响朗诵语言的艺术性。因此必须遵循语法重音的规律，变习惯为有意识地认真进行学习。

二、逻辑重音

那些不受语法限制，而由句子的潜在含义所确定的必须强调的音节，就是逻辑重音，也叫逻辑强调音。

例如"我是上海人"这句话，如是一般的回答，没有特殊的意思，只要按语法重音的规律，把"上海人"稍稍加重一点就可以了。如果特殊加重地念"上海人"这三个字，其中就有我是上海人，而不是其他地方人的潜在含义了，这里的"上海人"就成了逻辑重音。同样，如果我们把重音放在"是"字上，读成"我是上海人"，那么潜在的含义很明确，即有人说你不是上海人，你把逻辑重音放在了"是"字上以纠正对方的说法。如果有人问："谁是上海人？"那么根据问话，答话人就会很清楚地把重音放在"我"字上，念成"我是上海人"，这里的"我"就是逻辑重音了。

又如：朗诵老舍的《骆驼祥子》中有一段描写祥子在烈日下拉车的内容：

他拉上了个买卖，把车拉起来他才晓得天气厉害已经到了不允许任何人工作的程度。一跑，就喘不过气来，而且嘴唇发焦，明明心里不渴，也见水就想喝。不跑呢，那毒花花的太阳把手和背脊都要晒裂，好歹拉到了地方，他的裤褂全裹在了身上。

我们朗诵这一段最后一句时，务必要将逻辑重音放在"裹"这一关键词语上。强调了这一个字，前面有关描写天气炎热的内容，就会一下子让听众产生具体的感受，体会到祥子湿漉漉的裤褂已经不是"穿"在身上，而是紧紧地"裹"在身上的难受劲儿，了解到他为了生活而又受生活逼迫的痛苦和艰辛。如果将这一句的重音放在"身上"这一词语，就会使听众对前面一段有关天气闷热，祥子感到火灼难挡的内容淡化，或将听众的思维引入歧途，好像这衣服是裹在"身上"，而不是裹在"头上"和"脚上"似的。

内蒙古流传着很多有关阿凡提式的人物巴拉甘仓的传说，其中就有一个围绕逻辑重音而生发的故事：

有一个奸商卖牛奶，总在奶里掺好多水。他听说巴拉甘仓的口才很好，就上门请巴拉甘仓帮他吆喝。巴拉甘仓二话没说，一口答应了下来。第二天早上，他在市场上大声喊道："快来买啊，这奶子水掺得最少啦！"巴拉甘仓有意将"水"字说得很重，好引起买客的注意。这一叫可急坏了奸商，他赶忙小声对巴拉甘仓低语："你别说掺水嘛！"可慌忙之中，也跟着巴拉甘仓将那个"水"字说得重重的，让人听来好像是让巴拉甘仓"别说掺水，而说掺其他东西"的意思。巴拉甘仓一边点着头，一边马上改口道："快来买啊，这奶子奶掺得最少啦！"奸商气得语无伦次："你……你、你……""咦，你不是让我别说掺水，那我就说掺奶好了！"

这里，巴拉甘仓就是利用了奸商的逻辑重音错误，巧妙地揭露了奸商的卑鄙行为。由此可见逻辑强调音是十分重要的。如果朗诵这篇作品，一定要处理好奸商与巴拉甘仓两人语言中的逻辑重音，否则就难以表现巴拉甘仓这一人物的机智性格了。

三、修辞重音

朗诵者对文章中作者采用修辞手段的词句给予强调，这就是修辞重音。一般来说，凡是文章中有修辞格的文字都应有所强调。例如《回延安》中的两句诗：

一口口的米酒千万句话，长江大河起波浪。

鲁迅《记念刘和珍君》中的几句话：

一是当局者竟会这样地凶残，一是流言家竟至如此之下劣，一是中国的女性临难竟能如是之从容。

高尔基《海燕》中的几句话：

一堆堆的乌云，像青色的火焰，在无底的大海上燃烧。大海抓住金剑似的闪电，把它熄灭在自己的深渊里。闪电的影子，像一条条的火蛇，在大海里蜿蜒浮动，一晃就过去了。

"千万句"用的是夸张，表现的是陕北根据地人民对子弟兵的深情；"凶残""下劣""从容"用的是对比，表现的是中国女性面对惨无人道的敌人所表现出来的大无畏；"火焰""金剑""火蛇"用的是比喻，表现的是海燕在大风暴中的无比坚强勇猛。这些表现力极强的语词通过有声语言的渲染，肯定显得更准确，更鲜明，更生动。

不能想象，以上这些句子如果将重音移到其他位置会产生什么样的听觉效果，会传递出什么样的意思。一般来说，从语言的角度来看，这是作者煞费苦心地用来表现他思想感情的地方，也可以说是他的得意之笔。如果朗诵者不作为重点用有声语言给予突出，岂不是枉费了作者的一片苦心，也就失去了修辞的意义。作者听到肯定会觉得非常遗憾，而一般听众也无法完全体会作者原本真正所要表达的意图和想法。

四、感情重音

由于情感的需要，对语句中某些词或词组加以感情色彩的强调，这就是感情重音，也叫感情强调音。

试以朗诵《最后一课》的最后几句话来说说感情重音的问题：

> 他转身朝着黑板，拿起一支粉笔，使出全身的力量，写了几个大字：
>
> "法兰西万岁！"
>
> 然后他呆在那儿，头靠着墙壁，话也不说，只向我们做了一个手势：
>
> "放学了——你们走吧。"

作品的前面描写了这最后一课在上课前、上课时的动人情景，已为韩麦尔先生思想情感的发展做了有力的铺垫，现在到了最后一课的最后时刻，可以想象韩麦尔先生的心情激动、悲愤到了何等程度。他以特殊的方式，为这最后一课点出教学最重要的一句话，形成了这次课的最高潮：他"使出全身的力量，写了几个大字：'法兰西万岁！'"在这"全身的力量"中，凝聚着他对祖国的无限热爱、对普鲁士侵略者无比仇恨之情，而这种感情则集中体现在他写"法兰西万岁！"这几个字上。朗诵时，要充分地、淋漓尽致地把这种深沉而又如火山爆发似的情感体现出来，除了要有深刻的内心体验外，还可以将"法兰西万岁！"这几字加重语气，一字一顿地从心底里重重地、有力地倾吐出来。这几个字比起其他词句就更加饱含异常浓重的感情色彩，似乎在整个感情发展线索中，在这里得到浓浓的渲染，把感情推向了最高峰。此时，这几个字就称之为感情强调音。

朗诵《我骄傲，我属于中国》的最后一节中，也可以运用这一技巧来加强诗的感情浓度。

> 我是
> 不！我就是我
> 我是一个
> 血肉之躯的我呵
> 我骄傲
> 我的信仰
> 我的爱情
> 我的一切一切
> 都属于我的母亲
> ——中国

诗的前几节写了祖国的"痛苦""贫穷"和"坎坷"，写了祖国的"开拓""微笑"和"希望"。回顾历史，展望未来，全诗充满了对祖国执着的爱。诗人为祖国的古老文明而骄傲，为祖国今天获得的成就而骄傲，为祖国必将来到的美好明天而骄傲。这种情感如股股涌泉不断撞击着朗诵者的心。而体现这种对祖国母亲无限深情的顶峰，就是对母亲"中国"的最后呼唤。我们运用感情强调音，在朗诵"中国"两字时给予加重、突出，将那一片深情倾注在"中国"两字上，使她成为全诗的感情的最强音。这样，就能更好地表达诗中所体现出的浓

烈的感情，更鲜明地显现作品的思想，在听众的心中产生共振。

感情重音是朗诵者对作品感受的必然产物，然而重音何在却有任意性，它随着朗诵者对作品感受的深浅、快慢而自行确定，没有什么非此不可的规定。著名作曲家何占豪在和我们谈及作曲时曾说：一首歌曲的强音有时有一定的任意性，正如人们在心情激动时拍桌子一样，有可能在一开口就拍桌子，有可能说了一半拍桌子，也可能在将说完一句话时才拍桌子。《大刀进行曲》中"大刀向鬼子们的头上砍去"一句，最强音在"向"字上；电影《上甘岭》插曲《我的祖国》"一条大河波浪宽"最强音在"浪"字上；《梁祝》中的第一句：

$$3\ \underline{5.6}\ |\ \underline{\dot{1}.\ \dot{2}}\ \underline{615}\ |\ \underline{5.\ \dot{1}}\ \underline{6535}\ |\ \dot{2}\ -\ |,$$ 重音在后面半句。这些都没有什么规定性可言，而是曲作者在作曲时情感表达的自然流露。

音乐如此，朗诵也是如此。比如朗诵《回延安》一诗，其中"几回回梦里回延安，双手搂定宝塔山"这两句，如果感情发展到达高潮正好在"搂"这个字上，那么这倾注了对延安、对宝塔山的无限怀念、无限热爱之情的"搂"字，显然就是感情强调音。如果感情发展到达高潮正好落在其他字上，那么其他字也就成了感情强调音。

再如，我们朗诵奥斯特洛夫斯基的《我的幻想》一文，也很能说明感情重音的任意性。

也许要抓住火车车厢的把手，随着火车一起跑，到莫斯科去。到了莫斯科就到……工厂去，一直到锅炉房去，快快打开炉门，闻一闻煤味，把大半个煤堆添到炉子里去……

如果我们朗诵"把大半个煤堆添到炉子里去"这句话时，朗诵到"添"这个字，感情已达到高点，那么就可以把感情重音放在"添"字上；如果朗诵到"炉"这个字，感情异常激动，自然把感情重音就落在了"炉"这个字上。但殊途同归,这两个感情重音都能表现奥斯特洛夫斯基幻想拼命工作时极为兴奋的心情。这不禁使我们联想到有些书法家在写字时的情况。有时,同一条幅两次出现同一个字,都能给人以美感,然而由于受到书法家情感的支配,点画的粗细、浓淡、疏密却大不相同。依我们看,这一点和朗诵艺术确定感情重音位置的道理也是一致的。

但是必须指出,在很多情况下逻辑重音和感情重音是以加重的形式出现,与其他音节形成语调中的轻重对比。然而,也应该看到,有好多情况,逻辑重音和感情重音并非以加重的形式,而是以轻读的方式出现的,这同样能形成语调中的轻重对比,起着强调言语特定含义、揭示言语潜在内容、强化言语感情色彩的作用。

"蝉噪林愈静,鸟鸣山更幽",文学上有静中寓动、以动写静的方法,朗诵艺术也同样如此。1961年,著名话剧演员董行佶朗诵了贺敬之的一首诗《三门峡——梳妆台》。笔者有幸聆听了他的朗诵和他谈朗诵这首诗的体会,同样使我们悟出了这样的美学原则。诗中有这样几句:

> 望三门,门不开,
> 明日要看水闸开。
> 责令李白改诗句,
> "黄河之水手中来!"

董行佶说,把李白的诗句"天上来"改成了"手中来",逻辑强调音理所当然应放在"手"这个字上面,把它加重予以强调,显示我们能掌握大自然的伟大气魄。但是如果改变这样的处理,把"手"这个字读轻,用极为轻松的语气朗诵,而有意识地加重其他词句的读音,形成鲜明的语调中轻与重的对比,同样能达到突出强调的艺术效

果。而且，从某一种角度来说，它表现了人们掌握了改造黄河的主动权以及对困难的极度藐视，显示了人民群众的巨大力量和坚定信心。董行佶这番体会辩证地道出了朗诵艺术言语轻重对比关系的奥妙。

另外，朗诵杨朔散文《茶花赋》开头一段，也可以运用轻读的方式来表现感情重音：

今年二月，我从海外回来，一脚踏进昆明，心都醉了。

这里表现了作品中"我"久在异国他乡，非常想念祖国，一旦踏上了祖国土地那种激动万分的心情。这种情感，朗诵者可以集中灌注在一个"醉"字上，然而这个"醉"字不用重读的方式加以渲染，却轻轻读来，这样反而更能符合作品的意境，切中人物的内在感觉。

第三节 停 顿

朗诵艺术中的停顿，是指正确处理语调中连与断的对比，给紧密相连的言语以必要间歇的技巧。

为什么朗诵艺术需要停顿这一技巧呢？我们还是先从其他的艺术形式来谈这个道理。比如，根据唐代大诗人杜甫名作《新婚别》创作的二胡叙事曲《新婚别》，就充分发挥了停顿的作用。第三段"送别"是全曲的中心乐段：

035 6 1261 | 55 0356 1235 22 | 0613 2354 3.2 35 | 62 2 76 5.3 |

5.612 6156 44 05 | 4.561 5645 22 061 | 25 542 1. 7 | 62 2165 − ‖

这一段一共八个小节，有五次停顿（休止符"0"之处），勾画了新娘与新郎肝肠寸断的别离场面："暮婚晨告别，无乃太匆忙。"作曲家张晓峰对我们说："生活中，一个较长的句子，不可能一口气把它说完，特别是在表达重要感情时，其说话往往是非常慎重的，中间必定有很多停顿，更何况这是一位羞答答的新娘呢？因此，我在写这一段曲子时，就充分运用了音乐上的停顿——休止符，目的是让人一听到这一段曲子，就可以想象出这正是新娘'呜咽凄断说不出处'，给人一种'凄凄惨惨戚戚'的感觉。"

音乐如此，朗诵也不例外。金山在《风暴》中，对施洋大律师的大段辩护词的处理是十分精彩的。其中，对言语的停顿就做了精心的设计。比如辩护词的高潮一段：

> 这时军车已经开近了压道车，黄德发不得已跃车逃命，江有才却被魏处长的父亲一把揪住了死缠不放，军车刹不住，江有才就被魏处长的父亲拖住了，一同辗死在 |[1] 火车轮下。| 这就是全案的经过。

前面的一大段，金山连得异常紧密，使人感到几乎是一气呵成，但在"一同辗死在火车轮下"的"在"字之后忽然来了个"急刹车"，一个停顿之后，再很有感情地道出"火车轮下"，随后又是一个停顿，以总结的语气说："这就是全案的经过。"这样处理，不仅结构清楚，加强了节奏感，还能充分地体现出人物对此案的鲜明态度。

停顿是朗诵艺术中不可缺少的重要手段之一。因此，演员都非常重视它。有经验的演员很善于运用停顿的技巧。他们知道，停顿运用得恰到好处，常常是最精彩、最能抓住观众的地方。观众的注意力会异常集中，起到"此时无声胜有声"的效果。

---

[1] "|"为停顿符号。

《演员自我修养》中曾记录过这样一段话：一个大演说家讲过，"要使你的话说得含蓄，要使你的沉默是雄辩的。""心理的停歇"正是这种雄辩的沉默……无言的交谈，其有趣有内容，有说服力，可以不下于谈话。[①] 我们说，朗诵掌握了停顿这一技巧，可以起到组织结构、突出重点、丰富想象、转折思想、引人深思、令人回味、增强情感等作用。

下面我们来讲讲停顿技巧的四种情况：结构停顿、强调停顿、心理停顿和生理停顿。

一、结构停顿

什么叫结构停顿？按作品的层次结构、语法结构进行准确、适当的停顿，清晰地显现作品的思想脉络、层次结构，这种停顿就叫结构停顿。

结构停顿中时间的长短，一般说来，应该是段落长于层次，层次长于句子。结构的停顿，标点符号是重要的标志，停顿的时间一般是句号、问号、惊叹号长于分号、冒号；分号、冒号长于逗号；逗号长于顿号。

比如朗诵朱德的《回忆我的母亲》开头一段：

> 得到母亲去世的消息，| 我很悲痛。| 我爱我母亲，| 特别是她勤劳一生，| 很多事情是值得我永远回忆的。

这一段一共只有三句话，每一句话中间的停顿，如"消息"之后、"一生"之后的停顿，就不能长于第一句话末"悲痛"、第二句话的结尾"母亲"、第三句话结尾的停顿。而第三句话后的停顿，由于要转到下一段内容，停顿的时间就要比前两句更长些。

---

① 《演员自我修养》（第二部），第 164 页。

为什么处理停顿的时间需有长有短？因为在停顿中有思想、有内容，它不是空的。思想内容越多，停顿的时间也就越长。段落与段落之间，在思想内容上虽然有一定的联系，但它毕竟要有一个转换过程，朗诵者就需要将前面的内容过渡到后面的内容，使听者有一个思考、回味的承接转折过程。因此，这就比句与句之间的停顿长一些。而句与句之间当然不如一句话中逗号之间或顿号之间的联系来得紧密，所以，句与句之间的停顿也就比一句话中间的停顿长些。总之，停顿的时间长短是受思想内容联系的紧密程度制约的，决不能机械地为停顿而停顿。

一个完整的句子，中间没有标点，但为了把语意讲得更清楚些，也为了调节气息，有时也需要停顿。但停顿的位置必须找得恰当，必须在两个或几个比较完整的词组之间。不然，就会破坏了某些词组的完整性，造成"破句"，使语意混乱不清。比如马克·吐温的小说《竞选州长》中有这样一段：

> 那次做伪证的意图 | 是要从一个贫苦的土著寡妇及其无依无靠的儿女手里 | 夺取一块贫瘠的香蕉园，那是他们失去亲人之后的凄凉生活中唯一的依靠 | 和唯一的生活来源。

这是一句长句子。从开始到第一个标点符号——逗号为止就有四十一个字，要准确而清楚地表达这句话的思想内容，就要事先设计好这句话的停顿点。这句话的主语是"意图"，因此在"那次做伪证的意图"之后，可以有一个停顿，让听众听清楚这句话被陈述的对象是什么，然后在后面较长的谓语中选择一个合适的地方停顿。那么什么地方最合适呢？一般总是在语意相对完整的词组之间。我们认为"从一个贫苦的土著寡妇及其无依无靠的儿女手里"这一介词结构和"夺取一块贫瘠的香蕉园"这一动宾词组之间是最合适的停顿之处。

总之，不能把完整的词组给拆散了。

朗诵时，事先不去找到恰当的停顿位置，到时就会因为接不上气而措手不及。任意停顿，就可能使人们听不明白。比如：朗诵到"无依无靠的儿女"这句话时，如果气息已经用光而出现了停顿，这就会破坏了"无依无靠的儿女手里"这一词组的完整性。而"手里"这两个字如果被分割在后面的"夺取一块贫瘠的香蕉园"这一词组，就会引起语意的混乱，使人听了不知所云。

结构停顿的位置不同，有时会造成歧义。

例如：

三个 | 这家商店的营业员 | 都来了。

如果在"三个"之后停顿，这时的意思表明：营业员共三名。

三个这家商店的 | 营业员都来了。

停顿在"三个这家商店的"后面，这意思则表明：营业员不止三个。

再如：

热爱 | 人民的好总理。

在"热爱"后面停顿，这样的停顿表明；我们热爱好总理。

热爱人民的 | 好总理。

在"人民的"后面停顿表明：好总理热爱人民。

我们可以再引一个有趣的民间传说来说明这个问题。以前有一个即将开业的酒店老板，他想在开业时，请人在门前给他写一副对联，对联中要写上赞扬他店里的酒好、猪肥、醋酸又无老鼠，并且要祝愿他人财兴旺，写得好就给重赏。一位秀才按老板的要求，写下了以下这副对联：

上联：养猪大如山 | 老鼠头头死
下联：酿酒缸缸好 | 造醋坛坛酸
横批：人多 | 病少 | 财富

秀才边写边读，老板非常满意。但老板却不讲信用，只给了这个秀才少得可怜的赏钱，就叫伙计把他给打发走了。

第二天，酒店开张了，门口拥着好多人，秀才走了过来，在众人面前大声诵读起这副对联，结果逗得众人捧腹大笑，老板却气得脸色发青。原来，秀才诵读时把这副对联停顿的地方改换了位置，意思就完全不同了。

养猪大如山老鼠 | 头头死
酿酒缸缸好造醋 | 坛坛酸
人多病 | 少财富

可见，结构停顿对正确阐明句子的意义、理清作品的结构层次、明晰思想脉络有着非常重要的作用，千万不能忽视。

二、强调停顿

在结构停顿的基础上，为了强调或加深某一句话、某一个词的意义，以引起人们的注意与重视，在所要强调或加深的某一句话、某一个词前面，给予一定的间歇，这就叫强调停顿。

例如：我们在上一节谈轻重对比时曾举过董行佶朗诵《三门峡——梳妆台》的例子。他在朗诵"黄河之水 | 手中来"这一诗句中的"手中来"三个字前面，就运用了一个强调停顿。从停顿的位置看，这与本句的结构停顿是一致的，但是由于各自作用不同，现在的强调停顿就要比原结构停顿时间延长些，目的是使听众在停顿中引起注意。朗诵者在听众全神贯注倾听的情况下，道出与李白诗句截然不同的内容，"黄河之水"不是"天上来"，而是"手中来"！这样，"手中来"三个字便奇峰突起，它所包含的深刻意义——人民群众敢于藐视困难，对战胜大自然充满了无比坚定的信念——便十分有力地表现出来了。

侯宝林说相声也时常运用这种停顿。比如他的相声中曾有这样一句台词："说相声最起码的条件 | 得会说话。"开始十分严肃、认真地讲到"说相声最起码的条件"时，忽然刹车，来了个停顿，目的是让观众去思考一下"什么条件"，人们也许考虑口齿伶俐或是头脑灵活等等，但停顿之后出人意料地说了句大实话"得会说话"，"包袱"一下子给抖响了。没有这个强调停顿，"包袱"就不会这么"响"。

一次音乐会上，王洁实、谢莉斯表演二重唱《笑比哭好》，王洁实自己报幕。他一开始就对观众说："同志，你是喜欢 | 哭？还是喜欢笑？"他在"哭"字前用了个停顿，结果引起全场哄堂大笑。这也是强调停顿所起的作用。去掉这个停顿，迅速流畅地说完这句话，效果就绝不会如此强烈。因为要给听众思考的时间，让他按正常逻辑去思考，但你却给他一个合乎情理却又意想不到的结论，就会产生强烈的喜剧效果。

在朗诵中，带有喜剧色彩的作品，常常利用这种强调停顿，以引出情理之中、意料之外的语句，从而产生喜剧效果。比如朗诵黄瑞云的寓言《一头学问渊博的猪》，在报题时就可以在"猪"之前加个强调停顿。停顿的结果使"学问渊博"成为反语，这样，也就必然能收到一种喜剧的效果。

比如：朗诵寓言《木偶探海》，其中有一段木偶进行了仅仅浮在表面的调查之后，就滔滔不绝地做起了大报告的内容：

> 海，人们都说是很深的，其实并不然，我到海上去游历了几个月，走了好几千里，海水从没有没过我的|脚脖子。我就是躺在海面上，海水也只能浸湿我的|后背。此外，我还观察了海鸥，它们从高空猛力地冲下来，海水也只是溅湿它那小小的|胸脯……

木偶所得出的大海不深的结论是由三个论据来证实的。在朗诵第一个论据"海水从没有没过我的脚脖子"时，可在"脚脖子"一词之前给予适当的停顿，用以突出这个词。在这个停顿中也就可以给听者一个思考的瞬间，然后再诵出"脚脖子"三个字。人们一联想到它本身是个木偶，则更感到极为荒诞可笑。同样道理，在第二个论据中，"后背"一词前，第三个论据中"胸脯"一词之前，如果都运用这种强调停顿，就都能获得同样的效果。

可见强调停顿不仅可以突出强调语句的某些内容，有时也可以产生喜剧效果或加重讽刺色彩。

三、心理停顿

什么叫心理停顿？出于心理上、情感上的需要所产生的停顿，就是心理停顿。心理停顿不受结构停顿的限制，它可以在结构停顿上延长时间，也可以在结构停顿不允许的地方停顿。但在停顿中必须有心理或情感的依据。心理停顿可以起到丰富语言中的心理内容及加强情感色彩的作用。

生活中也常见这种停顿。比如你在分配工作时，对甲说："我看|还是让乙去吧！"在"我看"之后来个停顿，这个停顿，可能你是在

思考是甲去还是乙去为好，最后下决心让乙去；或者你早已决定让乙去，但为了不要使甲感到太突然，用了这样一个停顿，可以把话说得缓和一些，婉转一些。

朗诵时，经常需要运用这种停顿来更细致地描绘人物的心理状态。如朗诵刘绍棠的中篇小说《蒲柳人家》中荷妞在和郑整儿结婚时提出了几个条件时的一段：

> 荷妞说："娘上了年纪，眼神不济了，我的手脚比脚丫子还笨，往后你得学做针线活儿。"郑整儿说："这 | 太 | 难为人了，我好歹 | 是男子汉呀！"

在郑整儿回答荷妞的话中"这"与"太"之间，"太"与"难为人了"之间，"我好歹"与"是男子汉呀"之间用了几个心理停顿，表现了他着实为难，不同意荷妞的条件，但又不敢直说，才支支吾吾地把话说了出来的心理状态。

再比如《钢铁是怎样炼成的》这部长篇小说中有这样一段情节：保尔在修路时遇到了少年时代的女友冬尼娅，冬尼娅一见保尔衣衫褴褛的模样，感到意外和突然，她说：

> "你好，保夫鲁沙！坦白地说，我没想到你会弄成这个样子。难道你不能在政府里搞到一个比挖土强一点的差事吗？我还以为你早就当上了委员，或者委员一类的首长呢。你的生活怎么这样不顺心哪……"
>
> "我也没想到你会这么 | ……酸臭。"保尔想了想，才找到这个比较温和的字眼。

保尔这一针锋相对的回答，文学作品本身的省略号以及交代性的语言（"保尔想了想"）为我们提供了依据。因此，当我们朗诵保尔这一答话时，就应该在"我也没想到你会这么"和"酸臭"之间有一个心理停顿。因为保尔当时既觉得对冬尼娅的一番言语不屑置辩，但又要对她的话进行针锋相对的回答，最后稍加思索决定用"酸臭"这个确切而生动的词语来回敬冬尼娅。这里运用了心理停顿，才能准确、清楚地揭示他的思想活动。

富润生朗诵契诃夫的小说《变色龙》运用了很多心理停顿，鲜明地揭示了这个变色龙变来变去的心理状态。现以其中一个片段为例：

> 嗯！可了不得啊！他是惦记他的弟弟……｜可是我还不知道呢！那么，这是他的狗？嗯｜很高兴｜请你把它带去吧。｜这条小狗怪不错｜挺伶俐的，｜它把这个家伙的手指头咬了一口！哈哈哈｜咦？你干什么发抖啊？｜呜呜……｜它生气了……｜小坏包，｜多好的狗崽子啊……

富润生在每一句话的标点符号处都延长了停顿的时间，以他充实的内心活动为依据，大胆地运用了心理停顿。比如在"它生气了……｜小坏包，｜多好的狗崽子啊……"这句话中他用了两个心理停顿。因为奥楚蔑洛夫这个变色龙刚刚诅咒这条狗是条野狗，又一听狗的主人是将军的哥哥，马上又"变"了，他得临时寻找着拍马屁的词，要把前面自己说过的有损这条狗的话都一一纠正过来，要把自己从困境中解脱出来，从骂"野狗"变成称赞"多好的狗崽子"，这里适当地运用一些心理停顿，就把奥楚蔑洛夫厚颜无耻，竭尽阿谀奉承之能事，以取得上司原谅及好感的尴尬心理状态给充分表现出来了。

再比如朗诵都德的《最后一课》结尾处，韩麦尔先生的一个肢体语言："放学了——你们走吧。"我们可以想象韩麦尔先生表达这句话时的心情：阿尔萨斯被普鲁士占领了，韩麦尔先生再也不能在自己的国土上教法语了，他明天就要和同他朝夕相处的学生，同他生活了四十年的学校告别了，今天是他的最后一课，而"放学了——你们走吧"又是这最后一课的最后表达。他是决不愿意结束这最后一课，更不愿意说出这最后一句话的。然而，他又不得不结束这最后一课，不得不表达这最后一句话。因此朗诵者就可以设想当韩麦尔在表达"放学了——你们……"的时候，痛苦、激动、不忍心结束这堂课的心情发展到了顶点，他再也无法继续下去了，以致动作到此戛然而止。这里运用心理停顿就可将其感情色彩加以强调，加以渲染。然后，再克制住感情的冲动道出那后半句"……走吧！"如果不运用心理停顿，直接诵出"你们走吧"，就难以将韩麦尔先生此时这种极其复杂的心情充分体现出来。

在朗诵时，有时为了抒发朗诵者自己的情感，也时常运用这种心理停顿。比如我们在谈到感情强调音时，曾以杨朔的《茶花赋》一文为例，在"一脚踏进昆明，心│都醉了"这一句话中，不仅可以运用感情强调音，也可以运用心理停顿来加强感情色彩。我们可在"心"字后面给予停顿，深深地吸一口气，在这一口气中，倾注对祖国母亲的深情，仿佛醉心于祖国的大好风光之中似的。后面一句："花市最盛的去处数着西山华庭寺。不到寺门，远远│就闻见一股细细的清香，直渗进人的心肺。"在"远远"两字后面加个心理停顿，也深深地吸一口气，仿佛一股香气扑鼻而来，把感受到的"渗进心肺的清香"带进我们的朗诵之中。

在朗诵郭沫若《屈原》中的《雷电颂》时，也可以运用心理停顿来渲染屈原对黑暗势力的愤懑之情。例如："……结果你是被人押进了龙门，婵娟她│也被人押进了龙门。"在"婵娟她"后面的停顿，表现了屈原说到此悲愤不已、痛苦万分、言语哽咽的情况。这里呼吸可以暂时停止，接着是痉挛式的吸气，颤抖地说出下面的"也被人押进了龙门"。这样，感情色彩就更浓了。

运用心理停顿必须要有充实的内心依据，要使这停顿的瞬间，充满丰富的心理活动内容，要有充实的思想和深厚、浓烈的情感。只有这样，才能增强言语的活力，增强言语的感情浓度，才会使听者感到此时虽无音，却有情；虽无声，却意无穷。否则，就会变成空白，反而破坏内容的连贯，使人感到虚假做作。

四、生理停顿

什么叫生理停顿？体现人物的生理状况所进行的停顿就叫生理停顿。比如处理某些人物带有口吃的语词：像《原野》中的白傻子：

> 可我想还是 | 狗 | 狗蛋好，我妈活 | 活着 | 就老叫我狗蛋，她说， | 你看这孩子长得狗 | 狗头狗脑的，就叫他狗 | 狗蛋吧，长 | 长得大……

处理重病或无力讲话的人物语言，也可以运用这种停顿。比如朗诵王愿坚的《七根火柴》这篇作品中有几句描写一位战士牺牲前的语言：

> "记住， | 这， | 这是， | 大家的！"他蓦地抽回手去，深深地吸了一口气，用尽所有的力气举起手来，直指着正北方向："好， | 好同志 | ……你……你把它带给……"

由于这位抗日战士已无法顺畅地说完一句话，所以此处的标点符号都已清楚地为我们朗诵提供了生理停顿的依据。如果朗诵时，在标点符号处给予适当的停顿，并伴随一些气音，那么就能够形象地表现出这位抗日战士虽已奄奄一息，但还想着部队，坚持说完最后一句话的顽强的战斗精神。

以上所谈的四种停顿，是正确处理好语调中"断"和"连"的对比关系问题。断与连的对比主要讲的是"断"，即停顿，但"断"和"连"是相辅相成的，没有"连"就不成为"断"了。比如我们上文提及的《风暴》中的一段独白，如果没有前面连得异常紧密，几乎是一气呵成的一大段，那么"急刹车"后面的"断"就显现不出来了。换句话说，如果这一段念白朗诵得都很疏松，处处都停顿，那么这些间歇的地方是不会达到任何艺术效果的。因此，我们要处理好朗诵的停顿，必然要安排好它与其他"连"的部分，通过对比，突出"停顿"。但必须指出：不管哪种停顿，都应是思想情感的继续和发展，而不能是思想情感的中断和空白，"藕虽断，丝却连"。

第四节　节　奏

节奏是指正确处理好语调中的快与慢（时间的关系）、强与弱（力的关系）的对比，以使言语更准确而又形象地反映生活图景，更鲜明地体现作品的思想感情。

任何一种运动为了完成其使命，都必须有规则和秩序。运动中的这种规则和秩序，就是节奏。可见，凡是有生活的地方都会有节奏伴随。无论是工作还是休息，无论是体育还是文艺，都离不开时间的快慢、力量的强弱。而它们的快慢、强弱又由于各自的结构不同而产生差异。即使同样是工作，打夯与拉纤不一样；同样是休息，散步与睡觉不一样；同样是体育，球类与田径不一样；同样是文艺，朗诵与唱歌不一样。总而言之，节奏因人因时因地因事而异，同样是一件事，却会产生不同的变化和对比，也正是这些变化和对比，组成了一支丰富多彩的生活交响乐。因此，我们必须准确地把握文学作品思想内容和情感的发展和变化，研究朗诵艺术语言的节奏，使它发挥巨大的作用和力量。著名电影导演谢晋曾希望能在演员的脸上看到角色脉搏的跳动频率，我们则要求在朗诵艺术语言中，能听到朗诵者脉搏的跳动频率。

假如朗诵这样一段话：

> 他一个箭步跳出来，飞也似的向敌人猛冲过去……一场激烈的战斗结束了。他缓缓地、一步一步向着牺牲了的战友的墓地走去。

我们必须采用两种具有明显差异的语言节奏，来表现这段话所描绘的两幅不同的图景。一个不畏牺牲的战士，以迅雷不及掩耳之势向敌人发起了猛烈的进攻，其节奏必然是强烈的、快速的；我们的战士怀着无限悲愤之情，向自己朝夕相处的亲密战友告别致哀，其节奏肯定是凝重的、缓慢的、深沉的。如果我们以同样的一种节奏来处理这两句话，就会使两幅图景模糊不清，缺乏朗诵者对事物的鲜明态度，也失去了艺术语言应有的音乐性和感染力，使听众感觉不到生活真实感，对朗诵感到厌倦乏味。

一位朗诵艺术家在朗诵散文《月光曲》时，或舒展柔和，或强烈紧凑，前后变化有致，节奏处理得非常符合作品的意境。比如其中有一段描绘鞋匠静静地倾听贝多芬演奏《月光曲》的内容：

> 他好像面对着大海，月亮正从水天相接的地方升起来。微波粼粼的海面上，霎时间洒遍了银光，月亮越升越高，穿过一缕一缕轻纱似的微云。忽然，海面上刮起了大风，卷起了巨浪，被月光照得雪亮的浪花一个连一个朝着岸边涌过来……

朗诵家把前面两句节奏处理得非常舒展、缓慢、柔和，给人以幽静、

抒情、明亮的感觉。后面一句则处理得强烈、紧张、有力，恰当地反映了作品所描绘的图景，使我们仿佛听到了《月光曲》的旋律。

所以，恰当、准确地处理好朗诵的快慢、强弱，不仅能使我们的艺术语言富于音乐的美感，而且更能将作品所反映的生活图景，鲜明、形象地体现出来。

朗诵语言的节奏大致可分为以下四种：轻快节奏、沉稳节奏、舒缓节奏、强疾节奏。

一、轻快节奏

这种节奏语速较快，声轻不着力，有时有些跳跃感。它常可以描绘欢快、诙谐和幽默的生活图景。

比如朗诵《在美国一个黑孩子被杀了》这首诗开头的三节：

八月里的一个早晨，
我走到一条小河旁，
河水淙淙地流过田野，
唱着歌儿奔向远方。

河岸上密密的松树林里，
是夏令营白色的帐篷，
一群少先队员奔到河边，
满身披着金色的阳光。

朝霞对他们微笑，
晨风向他们鼓掌，
孩子们追逐着绿波，
小鱼跟在后面来回游荡。

这组诗句为我们描绘了夏令营里一群天真活泼的少年儿童的生活图景。这里，充满着多么轻松愉快的气氛啊！朗诵时采用轻快的节奏，语速稍快一些，并且使语调富有轻柔的弹力，就可以较好地反映出少年儿童们那种兴高采烈的心情和欢欣雀跃的景象。语速慢了，就会使人感到缺少活力，削弱动感。力度如果太强，就丧失了轻松愉快的氛围。只有采用轻快的节奏才能恰当地描绘出这幅生活图景。

如朗诵杨朔的散文《雪浪花》下面一段：

> 几个年轻的姑娘赤着脚，提着裙子，嘻嘻哈哈追着浪花玩。想必是初次认识海，一只海鸥，两片贝壳，她们也感到新奇有趣。奇形怪状的礁石自然跳不出她们好奇的眼睛。你听她们议论起来了：礁石硬得跟铁差不多，怎么会变成这样子？是天生的，还是錾子凿的，还是怎的？

这段内容也应该采用轻快的节奏进行朗诵，使听众在语速较快、力度较弱但富于跳跃感的节奏中，感受到作品中所描绘的这群姑娘在海边嬉耍时的欢悦心情。这样，一群天真、活泼、单纯，又带些稚气的渔家姑娘的形象，顿时就栩栩如生地浮现在我们的眼前了。

二、沉稳节奏

这种节奏语速较缓，音强而着力，往往运用在感情色彩偏暗，或是受到压抑，正在努力控制的情况下；有时也运用在一些描绘庄重、肃穆、悲痛、沉重的气氛场景。

比如朗诵李瑛的长诗《一月的哀思》，就需要运用这种沉稳节奏：

> 啊，祖国——
> 茫茫暮霭中，
> 沉沉烟云里，

多少个家庭的

多少面窗子，

此刻，都一起打开，

只为要献给你由衷的敬意。

这就是我们的丧仪啊：

主会场——

九百六十万平方公里的祖国；

分会场——

五大洲东西南北。

云水间，满眼翻飞的挽幛，

风雷中，满耳坚定的誓语。

江水沉默，青山肃立，

万木俯首，星月不移……

看，这是何等

庄严、肃穆、伟大的葬礼。

从以上诗句中，我们感受到了诗人的悲痛和沉重心情。这种悲痛和沉重的心情，只有用沉稳的节奏——缓慢的语速、较强的力度——才能体现，同时也表现了这一悼念场面的宏伟和葬礼的伟大。

又如朗诵鲁迅《为了忘却的记念》这篇杂文中的一段：

在一个深夜里，我站在客栈的院子中，周围是堆着破烂的什物；人们都睡觉了，连我的女人和孩子。我沉重地感到我失掉了很好的朋友，中国失掉了很好的青年，我在悲愤中沉静下去了，然而积习却从沉静中抬起头来，凑成了这样的几句：

惯于长夜过春时，挈妇将雏鬓有丝。

梦里依稀慈母泪，城头变幻大王旗。

忍看朋辈成新鬼，怒向刀丛觅小诗。

吟罢低眉无写处，月光如水照缁衣。

　　柔石和其他二十三位志士被敌人无辜屠杀，鲁迅先生悲愤欲绝，彻夜难眠，心中无法平静。他为"我失掉了很好的朋友，中国失掉了很好的青年"而心情感到无比的沉重，他为反动派如此残酷、社会如此黑暗而无比愤懑。然而他不得不控制住自己的情感，在"悲愤中沉静下去"，写就了这首诗，以表示对敌人的强烈控诉，寄托对烈士的无限哀思。朗诵时必须把握作者的这种情感，采用缓慢的语速、沉重而有力的声音，让听众在言语的内在强度中感受到作者内心蕴含着火一般的情感。

三、舒缓节奏

　　这种节奏语速是缓慢的，声轻不着力，用来表现心胸较舒展的情感，描绘较抒情或异常幽静的场面。

　　董行佶朗诵的《荷塘月色》不少地方都采用了舒缓节奏。比如这一段：

　　月光如流水一般，静静地泻在一片叶子和花上。薄薄的青雾浮起在荷塘，叶子和花仿佛在牛乳中洗过一样，又像笼着轻纱的梦。虽然是满月，天上却有一层淡淡的云，所以不能朗照，但我以为这恰是到了好处——酣眠固不可少，小睡也别有一番风味的。

　　这段文字描绘了这幅荷塘月色图美如仙境的一角：由于天上有一层淡淡的云，水面有一层薄薄的雾，月光亮而不耀，有一种朦胧之美。作者在这恬静的月光下，有一种超然脱俗的思绪。董行佶采用缓慢而又十分柔和的语调与作品所描绘的意境融为一体，表现了作者

"淡淡的喜悦"与"淡淡的哀愁",使我们如见其人,如临其境。

再比如朗诵梅绍静写的《给老师》这样一首小诗:

> 多么想做一棵绿树,
> 初春的季节站在你的窗前。
> 你会惊喜地凝望我的新叶,
> 或者叫一声:"发芽了,快看!"
> 为了让你这样地看我,
> 我悄悄地送走每一个黑夜和白天。
> ——我在从地下、从天上吸取营养,
> 让光彩渗过我的每一张叶片。

这首诗虽然不长,但字里行间却灌注着学生对老师的一片深情。他们为了报答园丁的辛勤栽培,决心孜孜不倦地努力学习,以优异的成绩向老师汇报。因此,我们朗诵时,语调应该是徐缓的、轻柔的,以增强言语的抒情性,更好地抒发出学生对老师的这种感情,体现出师生之间的亲密关系。

我们在一次朗诵会上,曾听到一位学生运用沉稳而又缓慢的语言节奏朗诵这首诗。他大概以为这种节奏可表现学生对老师的深厚感情,结果留给听众的感觉,却仿佛是在一次悼念会上的纪念性朗诵,造成了一种不应有的悲悲切切的气氛,破坏了诗的基调。

四、强疾节奏

这种节奏语速较快,音强而有力,一般表现较为激动并难以控制的心情,或用以表现紧张急迫的情景。

如朗诵《欧阳海》中以下这两段就应以强疾的节奏处理:

> 雷霆万钧的车头,喷吐出浓烟,鼓起强风,风驰电掣地猛冲

过来⋯⋯

　　欧阳海箭步飞身，抢上路心，水淋淋的雨衣，噗啦啦地飘起，高高地扬向天空。他脸不变色，心不跳，拼出性命把战马推离了轨道⋯⋯

　　火车飞驰的速度之快、力量之强，欧阳海行动之迅速有力，都使我们朗诵的速度缓慢不得，力量柔弱不得，只有运用这种强疾节奏，才能表达当时的紧急情况和紧张心情。

　　再比如朗诵奥斯特洛夫斯基的散文《我的幻想》中的一段，基本上也应用强疾节奏：

　　我想，我一定不能简简单单地走出去，我要努力地跑，不顾一切地跑，也许要抓住火车车厢的把手，随着火车一起跑。到莫斯科，就到⋯⋯工厂去，一直到锅炉房去，快快打开炉门，闻一闻煤味，把大半个煤堆添到炉子里去。我一定做出百分之六千甚至七千的产品来，我一定要把百分数提高到使人无法相信的那么高。我将要忘命疯狂地工作。我将要贡献出多少呀！做多少也不知疲倦⋯⋯

　　奥斯特洛夫斯基由于疾病缠身，卧床九年，他幻想着自己有一天获得健康。我们可以想象，他对投入热火朝天的社会劳动有着多么强烈的欲望啊！文章中"我"的这种心情，离开了言语的强疾节奏，就无法很好地朗诵出来。

　　以上谈的这四种节奏，绝不是孤立地运用的，随着内容及感情的发展变化，也该将它们不断地转换。一个作品不可能只有一种节奏。朗诵者不去很好地挖掘作品的内在节奏的发展变化，而以一种节奏朗诵到底，就不仅使作品所描绘的生活图景难以形象鲜明地表达出来，

还会使听者乏味、厌倦，产生"一道汤"的印象。因此，我们必须研究作品，使朗诵的节奏不断地转换变化，把四种节奏合理地恰如其分地互相配合，产生对比，增强音乐性，增强感染力。

这里，要强调的是，对比的设计是不能随心所欲的。不顾作品的内容，不揣摩作品固有的内在节奏，不以作品所体现的思想情感为依据，为变化而变化，忽快忽慢，忽强忽弱，华而不实，哗众取宠的做法是朗诵的大忌。例如前面提及的《我的幻想》，朗诵时我们显然基本上是以强疾节奏处理的，但这种节奏并不是一贯到底的。可以设想，如果就以一种强疾节奏来处理这段散文，就会感到色调单一，层次不清，朗诵也就会像脱缰的野马，显得节奏紊乱。那么应该怎样处理呢？朗诵"我想，我一定不能简简单单地走出去"这第一句时，虽然，应该感受到作品中"我"异常激动的心情，但还是应像"我"一样竭力控制自己的感情。因此，这时应采用沉稳节奏。但朗诵第二句开始"我要努力地跑，不顾一切地跑"就可以转化为强疾节奏，以表现"我"再也控制不住的情感，一直朗诵到"随着火车一起跑"之后来一个停顿，此时仿佛已经置身在首都，在贪婪地看着这美丽的城市……因此，朗诵到"莫斯科"这一句，又可转为舒缓节奏，但随着要迅速投入建设的强烈欲望，节奏又转为强疾。到诵完"快快打开炉门"又来个大停顿，用"叹气"的技巧深深地吸气后，缓缓地吐出"闻一闻煤味"这一句。这里又转换为舒缓节奏，体现出我久久没有闻到这生产建设中的亲切的气味，而一旦闻到了，非得如饥似渴地闻个够的心情，体现出"我"渴望投入建设祖国的强烈而又深切的感情。然后，再把节奏逐渐地推向快速、奔放、强烈，以形象地描绘"我"幻想中的忘命疯狂的工作图景。

这种以充实的内心为依据，运用四种节奏变化以形成对比，无疑是我们掌握节奏这一语言技巧的重要方法。

从一种节奏向另一种节奏转化，有时是在停顿中以内心思想情感为过渡的，对比异常鲜明强烈，但也有时是在言语进行中逐渐过渡的，其表现的形式是渐快（或渐慢）、渐强（或渐弱）。

例如前面所举的一位朗诵艺术家朗诵的《月光曲》中的一段："微波粼粼的海面上，霎时间洒遍了银光，月亮越升越高，穿过一缕一缕轻纱似的微云。"这是以舒缓节奏朗诵的，而后面"忽然，海面上刮起了大风，卷起了巨浪"这一句则是以强疾节奏朗诵的。这是个突变，但朗诵者却必须在两段中的停顿给予有机过渡，不然就会产生前后脱节的现象。

"渐变"的情况，如朗诵刘琦的《路》这首诗中下面几句时也会遇到：

> 善于奋飞的人天上有路，
> 敢于攀登的人山中有路，
> 勇于出击的人海里有路。
> 我的路——在长空，在峻岭，在大海深处！

刘琦虽然失去了四肢和双眼，但他没有失去生活的勇气，他凭靠着顽强的毅力、对生活的坚定信念，在"长空""奋飞"，在"峻岭""攀登"，在"大海""出击"。只要朗诵者感受到了诗人的这种"勇气""信念"和"毅力"，就会在朗诵前三句和后几句时产生逐步推进的节奏，越诵越激动，越诵越快，越诵越有力。

最后，我们将掌握朗诵节奏的要点归纳为十六个字：快而不乱，慢而不断，强而不浊，弱而不薄。"快而不乱"，是指朗诵时，节奏加快后要掌握得住，不能紊乱，不能像一匹脱缰的野马，让人无法把握作品的思想脉络。"慢而不断"，是指节奏放慢时不要将言语割裂成段，仿佛经常出现电影断片的感觉，使听者无法欣赏到连贯完整的作品。"强而不浊"，就是指节奏强的时候，不能使拙劲，不要给人声嘶

力竭之感，使听众感到十分吃力。"弱而不薄"，是指节奏弱的时候，声音不能太单薄，显得无力，使人难以听清作品的思想内容。

以上讲述语调中的语势、重音、停顿、节奏。下面我们再简述对语言的声音的"化装"问题——运用变化音色在朗诵中的作用。

在音乐中，作曲家常用不同的乐器来体现不同的气氛、不同的人物。比如小提琴协奏曲《梁祝》，用小提琴描绘祝英台，用大提琴描绘梁山伯，使人物清晰可辨。同样道理，在朗诵中我们也常常利用音色的对比变化，塑造不同的人物语言形象。比如，赵宗婕朗诵老舍的长篇小说《四世同堂》，其中有一段招弟与大赤包的对话：

"喝，好冷！"

"你这孩子，等冻着呢！快伸上袖子！"

"妈啊！他走啦！"

"不走，还死在这儿？"

"那件事他不提啦？"

"他敢再提，叫他吃不了兜着走！"

"得！这才真好玩呢！"

"好玩？告诉你，我的小姐！你也该找点正经事做，别老招猫逗狗儿的给我添麻烦！"

赵宗婕一个人之所以能成功地把两个妇女人物的语调特色清楚地区分开，是因为她在朗诵其中招弟的台词时，音色纤细娇嫩；朗诵其中大赤包声音时，音色低哑粗糙，从而组成各自特色语调的重要成分。

在自己生理条件许可的情况下，适当调节自己的音色，给声音化化装，以适应不同人物和不同情感的需要，让语调更加丰富多彩、绚丽多姿，这是朗诵艺术创造不可缺少的一种技巧。当然，"化装"要化得自然，不能做作，装腔作势是绝不可取的。

以上所说的各种技巧，应统一在朗诵艺术创造的整体之中，我们朗诵时，必须根据作品的思想内容综合地加以运用，处理好各种不同的对比关系，形成准确、生动、鲜明的语调。

【思考与训练】

从一篇或多篇朗诵作品中找出"语势"（抑扬）、"停顿"（顿挫）、"重音"（轻重）、"节奏"（缓急）的案例。要求每一大类中需有两种以上的小类出现，如"重音"（轻重）中的逻辑重音、修辞重音等，并说明这样处理的原因。

第四章　朗诵艺术的特殊技巧

在朗诵中，根据作品需要，为了更好地突出思想，渲染情绪，加强情感深度，表现个性，丰富色彩，运用一些特殊技巧，将台词加以润色，一定会收到理想的艺术效果。这些特殊技巧主要包括气息和音调两大类。

第一节　气息类

朗诵中，为了充分表达作品的思想感情，我们可以通过运用气息的技巧来达到这一目的。它包括"偷吸""反取""倒抽""喷口""深叹""缓托"六种。

一、偷吸

"偷吸"是指吸气时速度较快，而且轻巧，在人们还没有察觉时已经偷偷地吸好了气的一种换气方法。在朗诵中偷吸的方法是经常遇到的。一般在句中碰到停顿较短、连贯性较强，不可能采用正常换气但又必须换气时，就需要使用偷吸的办法。"偷吸"是每个朗诵者必须掌握的一项重要的技巧。它的要领是：

两肋外展快又轻，太慢太僵都不行，

口鼻同时吸进气，换气轻巧忌响声。

例如朗诵冰心的散文《小橘灯》中的一段：

在一个春节前一天的下午，N[①] 我到重庆郊外去看一位朋友。V 她住在那个乡村乡公所楼上。V 走上一段阴暗的仄仄的楼梯，N 进到一间有一张方桌和几张竹凳，N 墙上装着一架电话的屋子，V 再进去就是我的朋友的房间，N 和外间只隔着一幅布帘。V 她不在家，N 窗前桌上留着一张条子，N 说是她临时有事出去，N 叫我等着她。

"走上一段阴暗的仄仄的楼梯，N 进到一间有一张方桌和几张竹凳，N 墙上装着一架电话的屋子，V 再进去就是我的朋友的房间……" 这里有三个分句，在这前两个逗号之间的停顿处，都不能停顿时间太长，因为其语意联系十分紧密，如果停顿时间长了，就会有语意中断、含混不清的感觉。在这些停顿时间很短处，我们在换气时，吸气异常迅速，在人们没有察觉我们换气的情况下，气已经换好。这样就能保证语意的连贯、顺畅和准确。这里所用的换气方法就是偷吸技巧。

朗诵时，遇到一些节奏强烈、逐步推进的内容，就更需要运用这种偷吸的技巧了。

比如朗诵《再没有更好的花朵》这首爱情诗中的下面一节：

当我把你看见和听到——
我浑身便激动起来了，N

---

① N 为偷吸符号，V 为正常换气符号。

我整个的心灵在发热，N

我整个的心灵在燃烧。

以上几句，诗人以不同的语言，反复强调、强烈表达了"看见"恋人身影、"听到"恋人声音时的感受，朗诵时肯定应用推进的节奏，越说越兴奋，形成一气呵成的效果。这里，虽然每次诵到"我"如何如何时，都表达了一个完整的语意，但不能采用正常换气，以免形成较长的停顿时间，造成节奏上的拖沓。另外，大家知道，人们在兴奋的时候，呼吸总是很急促的，不可能也不应该是舒缓的。同时，这段文字内容朗诵时需要做到深沉而热烈，因此，气息就不能吸得太浅。这就要求换气时非常迅速、轻快。"偷吸"技巧在这里起到了它应有的作用。

二、反取

"反取"是指在朗诵的过程中，不吸气而将体内的剩余气息从容不迫地取上来，形成较强的气流，从而使句中某些音节获得较强、较高、较响亮的声音的一种技巧。它的要领是：

情绪强烈求高音，小腹内收两肋展，

气似自胸向下沉，切莫抬胸拼命喊。

比如朗诵郭沫若的话剧《屈原》中的一段很有激情的独白：

尽管你是怎样的咆哮，你也不能把他们从梦中叫醒，不能把死了的吹活转来，不能吹掉这比铁还沉重的眼前的黑暗，但你至少可以吹走一些灰尘，吹走一些沙石，至少可以吹动一些花草树木。你可以使那洞庭湖，使那长江，使那东海，为你翻波涌浪，

和你一同地 w ① 大声咆哮啊！

很显然，以上一段独白，出现了三次排比，一浪推一浪，一浪高一浪，当朗诵到最后一句最后几个字"大声咆哮啊"已达到了感情的至高点。因此朗诵以上一段独白，除了三个排比句，要采取逐渐推进的节奏外，可以将"大声咆哮啊"这几个字加强、加重、加高，以结实的高强音突出它的巨大力量。

那么如何才能做到这一点呢？这就需要有较强的气流才能达到了。当朗诵到"大声咆哮啊"这几个字时，应将渐趋复原收敛的两肋用力展开，感到气息似乎是从胸部下沉到丹田，这实际上就是将气息的通道彻底打开，让余气不受阻塞，顺利地呼出，使得"大声咆哮啊"这几个字的高强音获得原动力。有了这个原动力，声音就畅通响亮了，所需要的高音强音也就自然获得了。但是很多人没能掌握这种取气方法，甚至有人误以为在表达激情，需要较强的气流用以发出强高音时，应该两肋内收，胸部上抬才能将气息顶上去。殊不知这样正适得其反，因为抬胸、收肋恰恰阻塞了气流的通道，所以朗诵到高潮时反而气取不上来。这样就必然感到气息不够，发不出自己意想的声音，勉强出声则是挤出来的破音，会影响对作品的正确表达。

当我们朗诵很多富有激情的诗歌时也常常遇到类似的情况。比如我们朗诵《三门峡——梳妆台》下面一节，有的地方就需采用反取技巧来给予突出：

登三门，向东海
问我青春 w 何时来？！
何时来啊，何时来……

---

① w 为反取符号。

——盘古生我 w 新一代！

前面一句"黄河女儿"面向东海大声呼问"青春"何时才能到来？这里"何"字的加重与延长，表达了她迫切希望早日恢复青春的心情。这里通过"反取"技巧的运用，就能获得很好的艺术效果。为了体现诗人在改天换地时代到来时的极其兴奋的心情，后面一句"盘古生我新一代"，我们在处理"新一代"这三个字时必然要有一个"突变"，声音变得更高、更响、更重，更要用"反取"的技巧来取得，使这一句比前一句的力度更加强烈。

三、倒抽

"倒抽"是指渲染言语中骤然紧张的气氛，表现人物异常激动的心情时采用的一种吸气技巧。本来吸气时我们要求大家尽量不要发出吸气声，而这里却要求将吸气声有意表现出来。"倒抽"的要领是：

吸气依旧两肋开，但要发出响声来。

感觉气口强又重，莫让拙力冲声带。

比如朗诵大仲马的小说《基督山伯爵》中基督山伯爵在听说摩莱尔爱上凡兰蒂时说的一段话：

不幸的人哪！你爱凡兰蒂！Λ[①]——爱那个该死的家族的女儿！

在朗诵"你爱凡兰蒂"之后，重重地吸一口气，让这吸气的声音清楚地发出来，然后诵出下面一句"爱那个该死的家族的女儿！"人

---

① Λ为倒抽符号。

们在异常气愤、异常激动的时候，吸气时要比平时重得多。这里运用"倒抽"的技巧，就是要充分体现基督山伯爵对那"该死的家族"的痛恨，显现他那"猛烈的起伏"如"汹涌波涛"似的激动心情。一般说来，这种倒抽的技巧，在一篇朗诵中不要连用得过多，太多了就会显得做作，反而破坏了作品思想感情的表达。只有用在关键处，才会起到画龙点睛的作用。

当然，在特定的情景下，有时也可以连用几个。比如朗诵鲁迅的《孔乙己》中的这样一段：

孔乙己便涨红了脸，额上的青筋条条绽出，争辩说："∧窃书不能算偷……∧窃书！……读书人的事，∧能算偷吗？"

这里在孔乙己的话中就可以多使用一些抽气方法，这样一方面可将孔乙己"涨红了脸，额上的青筋条条绽出"的精神状态体现出来，另一方面也可以表现孔乙己由于深受封建科举制度毒害，"没有进学，又不会营生；于是愈过愈穷，弄到将要讨饭了"的地步，以及被糟蹋成了一个弱不禁风、气息虚浅的病鬼模样。

生活中，人们在没有任何思想准备的情况下，突然遇到意外或受惊时，常常会倒抽一口冷气。因此我们在采用"倒抽"方法时，适当加大其幅度，延长其吸气的声音，便能更好地体现人物的这种精神面貌。比如朗诵莫泊桑的小说《项链》将近结尾的一段内容：

她走上前去。

"你好，珍妮。"

那一个竟一点也不认识她了。一个平民妇人这样亲昵地叫她，她非常惊讶。她磕磕巴巴地说：

"可是……太太……我不知道……你一定是认错了。"

"没有错。我是玛蒂尔德·路瓦栽。"

她的朋友叫了一声：

Λ"啊！……我可怜的玛蒂尔德，你怎么变成这样了……"

这里，我们可以在玛蒂尔德道出自己的姓名，她的朋友惊叫时，把感叹词"啊"，改用大抽气发声，这样能鲜明地体现玛蒂尔德的好朋友认出玛蒂尔德的意外感觉，突出表现爱慕虚荣的玛蒂尔德由于多年的艰苦生活，容貌发生了惊人的变化。

四、喷口

"喷口"是指言语中无法控制自己激动的心情，而需突然爆发，将句子中的某个音节喷吐而出，加强其言语的情感力度而采用的一种技巧。"喷口"的要领是：

声母阻气要加强，气息蓄足满口腔。

突然爆破来除阻，富有弹力音响亮。

比如朗诵陆游的《示儿》这首诗：

死去元知万事空，但悲<①不见九州同。

王师北定中原日，家祭无忘告乃翁。

诗中写出陆游一生最大的愿望——收复中原，也写出他一生最大的遗憾——壮志未酬。当朗诵到第二句"但悲"之后，不忍道出"不见"二字，因此可处理成一个停顿，然后蓄足一口气，这口气中饱含着作者的悲愤感情，然后有力地喷出"不见"二字，似乎将这一腔悲

----

① <为喷口符号。

愤喷泻而出。这里，就是运用喷口技巧来强化作品的感情色彩。

喷口的技巧，由于有一个积蓄力量然后喷射而出的过程，因此它可使言语的力度大大加强。在朗诵中有些需要加强力度的地方，可采用喷口的技巧。比如朗诵郑文光的《火刑》这篇文章的结尾一段：

> 教皇克利门特八世和他的枢机员、红衣主教、主教们，都来到了广场上。他们想，也许在这最后一刻，"异端"会放弃自己的"可怕的思想"吧？然而，被火焰和浓烟包围着的殉道者口中，吐出的却是这样一句话："火＜并不能把我征服，未来的世纪会了解我，知道我的＜价值的。"

我们在朗诵"火并不能把我征服"这句话时，可以这样处理：先以极其轻蔑的语气道出"火"字；之后，来一个小停顿，从容地深深地吸一口气，似乎表现他仍然在积蓄全身的力量，向反动的势力做坚决而有力的最后反击；末了，运用喷口技巧道出"并不能把我征服"这句话。这样就增强了言语的力度，表达出了所谓的"异端"在火焰与浓烟的包围中毫不畏惧、视死如归的精神状态。在"知道我的价值的"这句话中的"价值"两字上，也同样可以运用喷口技巧来加强力度，充分表现他为捍卫真理而具有的无比坚定的信念。

五、深叹

"深叹"是指渲染言语中感叹、赞叹、悲叹、惊叹、咏叹等有关"叹"的色彩的一种技巧。"深叹"的要领是：

> 吸气深沉而缓慢，吐字呼气要舒展，
> 气声虚音来伴随，发自内心重情感。

比如朗诵鲁迅小说《社戏》中下面一段：

两岸的豆麦和河底的水草所发散出来的清香，〈① 夹杂在水气中扑面的吹来；月色便朦胧在这水气里。

为了能使听众感到作品中"我"的愉快、舒畅的心情，要在朗诵完第一句"……河底的水草所发散出来的清香"之后，深深地吸一口气，仿佛嗅到了它的"清香"似的，然后再异常舒展地将这口气呼出，随之道出带有一些气音的下面一句："夹杂在水气中扑面的吹来。"这就把作品中的"我"是那样贪婪地吸着这"清香"的气味，陶醉在这朦胧月色中的美好心情，形象化地描绘了出来。这里，就是采用深叹的技巧加以修饰的。

比如朗诵法国著名作家都德的小说《最后一课》中韩麦尔先生的一句话，就需要运用深叹的技巧：

我的孩子们，〈这是我最后一次给你们上课了。

在"我的孩子们"之后，将气慢慢地深深地吸入，然后，随着这口气，将"这是我最后一次给你们上课了"这一句"叹"出，让听众从这句话里感到韩麦尔先生内心郁积的悲愤，特别是把他在宣布这一决定时的痛苦心情宣泄出来，从而产生较强的艺术感染力。

深叹这种技巧，朗诵时虽说可用可不用，但运用得当，就会大大增强朗诵的效果，特别是把强烈的感情色彩突显出来。

六、缓托

"缓托"是指在言语过程中，极力控制住某种情感，使言语看似异常平稳，却使人感觉似有内在的火焰在剧烈燃烧的一种技巧。"缓托"的要领是：

---

① 〈为深叹符号。

气息均匀控制住，言语缓缓被托出。

声音要稳莫突响，氛围凝滞多肃穆。

比如朗诵魏巍的《依依惜别的深情》这篇文章中的一段：

部队集合了。妇女们打开竹篮，分赠着礼物。孩子们爬上大炮，把红叶插上炮口。小吉普也被无数的彩纸条和成串的纸花缠成了花车。阿妈妮们、孩子们、姑娘们，他们做这些事情的时候，统统没有哭。昨天晚上，战士们就告诉他们说不要哭。里干部们也告诉说，为了不使志愿军难过，让他们不要哭。⌣①他们很听话，⌣他们真的制止住了，⌣在做这些事情的时候，⌣统统没有哭。

这段内容描绘了朝鲜老乡在中国人民志愿军即将离开朝鲜时，为了不使志愿军难过，努力控制住自己感情而与志愿军依依惜别的情景。而这最后一句话"他们很听话，他们真的制止住了，在做这些事情的时候，统统没有哭"是全段的总述，也是感情不断积累，需要极力控制的内容。我们朗诵这段时，为了渲染这种气氛，就不能大呼大吸，而要适当少吸，控制住，以较均匀的不多的气息慢慢将后面言语托出，音量可以限制在一定的尺度之内，略感有些憋气，让听者感到似乎一切都静止了，而在这静止的后面似乎又蕴藏着一种巨大的力量。这样利用缓托的技巧，就可以更好地体现朝鲜人民以极大力量控制着自己对志愿军的即将爆发的惜别之情。

又如朗诵林嗣环《口技》中的这几句：

---

① ⌣为缓托符号。

众宾团坐。少顷，但闻屏障中抚尺一下，⌒满座寂然，⌒无敢哗者。

我们在"抚尺一下"之后，立刻将气息控制住，不让后面的言语出现较强的、响亮的声音，而后"托住"气息，缓缓地、小心翼翼地道出"满座寂然，无敢哗者"，好像什么地方如果气息稍稍强了一点，产生了较重的声音就会破坏当时万籁俱寂的气氛似的。利用这种缓托的技巧，可以反映作品所描绘的观众正屏息凝神，不敢大口喘气，全神贯注地欣赏口技的情景，同时也衬托出口技的表演者引人入胜的高超技巧。可以设想，如果我们不将气息"托"住、控制住，而是任凭音量起伏变化，就不可能将这种屏声静气的氛围、观众聚精会神聆听的场面描绘出来。

第二节　音调类

朗诵中，我们还可以通过音色和语调的变化充分地表达作品的思想感情，包括"虚声""颤音""拖腔""笑言""泣语""模拟"六类。

一、虚声

"虚声"也称"气声"，即控制住声音，以气音为主，似耳语说话。一般在紧张的氛围，或自言自语，或朗诵到要大声呼叫的语言时采用"虚声"。其要领为：

真声控制莫太响，假声时时来帮忙。
声母阻气要有力，气息均匀细又长。

比如《雷雨》中鲁贵"说鬼"一段单白，朗诵中部分台词就可采用"虚声"。

> 那时你还没有来,老爷在矿上,那么阴森森的大院子,就太太、二少爷、大少爷住。那时这屋子就闹鬼,二少爷是小孩,胆小,叫我在他们门口睡。是个秋天,半夜里二少爷忽然把我叫起来,说客厅又闹鬼,硬叫我去看看。我直发毛,可那会儿我刚来,少爷说了,我还能不去了?
>
> 我就喝了两口烧酒壮壮胆子,穿过荷花池,偷偷地钻到这门外的走廊旁边。到门口,就听见这屋子里^①啾啾地像一个女鬼在哭。哭得惨!心里越怕,越想看。我就硬着头皮,从这窗缝里向里一望。
>
> 就在这桌上点着一支要灭不灭的洋蜡烛。我恍恍惚惚地看见两个穿着黑衣裳的鬼,并排地坐着,像是一男一女,背朝着我。这个女鬼像是靠着男的身边哭,那个男鬼低着头直叹气。
>
> 我就乘着酒劲儿,朝着窗户缝,轻轻地咳嗽一声。这两个鬼就飕一下子分开了,都朝我这边望。这下子他们的脸清清楚楚地正对着我。
>
> 这我可真见了鬼了!
>
> 我这才看见那个女鬼呀……是我们的太太。那个男鬼……就是大少爷。他同他的后娘在这屋子里闹鬼呢。

鲁贵给四凤"说鬼",他为渲染当时的恐怖气氛,就故意在有的地方压低了嗓门,用"虚声"说话。而后面两句"……是我们的太太""……就是大少爷"则是加强神秘感并给予强调。前面两个"虚声"处理要注意"真声"与"虚声"的过渡,不要区分得过于明显,

---

① ┄┄为虚声符号。

要采用逐步过渡的方法。这样才显得自然，不做作。而后面的则可采用心理停顿的方法，因为中间有态度上和思想上的过渡，因而"真声"与"虚声"可以有明显的界限。

"虚声"由于声音小，有时气音也很重，这就要求朗诵者嘴上的力度要适当加强，就更要强调"声音集中打面罩"。气音多时气息就不易控制好，朗诵者要注意气息的均匀、气息的集中。这样，声音才可能打远，才能让观众听清，并且很真实。"虚声"是技术性较高的一种技巧，必须经过不断的训练与实践才能较好地掌握它。

人物在"自语"时也常常采用"虚声"的技巧。比如欧·亨利的著名小说《麦琪的礼物》中有这样一段：

> 不出四十分钟，她（德拉）头上布满紧贴头皮的小发卷，变得活像一个逃学的小学生。她仔细而苛刻地对着镜子照了又照。
>
> "如果杰姆看了我一眼不把我杀死才怪呢。"她自言自语地说，"他会说我是康奈岛游戏场里的卖唱姑娘。但是我有什么办法呢？——唉！只有一块八角七分钱，叫我有什么办法呢？"

德拉为了给丈夫杰姆买圣诞礼物，不得不卖掉了自己那漂亮的长发，卖掉头发之后又担心丈夫会认为自己太难看，心境是复杂的、矛盾的。这时的自语，采用"虚声"的技巧，不仅"自语感"强，而且也能细致地体现她忐忑不安、心很虚的状态。

小声说话用"虚声"，可朗诵时大声说话也会采用"虚声"，特别是高声呼叫时。请看《草船借箭》中一段：

> 少顷，旱寨内弓弩手亦到，约一万余人，尽皆向江中放箭，箭如雨发。孔明教把船掉回，头东尾西，逼近水寨受箭，一面擂鼓呐喊。待至日高雾散，孔明令各船上军士齐声叫曰："谢丞

相箭！"

"谢丞相箭"四个字，每个音节都拉长，采用"虚声"呼出，则效果如千百军士齐声呼叫，并与对方有一定的距离。相反，如不用"虚声"而采用"实声"大叫，反显单薄，也太闹人。用"虚声"喊时要注意气息的均匀控制，以保拉长的音节不要发抖、发颤。

二、颤音

"颤音"是指在言语中某些音节或词语的声音强弱交替，如在颤抖中说话。一般用在感情激动、兴奋、愤怒，情绪难以抑制又极力抑制的情况下（也有因年纪大了，说话时的自然颤抖）。它的要领是：

情感强烈而率真，愈到高点愈难忍。

欲抑难抑声抖动，声情合一是根本。

下面我们以朗诵话剧《岳飞》中岳飞临死前的一段独白为例：

母亲，年迈苍苍的母亲，七十高龄，你还缅怀国事，告诫儿等戒酒。士卒感奋，豪杰向风，儿与全军将士对天盟誓：直〰①捣黄龙，开戒痛饮！二帝未还〰，三关未复。儿在临安要开戒饮酒了。未捣黄龙先痛饮，自食誓言，有何颜面见我的老母。对不住母亲的赤诚，儿要吞饮圣上赐来的这杯御〰酒〰了。

以上是这段独白中间的一小段。从整个这段独白看，它充分表达了岳飞壮志未酬身先死的极度悲愤情感，他痛恨秦桧等卖国贼不顾国家的危难、百姓的痛苦、大宋的江山而卖国求荣的卑劣行径，因此朗

---

① 〰为颤音符号。

诵这一段时，满腔的爱国激情流淌在每个音节之中。在"直捣黄龙"的"直"字上，我们如果再给予一些"颤音"，可以把岳家军的爱国情感大大加浓了。而在"二帝未还"的"还"字及"这杯御酒了"的"御酒"二字加了"颤音"，又可加深表达岳飞对无能腐败、不辨忠奸的朝廷的痛心疾首和满腔愤恨，让"颤音"起到了震撼人心的作用。必须指出，用"颤音"绝不能装腔作势，如果缺乏真实的情感，或缺乏一定的技巧，很可能让人感到做作，令人发笑。因此感情和技巧缺一不可。

如果碰到作品中的人物年龄偏高，又满怀激情时就更需"颤音"技巧来加以润饰了。比如我们要朗诵话剧《钗头凤》中陆游的这样一段独白：

　　到了，又到这滴翠亭了。想来，又怕来。怕来——又为什么走了来？（低低地吟了起来）嘿！路近城南已怕行，沈家园里更﹏伤情﹏，（抚摸那株老红梅）香穿客袖梅花在……梅花依然无恙，﹏（追忆似的）那一同看花的人﹏呢？……四十年来，梦断香销。（自嘲似的）七十多岁了！——该入稽山作土了吧？还怀着这样的心情，重来这旧游之地，凭吊，感慨，不能﹏自已。（走到滴翠亭前）嗳！真是坏壁旧题﹏尘漠漠，断云幽梦事﹏茫﹏茫。

陆游到了晚年，虽然走起路来都有些不便，但仍然怀念他的前妻唐琬。他来到与她在一起度过美好时光的沈园。如今唐琬早已辞世，但那纯真的永恒的爱情依然在陆游心中存在。一方面七十多岁的老人说话就有些发颤，再加上伤感、怀旧的心情，更使他的言语应在颤抖的声音中诵出。

三、拖腔

"拖腔"是指为了突出强调或更细致形象地描绘人物的神态、心理，揭示作品中的某些内涵而采用的一种在言语中的某一音节或词语后有意延长其韵腹，拖长其声调的技巧。"拖腔"的要领是：

> 吐字归音要延长，莫从表面做文章。
>
> 延长之中有感觉，细致入微塑形象。

下面我们以著名播音员陈醇朗诵《贪得一钱丢了官》中的一段为例，来看看他是怎样运用拖腔的。

> 书肆里有一个少年书生，挑中了一部《吕氏春秋》，点数铜钱交钱时，不小心，一个铜钱掉在地上，轱辘到一边去了，少年并没有发觉。江南书生看见了，暗中把钱踩在脚下，没有作声。等买书少年走后，他俯下身子把铜钱拾了起来，装入自己衣袋中，他以为自己做得巧妙～[①]，没人看见，其实旁边坐着的一位老者，早～就看见了。老者忽地起来，问他姓啥名甚。书生办了昧心事，只得如实禀告自己的姓名。老者听罢～，冷笑一声～走了……

这一段陈先生就连续使用了多次拖腔。第一次他将"巧妙"的"妙"字拖腔，把江南书生为了贪小便宜，自认为手段极为高超而自鸣得意，几乎要飘飘然起来的形象清楚地凸现在了我们面前。第二次拖的是"早"字，通过拖腔我们似乎看见了一位老者正稳稳地坐在一边，眯缝着眼睛，虽然一声不响，却将书生偷钱之事尽收眼底，眼光

---

① ～为拖腔符号。

里流露出一丝隐蔽的鄙视神情。后面的两次拖腔一次是"听罢"的"罢"字，一次是"冷笑一声"的"声"字，则把老者听了书生报完姓名以后的心理状态及神情描绘得活灵活现，我们仿佛看到一位既沉稳又充满智慧的老者就在我们的面前，也让我们感觉到这位老者轻蔑的冷笑后面蕴藏着的更多含义。

在话剧《降龙伏虎》中秦二伯有一段描绘金老厚跳入鬼门滩去捞珍珠宝链的单白（单白是指在剧本对白中其中一个角色对另一个角色讲的一段较长的台词），其中有这样一段：

> 说罢甩掉长衫纵身跳下鬼门滩，只见鬼门滩上黑的石头，雪白的浪，只见旋涡～不见人。岸上看热闹的老乡们，谁不替金老厚捏着一把冷汗呀！

朗诵时，如果在"旋涡"的"涡"字上拖一拖，就把金老厚跳下水以后出现的极为危险的场面描绘得更为形象了，也把众乡亲为金老厚担心着急的心情表现了出来。

"拖腔"有时还能起到前面讲过的强调停顿的作用。一些具有喜剧特色的"变脸"也常用"拖腔"加以过渡。例如大家熟悉的寓言《猴吃西瓜》最后有这样几句：

> 于是，西瓜一刀两断，小毛猴吃瓤儿，大家伙就共分～西瓜皮。

朗诵时，可以这样处理：朗诵者笑嘻嘻地讲："小毛猴吃瓤儿。"后面仍然面带笑容地说："大家伙就共分……"说到这，随着"分"字的拖腔，面部的表情也变成愁眉苦脸，再说出"西瓜皮"三个字，其潜台词就是"只有吃这倒霉的最不好吃的西瓜皮"。这样处理喜剧效果和讽刺意味都将大大增强。

四、笑言

"笑言"是指在笑声中朗诵的一种特殊技巧，一般用在心情高兴或很有趣的内容，也可用嘲笑、讥笑、冷笑、狞笑、嗤笑、狂笑、惨笑、憨笑等表达各种心绪。它的要领是：

> 口腔喉部要放松，小腹膈肌来弹动。
> 气打软腭发笑言，真情实感在其中。

前三句是"笑言"要领的基本技术，这种弹动气息的训练，应该在练习基本功时就不断地加以练习，不管是发"哈"还是"哼"，还是发什么其他声音，都能自如地弹动起来，这就为"笑言"打下了坚实的基础。有了这个基础不管你是什么笑，只要你有了真情实感，你都能较好地运用"笑言"技巧，完成你的朗诵任务。这里要强调的一点是笑的背后是有内容的，是有引起发笑的原因的，朗诵者必须据此引发自己真实的情感，笑才有了灵魂。只凭"弹动"的技术，是虚假做作的；相反，只有真情实感，而没有技术，想笑也笑不起来。二者缺一不可。

著名话剧演员乔奇朗诵歌德的《跳蚤之歌》，就充分运用了笑言技巧，绘声绘色地"唱"了一曲跳蚤之歌：

> 从前有一个国王，
> 他养了一只大跳蚤。
> 跳蚤，跳蚤，
> 国王待他很周到，
> 比亲人还要好。
> 跳蚤，W 哈哈哈，
>
> 跳蚤，W 哈哈哈，
> 跳蚤，W 哈哈哈。
> 国王招来一个裁缝：
> "你听我说，奴才，
> 给我的这位朋友，
> 缝一件大龙袍。"

跳蚤的龙袍，   一个个都沾了光，

W①哈哈哈，   W哈哈哈。

跳蚤，W哈哈哈，   那皇后自己本人，

跳蚤的龙袍。   还有那些宫女，

跳蚤穿上了大龙袍， 被咬得浑身痛痒，

浑身金光闪耀，   个个都受不了，

宫廷内外上下跳，   W哈哈哈。

得意忘形瞎胡闹。   但没有人敢碰它，

W哈哈哈，   更不敢动手打。

跳蚤，W哈哈哈，   要是他敢咬我们，

跳蚤，W哈哈哈。   就一下掐死它，

国王封他当宰相，   W哈哈哈，

还给他挂勋章，   W哈哈哈。

跳蚤的亲友都来到，

全诗共有十二处不同的笑声，有国王对跳蚤的嬉笑，有裁缝听说要为跳蚤做龙袍所发出的苦笑，有跳蚤穿上龙袍大闹宫廷得意忘形的狂笑，有跳蚤亲戚沾光后所发出的窃笑，有跳蚤捉弄皇后、宫女时轻蔑的冷笑，也有觉醒了的群众要捏死跳蚤所发出的欢笑……乔奇在朗诵这首诗之前，翻阅了大量资料，深入体会"人物"的思想感情，还仔细地研究了歌唱家演唱这首诗的技巧。他针对诗中不同"人物"的不同的笑，恰如其分地运用了笑言技巧，使这些笑声有高有低、有大有小、有强有弱、有不同的音色，更有不同的感情色彩。

以第一次笑声为例吧。我们听到在一声亲昵的呼唤"跳蚤"之后，乔奇从鼻中"哼"弹出短促柔和而又十分有力的笑声，继而又从

---

① W为笑言符号。

"哼"弹渐变成口腔的"呵"弹，又使这"呵"弹出来的笑声进一步扩展。这笑声是那样自如，那样柔情，把一个"人妖不分"、对跳蚤极度宠爱的国王形象栩栩如生地刻画了出来。我们似乎看到了一个愚蠢的国王在跟跳蚤玩耍、嬉戏时出尽的丑态。乔奇曾对我们说："要把字面上的'哈哈哈'几个字化成有思想内容、有艺术魅力的声音，首先要体会人物笑时的思想感情，但同时还必须运用笑言技巧。比如国王对跳蚤的嬉笑，我就是以情带声，让口腔和胸腔松弛下来，让小腹膈肌弹动起来，随之一股股短促而又连续的气流，从小腹自下而上地直弹软腭，开始先从鼻腔中'哼'弹出来，再从口腔中'呵'弹出来，得以发出一连串的嬉笑声。如果这里不能运用笑言这一技巧，尽管你可能产生了人物感觉的真实体验，但往往力不从心，笑声难以将你所获得的情感完美地体现出来，或者出现干笑，或者笑得不痛快，或者笑了几声迫不得已停了下来……这样，不是显得感情生硬造作，就是不能鞭辟入里地将人物的思想个性刻画出来。这对朗诵者和听众来说，无一不是件憾事。"

以上乔先生朗诵的《跳蚤之歌》，笑与说虽然连得很紧，但基本上是分开的。有些朗诵要求朗诵者边说边笑，说与笑几乎融为一体。这里除了我们以上谈的注意事项之外，还应该注意吐字。因为边说边笑往往会使笑声"淹没"了话语，使吐字含混不清。比如我们朗诵莫里哀的喜剧《施卡本诡计》中塞比娜的一段旁白：

（边笑边走上场）哈哈哈，这件事也太可笑了，哈哈哈……这个老头儿也太容易上人家当啦！哈哈……（对观众某一对象）啊？您问我为什么笑？刚才有人给我讲个笑话，实在有趣，所以一个人就笑起来了。我觉得一个儿子为了骗他父亲的钱，对他要的那套把戏再也没那么可笑的了，哈哈哈……

以上是这段旁白开头的一小段，在说的过程中一直笑声不断。但由于笑，有时在念台词时会口型不准，舌位不到位。"太可笑了"会说成"太可下了"，"这个老头儿"会说成"这个老特儿"，等等。总之既要保证笑得痛快，又要保证吐字清楚。

当然，像乔奇这样熟练掌握弹气技巧，并不是一蹴而就的，这就需要首先找到笑言的正确感觉，然后还要长期训练才能在朗诵时运用自如。为了找到"笑言"的正确感觉，可以在生活中注意训练，比如你听相声，引起你发笑了，本来你笑上三四声就够了，但为了训练，就可以顺着刚才的感情继续下去，边笑边体会其感觉，这样就能逐渐掌握"笑言"的技巧了。

五、泣语

"泣语"指在哭声中朗诵的一种技巧，一般用于人物极度痛苦悲伤时的语言。它的要领是：

吸气有如在抖气，呼气同样要战栗。
小腹软腭似痉挛，悲痛难忍声唏嘘。

朗诵中需要哭的地方一般不多，同时朗诵也不能像演戏那样去"真实"地大哭，但"饮泣"的状态在朗诵中却常常会遇到。因此，就需要训练"泣语"的方法了。

比如朗诵李存葆中篇小说《高山下的花环》中的"我"（即指导员）和玉秀在梁三喜坟前相遇的一段：

过了一大会儿，我们才轻轻走近梁三喜的坟前，只见玉秀把头伏在坟上，周身战栗着，在无声地悲泣……
"小韩，§[①] 你……§ 哭吧，哭出声来吧……"我呜咽着说，

---

① §为泣语符号。

"那样，你会好受些……"

　　玉秀闻声缓缓从坟上爬起来："指导员，没……§ 没啥，俺觉得在屋里闷……§ 闷得慌……"她抬起袖子擦了擦泪光莹莹的脸，"没啥，俺和婆婆快该回家了，俺……§ 俺想起来坟上看看……"

两个人在言语时，都极力控制着自己万分悲痛的心情，每一句话都是在饮泣中进行的。这里就需要朗诵者运用泣语的技巧。譬如朗诵"我"对玉秀说的那段话"小韩，你……哭吧，哭出声来吧……"，要表现作品中"我"呜咽时的言语，要强化"我"强忍着的激动情感，在叫出"小韩"两个字之后，用倒抽气的方法，一面向里抽气，一面腹肌与横膈膜紧张地颤动起来，使吸进去的气发出有节奏的、短促的颤声，然后呼气，腹肌与横膈膜仍然保持紧张的颤抖，使呼气的声音也发出颤抖声。当呼出的气体没有呼尽时，蓦地刹住，憋住不呼也不吸。少顷，用剩余的气息发出"你"这个字，随即感到气息不够，再颤抖着吸气，然后诵出下面的语言"哭吧，哭出声来吧"。其颤抖的分寸大小、时间长短将随朗诵的需要及对作品感受的深浅的不同而产生差异。在有真挚感受的基础上，抖气运用得当，对加深情感色彩的浓度起到很大的作用，失去它，则大大减弱其感人的力量。

上海人民广播电台曾录制过广播小说《牛虻》，牛虻（亚瑟）被捕后，在狱中与神父蒙泰尼里相会，他们之间的对话，演员在一些地方就是运用"泣语"技巧进行演播的。

　　（牛虻）：如果你爱我，如果你 § 爱我，就把你脖子上的十字架取下来，跟我一起走，如果你觉得这个木雕偶像比我更值得你爱，你就到上校那儿去，告诉他，你赞成他的要求，你还可以再杀我一次！

（蒙泰尼里）：亚瑟，我可以和你的朋友们取得联系，帮助你逃走，但是，但是我是不可能跟你走的，不能取消过去的一切啊！

（牛虻）：你要明白，我是不会接受教士的恩惠的，你，你如果不肯放弃你的主，你就必须放弃我。

（蒙泰尼里）：§啊，§你，你，你要把我的心撕作两半吗，§亚瑟！

（牛虻）："神父！"

（蒙泰尼里）：§啊——§啊——

（牛虻）：难道，§难道你永远也不§明白，我是§爱你的§吗？跟我们一起去，跳出这个瘟疫的教会，让我们一起走向光明，重新开始我们的§生活……

（蒙泰尼里）：§啊——

牛虻与蒙泰尼里的会面，是想争取神父脱离那个他所崇拜、信仰的教会，而神父虽然很爱牛虻，但他却离不开他的上帝。他们俩虽然互相间都有强烈的情感，但在他们的理想与信仰方面存在着迥然相反的分歧。这场戏双方都动情了：第一句牛虻说了两遍"如果你爱我"，到第二遍说"爱"字时忍不住内心的痛苦，满含泪水用"泣语"说出，使我们感到亚瑟对神父是有多么深厚的情感。牛虻强硬鲜明的态度让神父也哭了，这里显然必须用"泣语"。神父的哭声，也使牛虻动情了，演员在这里又使用了"泣语"，但是马上控制住了自己的感情，用高昂的极有鼓动的语调道出了"跟我们一起去……"，但说到"我们的生活"，又有些压制不住自己的情感，最后两个字又出现了"泣语"。整段对白演员充分利用"泣语"技巧，将两个人极其复杂的情感矛盾较准确地体现了出来。

六、模拟

"模拟"是指为了将作品中的环境、气氛描绘得更加生动，人物更加鲜明，对大自然的现象以及飞禽走兽的声音、鬼哭神吼加以描摹，有时甚至采用口技的手段进行润色（一般多用于近似故事的小说或神话寓言）的技巧。它的要领是：

抓住感觉和形象，音色音量要恰当。
不求逼真求神似，语气语调要跟上。

有一篇寓言《禽言兽语》是进行"模拟"训练的极好的教材：

狮子的训词：除我以外，谁配做王？！
鸭子的宣言：各有各的走法。
猪的理想：吃饱睡足。
黄鼠狼的心愿：所有的鸡窝都别关门！
猫的条件：一条鱼换一只老鼠！
老鼠的决议：把猫拖进洞里咬死。
乌鸦的抗议：天下黑的就只有我们吗？
狼的计划：明天弄张羊皮披上。
熊的骄傲：虽说笨点，但有力气。
母鸡的经验：宣传工作要跟上。
猫头鹰的呼吁：要重心灵美。
牛的遗嘱：别太忠厚了。
骡子的感叹：还是出身要紧。
驴的哲学：别把磨拉完！
泥鳅邀请鸟儿：到水里来吧！
一只从屠宰场逃出来的猪教导猪崽们：赶快减肥！

这篇寓言朗诵时所采用的音色应该是丰富多彩的，语气语调也必须是各色各样的。我们要想较好地朗诵它，一定要从形象、特征出发，基本功一定要扎实，气息运用得要好，声音的控制一定要适当。我们不妨借鉴戏曲中的花脸、小生、旦角、丑角，以及声乐中的男中音、女高音，或者口技中的一些技巧。如果超出了自己的生理承受能力，那就毁了自己的嗓音了，千万不可毫无技巧地憋得脸红脖子粗地一味从外部模仿。

经典神话小说《西游记》大家都百读不厌，百听不厌。如果我们朗诵这部小说中孙悟空与猪八戒及一些妖精的形象时就不得不采用一些"模拟"的技巧。孙悟空是猴儿，猴语速快且声音尖，因此就需用高音，有时甚至带些假声。而猪八戒是猪，语速缓而声音低，因此要用低音，胸腔共鸣加强，语调呆傻。至于一些妖精更需要弄清是何兽所变，尽可能地朝那种动物的声音靠。

要把格林童话《不莱梅镇的音乐家》朗诵好，也离不开"模拟"技巧。这里，有驴子、狗、猫和公鸡，四种动物、四种音色、四种语调：驴叫、猫喊、鸡鸣、狗吠。于是这童话就热闹起来。

运用口技或象征性的模拟风声、雷声、雨声、枪声、汽车声……只要有利于对作品环境气氛的描绘都应尽可能地采用这种技巧。不过应注意的是要与作品的风格、基调协调一致，不可喧宾夺主，不然反而弄巧成拙。

【思考与训练】

这些气息类和音调类的特殊技巧你朗诵时用过吗？请举一两个你所用的案例，并说明你是怎样运用的？为什么运用这些技巧？效果如何？

练就了基本功，掌握了各种技巧，最终目的是要运用于朗诵艺术实践之中。为此，我们还须论述朗诵诗歌、小说、散文、寓言和剧本五种文体作品的不同要求。

不同的文体具有不同的特点，因而不同的文体朗诵也各有其要求，但这些要求只是相对而言的，有时也仅仅是程度上的差别。而同一种文体由于内容、形式乃至风格上的差异又会使朗诵有一定的区别。因此，我们阐述不同文体作品朗诵的要求，也只能是就某一种文体的共性而言。

第一节　诗歌朗诵

诗歌是朗诵中最为常见的文学样式。它高度集中概括和反映社会生活，饱含着作者丰富的思想感情和想象，语言精练而形象性强，并具有一定的节奏韵律。根据诗歌的特点，朗诵者必须做到：代诗人倾吐心灵，把听众引入诗境，将诗中内涵展现，为诗句"谱曲配乐"。

一、代诗人倾吐心灵

众所周知，"诗贵乎情"。高尔基在《给青年作者》一文中说："真正的诗——往往是心底的诗，心

底的歌。"它是诗人透过生活表层，抓住事物本质，经过精心选择和提炼，以自己强烈的爱憎感情熔铸而成的艺术结晶，它比其他文体在情感表达方面更加集中、更加浓缩、更加鲜明。因此，朗诵者在朗诵时，就要更加注意对作品中的情感的充分表达，代诗人倾吐心灵。

那么，怎样才能做到这一点呢？

出口前，充分酝酿情感 既然朗诵者要代诗人倾吐心声，那么在即将朗诵时，无疑一定要集中思想，深切地去感受所要朗诵的那首诗歌中所蕴藏的巨大热能，设身处地去体验诗人那似火一般燃烧的灵魂，按照本书第二章第二节的基本要求，唤起如诗人写诗时那种不可抑制的激情，然后才能开口朗诵。正如有位演员所说的那样："因为诗歌从第一句话开始就充满着熊熊燃烧的情感，所以我总觉得朗诵诗歌酝酿情感的时间要比朗诵其他文体来得久。我必须花很长的时间，很大的精力，使自己此时的创作状态达到与诗本身所具有的强烈情感相一致的程度。"这位演员的体会是十分确切的，它具有一定的普遍性。

现以朗诵刘琦的短诗《路》开始几句为例：

> 路，尽管已经三年没有见着你，
> 路，尽管已经三年没有踩着你，
> 但并不觉得你离我远了。
> 虽然我只有一条失去功能的腿，
> 虽然我没有双手，又失去双目，
> 可我没有感到前途渺茫，走投无路。

朗诵这首诗，在诗句出口之前就应该用较长时间充分酝酿，深刻感受诗人失去四肢与双目，面对着常人在无法承受的艰险道路上，如何以非常人的毅力，一步步走过来的顽强精神。一定要唤起对生活无比热爱，对前途充满无限希望的强烈激情，使自己的创作状态达到一定的热点，然后朗诵出的言语才会具有较浓的感情色彩，才能使听众通过你的朗诵触摸到诗人那滚烫的心灵。

同样表现了主人公在人生道路上与病魔做斗争这一顽强精神的由藏族作者才旦创作的小说《路》，朗诵前就无须像朗诵刘琦这首诗那样花很长时间、花很大的精力去调动自己的情感了，这与朗诵刘诗时的创作状态有明显的区别。这固然是因为小说的开头常常以叙述性交代为主，但最根本的原因还是由于小说的情感一般不如诗歌那样集中、那样强烈。比如朗诵小说《路》开篇几句：

> 吃罢晚茶，收发员老旺干递给我一封信，我搓搓泥手，老眼昏花地端详了落款的地址：××市体育学院。我望着陌生的落款地址心里说：怕是投错了吧。可一看收信人，却明明写着"加贝老师收"……

很明显，朗诵这几句只需要用较平和的情绪，较素淡的感情色彩叙述清晰就行了。

瞿弦和与张筠英在中央人民广播电台朗诵过纪宇的诗《风流歌》，第一句就让听众感到一股热浪扑面而来，情感非常强烈。以后电台播放了他们谈朗诵这首诗的体会，也提及朗诵开头几句的处理方法。他们边谈体会边朗诵，然而同样是在朗诵这首诗的开头，听来却显得缺少一种情感威慑力，与他们正式朗诵《风流歌》时大相径庭。很显然，前者开口之前他们做了充分酝酿情感的准备工作，后者由于场合和需要的不同，他们没有长时间进行感情酝酿。

有些人朗诵时，由于对诗句早已倒背如流，往往忽视出口前的这一必须认真对待的准备工作，结果往往缺乏情感的爆发力，缺乏真情实感，最终陷于空喊干吼之中，感染不了听众。

出口后，强化言语节奏 朗诵诗歌时仅仅感受到了诗人那蕴藏在

诗中的激情还远远不够，还要运用言语技巧将其鲜明地倾吐出来，动于衷而形于外。著名美学家朱光潜说："节奏是传达情绪的最直接而且最有力的媒介。"① 因此，通过对诗句节奏的强化，去充分体现诗人如水般或"怒而相凌"，或"舒而如云"，或"蹙而如鳞"，或"疾而如驰"，或"其乱如雾"的各种"殊状异态"的情感起伏，让这种起伏在听众的心壁产生同步效应，引起共振，这样才能真正代诗人倾吐心灵，才能朗诵好诗歌。

瞿弦和与张筠英朗诵纪宇的《风流歌之一》之所以获得成功，其中很重要的原因就是他们通过对节奏的强化，把诗人的心灵充分地倾吐出来，从而感染了听众。现以他们朗诵《风流歌之一》开头的一段为例：

> 风流哟，风流，什么是风流？
> 我心中的情丝像三春的绿柳；
> 风流哟，风流，谁不爱风流？
> 我思索的果实像立秋的石榴。
> 我是一个人，有血，有肉，
> 我有一颗心，会喜，会愁；
> 我要人的尊严，要心的颖秀，
> 不愿像丑类一般鼠窃狗偷！
> 我爱松的高洁，爱兰的清幽，
> 决不学苍蝇一样追腥逐臭。
> 我年轻，旺盛的精力像风在吼；
> 我热情，澎湃的生命似水在流。
> 风流呵，该怎样把你理解？
> 风流呵，我发誓把你追求。

---

① 《诗论》，第130页。

他们采用了"大起大落，大幅度变化的节奏"，以便更强烈地体现"诗人的全部热情"和"诗人对青年一代寄予无限的希望与同情"，以及青年一代的朝气和"年青一代渴望风流，追求风流的积极向上的强烈的心愿"。

开始几句他们运用男女声频繁交错的类似回声的手法，以力度与速度相结合，体现诗人听到来自四面八方的青年人对风流的呼唤时兴奋的心情，这呼唤的声音汇集成声浪，冲向田野，冲向高空，冲向人们的心头，久久回响……这"回声"是情感的强化，心灵的震荡，最后又集中在他们的合诵"谁不爱风流？"这句话上，倾吐了诗人代表一代青年的心声。接着，他们又根据诗句的不同内容和诗人在其间的不同的情感，处理得有快、有慢、有强、有弱，节奏鲜明而多变。比如"我要人的尊严，要心的美好，不愿像丑类一般鼠窃狗偷！"张筠英稍稍加快了语速，也加强了内心节奏，倾诉了青年人对"尊严"与"美好"的维护，对"鼠窃狗偷"丑恶行为的蔑视。下面一句"我爱松的高洁，爱兰的清幽，决不学苍蝇一样追腥逐臭"，瞿弦和却转而变为较舒缓的节奏，像徐徐微风，幽幽蓝天，既表现了青年人高尚、纯洁的追求，又表现了对苍蝇那样"追腥逐臭"一类人的轻蔑情感。马上张筠英又以渐进渐强的手法推进节奏，诵出"我年轻，旺盛的精力像风在吼；我热情，澎湃的生命似水在流"。我们感到朗诵者似乎已压抑不住内心的激情，满腔热情在熊熊燃烧。这时，瞿弦和又极力控制住自己的情感，以"紧拉慢唱"的节奏诵出："风流呵，该怎样把你理解？"似是向人们提出问题，又像是不满足自己对"风流"的以上理解。他希望听众和他一起进一步思索，这思索更激起了朗诵者对"风流"的强烈追求。末了，张筠英以坚定有力的节奏结束了这一小段的最后一句："风流呵，我发誓把你追求。"从短短的十四行诗句，我们可以感到朗诵者为了代诗人倾吐心灵，他们运用了一系列强化节奏的技巧——"回声"，加强了心灵的震荡，多变的节奏体现了

第五章　各种文体的朗诵艺术

145

情感的跌宕起伏，渐进的手法使情感逐步加强加深。

在朗诵诗歌作品一开始的短短几句中，节奏变化的频率就需要如此之大，手段如此之多，这是其他文体的朗诵所不可比拟的。

我们曾见到一些被人称为"热水瓶式"的朗诵者。他们朗诵诗歌时有着强烈的情感，却缺乏强化节奏这种表达情感的表现手段：朗诵时，尽管浑身热血沸腾，甚至热泪盈眶，然而言语节奏单调、乏味，如同屋檐滴水一般。因此，再激动人心的诗篇，也打动不了听众。

二、把听众引入诗境

古人说："诗中有画，画中有诗"，"诗传画外意，贵有画中态。"诗人借助丰富的想象，把周围的客观事物和主体感受赋之于一幅幅鲜明而生动的图景，展现在朗诵者的面前。因此，朗诵者在朗诵时也必须把这"诗中画"，通过有声语言展现在听众面前，使他们如同进入诗境一般。

怎样才能将听众引入诗境呢？

树立内心视象，设身临诗境　当朗诵者用言语向听众描绘某一人和事物时，首先要在自己内心中树立这一事物的清晰图像，而且要"投入"这一图像中。只有自己"看到"了这一事物的清晰图像，又如临其境，才能使听众"看到"它，才能将听众引入其境。如果自己心中无物，或者置身于这一事物之外，那么听众脑海中也必然空空，更谈不上设身处地了。一位经常在电台朗诵的演员，曾对我们谈起他在朗诵诗歌时的一个习惯。他说："我喜欢将录音间的光线搞得暗一点，仅亮着一盏小台灯就行了。这样，我抬起头来就不会受到原先室内的强光、墙壁的色彩及其他物体对我开展想象的干扰了，此时我脑中出现的只是诗中的画面，仿佛那醉人的诗句一下子就笼罩了我的全身，自己很快便彻底置身于诗境之中了。当处在这种最佳创作状态下朗诵诗歌时，其结果，听众也就会比较满意。"这位演员的习惯与经验，说明朗诵时尽一切方法使自己树立鲜明的内心视象，并沉浸在诗境之中，这对朗诵好诗歌是十分重要的。

比如朗诵贺敬之的诗《桂林山水歌》，就应该随着诗的内容，运用本书第二章第三节中所阐述的丰富想象的技巧，"状难写之景如在目前"，一下子看到"青山""绿水""白帆""红旗"这些画面的绚丽色彩，沉浸在这"江作青罗带，山如碧玉簪"（韩愈诗句）的美妙画境之中。当朗诵到"大地的愁容春雨洗，请看穿山明镜里"，就可以借助徐悲鸿笔下的《漓江春雨图》加以丰富想象，使"漓江春雨"展现在眼前，听众置身于其中。朗诵诗中其他一些诗句时，也可以借助桂林山水的照片或介绍桂林山水的文字展开想象，使眼前出现酷似一位老人披着风帽，翘首南望，须眉毕现，神态如生的"老人山"；出现玲珑通透，洞门面江，临江有"悬空而下，状若浮柱"的奇特试剑石的"还珠洞"；出现岩洞雄伟深邃，玉雪晶莹，洞内景物奇幻多姿，琳琅满目，十分壮丽的"七星岩"；出现平地拔起，孤峰矗立，四壁如削，挺拔秀丽的"独秀峰"……朗诵者仿佛亲临此地，正饱览着桂林山水的美景，完全投入了"如情似梦""神姿仙态"、情味隽永的人间仙境之中。

渲染朗诵语调，言语更形象　朗诵者树立了内心视象，使自己沉浸在诗境之中，朗诵时，就能言之有物了。然而如果我们不对朗诵的语调给予艺术的加工、渲染，就不足以将所描绘的形象更鲜明地体现出来。因此，我们还要渲染语调，使声音化成色彩，变为形象，让听众的听觉负载着诗中的文字意义，产生移觉作用。这样，朗诵者就可以成为一名"言语画师"，使听众能更清晰地看到诗中所描绘的情景、状貌，如临其境，从而步入深邃的诗境之中。

著名话剧演员张名煜曾朗诵唐朝山水诗人王维的著名诗篇《使至塞上》，他就是通过恰当地渲染语调，使诗歌中所描绘的图景更加鲜明、形象：

单车欲问边，属国过居延。　　（首联）

征蓬出汉塞，归雁入胡天。　　（颔联）

大漠孤烟直，长河落日圆。　　（颈联）

萧关逢候骑，都护在燕然。　　（尾联）

张名煜曾对我们谈起他朗诵这首诗的艺术处理。他说："唐代诗人王维自称为'宿世谬词客，前身应画师'。他的诗以色彩明丽而著称。因此我就更注重通过语调的艺术处理来体现诗的意境，使听众能领略到这幅诗画。朗诵首联'单车欲问边，属国过居延'，我采用了稍平的语势、较轻的声音、缓慢的语速来描绘一幅轻车简从的使臣由远而近向边塞驶去的图景。仿佛周围的气氛宁静极了，似乎只听到车轮缓缓向前时轻轻滚动的声音。朗诵颔联出句'征蓬出汉塞，归雁入胡天'，我语势逐渐上扬，声音也随之加强，音色变得较为明亮，以此展现蓬草伏地一片开阔的景象；对句，我语势逐渐下抑，声音也随之由强而弱，音色也变得发暗，以此渲染大雁鸣号、掠过胡天这一异常肃杀悲凉的气氛。朗诵颈联'大漠孤烟直，长河落日圆'，我着意将'大''孤''直''长''落''圆'这几个字点送清楚，声音的高低强弱交替出现，以此突出有声语言的形象色彩，来描绘脚下那片开阔无垠的沙漠，头上青冥浩荡不见底，只有一缕直冲云天的孤烟的壮美景象，展现那与天相接的长河，以及那渐渐下落的夕阳的火红色彩和浑圆体态，仿佛它在荒凉中给人带来了一点生机和欢悦。朗诵尾联'萧关逢候骑，都护在燕然'，我起音较低，并以稍平的语势、缓慢的语速、渐轻的声音来描绘一幅轻车简从的使臣越走越远，最后消逝在那边塞的深处，奔向那刀光剑影的前线这一图景。"

从张名煜的体会中，我们可以看出他对语调的渲染是非常重视的。他朗诵这首诗歌时，对每一句语调的处理都做了仔细的揣摩推敲，甚至一字一词也不放过，因此他朗诵的言语获得了很强的形象感，将听众不知不觉地引入了诗境之中。

三、将诗中内涵展现

诗除了情感充沛和形象鲜明以外，还有一个不同于其他文体的显著特点：凝练。这不仅表现在语言上，而且表现在内容上。古人曰："诗，则酿而为酒。"很自然，诗歌朗诵势必要体现丰富的内涵，把一行行如同醇厚浓酒的诗句奉献给听众。

那么怎样才能做到这一点呢？

深入挖掘　著名话剧演员赵韫如在《诗朗诵的甘苦》一文中说过，"诗的语言是所有文学体裁中最简练的，它省略了许许多多的文字"。这些没有写出来的文字，就是它的含义。这就有待朗诵者去挖掘，直到心里出现比诗歌多好几倍的词句，使句与句之间、段与段之间没有空白点方能朗诵。

比如朗诵被称为杜甫生平第一快诗的《闻官军收河南河北》：

> 剑外忽传收蓟北，初闻涕泪满衣裳。
> 却看妻子愁何在，漫卷诗书喜欲狂。
> 白日放歌须纵酒，青春作伴好还乡。
> 即从巴峡穿巫峡，便下襄阳向洛阳。

从字面上我们就可以看出，这首诗与诗人大多数低沉愁苦或含有讽喻的诗作不同，全诗充满着一种兴奋欣喜的心情，节奏流畅明快，几乎可以一气呵成。但我们要朗诵好这首诗，要体现诗中丰富的内涵，必须做好深入挖掘诗中含义的工作。

当我们朗诵首联和颔联时，一定要了解到诗人当时正是在冒着生命危险逃离长安，躲避叛军的纠缠，饱受安史之乱的痛苦，就在这毫无思想准备的情况之下，听到这喜出望外的消息。那么朗诵时就会在"忽"和"初"这两个时间副词上给予强调，就会在"却看""漫卷"

这些动词上加快语言节奏，就会在"涕泪满衣裳""喜欲狂"这些表现诗人强烈感情急遽变化的语词上着意渲染。把以上复杂的时代背景、丰富的思想内容，全部浓缩在我们吐出的每一个字上，充分表达出诗人"落泪"和"狂喜"的丰富内涵。同样，当我们朗诵颈联和尾联时，如果能透过字面，熟悉诗人虽然坎坷但始终忧国忧民的一生，那么朗诵时，就可以一声寓万意，将"从""穿""下""向"几个字念得特别轻快，仿佛乘坐一叶扁舟，正顺流而下，充分表现诗人当时一听说叛军平息，便归心似箭，急于要返回故里，想看望家人和乡亲的迫不及待的心情。总之，全诗只有56个字，但我们脑海里却要藏有一段安史之乱的历史，了解杜甫的生平档案。

朗诵杜甫的这首诗，如果不进行深入的挖掘工作，光从字的表面来理解，当然也可以表现出诗人的兴奋心情。但这种兴奋的程度，显然要浅得多，更无法体现诗人深沉的一面，而朗诵的技巧也同样不会用到点子上，这样，朗诵的艺术效果就差得多了。

找出潜语　为了将从字里行间、词前句后挖掘出的丰富内容体现出来，还必须找出某些诗句的准确潜语，使听众通过你的有声语言获得诗句后面更多更深的含义。

曹雷朗诵过一首美国黑人诗人朗斯顿·休士的诗歌《光脚歌》。她为了要体现诗句的丰富内涵，不仅对这首诗歌做了大量的挖掘工作，还找出了朗诵这些诗句的各种潜语。这首诗以美国黑人小姑娘向自己的爸爸乞求买一双新鞋的故事，反映了美国黑人悲惨的生活。全诗分三个段落，每个段落都有两次呼叫"爸爸"。这六次呼叫"爸爸"，曹雷找了六种不同的潜语。第一声呼叫，曹雷设想小女孩当时是坐在一个小破木凳上，眼睛看着自己露出脚指头的破鞋，像是受了委屈，以"爸爸，我有不好意思开口的心里话要跟你说"的潜语，小声地对站在自己身边的爸爸叫着"爸爸"。可是爸爸好像根本没有听见，于是她把声音放大些，提醒爸爸来看看这双破鞋，以"你怎么没有听见啊"的潜语，道出了第二声"爸爸"。爸爸看了她一眼，慢慢地走到窗口去了。小姑娘有些生气了，向爸爸撒娇，再以"你倒是听着呀"的潜语，道出第三声"爸爸"。可是爸爸仍然没有理睬她。她急了，跑过去，以"你为什么不理睬我的"潜语，又气又急地道出第四声"爸爸"。爸爸在房间里来回地走着，最后，爸爸扶着小姑娘的双肩，含着眼泪，叹了一气，仍然一句话也没有说又背过身去了。小姑娘明白了，她以"你是不是有极大困难和极大痛苦，无法告诉我"的潜语，用探寻的口气道出第五声"爸爸"。当她看到爸爸微动的双唇颤抖着，却说不出一句话时，小姑娘似乎突然变成了一个懂事的大姑娘，她以"你不要难过，我明白你的苦衷"的潜语，用安慰的语气道出了最后一声"爸爸"。这样，曹雷以不同的潜语产生的不同的语调，六次呼喊"爸爸"，而每次呼喊，尽管只有两个字，可每次每字都诵出了小姑娘思想发展的细微变化，体现出了诗句深藏的含义。

我们也曾听过其他人朗诵这首诗。他们把诗中出现的六次"爸爸"呼叫声，朗诵得一个调门、一个语气，没有任何变化。大家很难听懂他们六次呼喊的原因，自然也很难听出"爸爸"两字后面的丰富内容。

四、为诗句"谱曲配乐"

诗歌之所以受到人们的喜爱，不仅是因为它感情强烈，意境深邃，内涵丰富，而且还因为它在形式上富有音乐的美，能使人产生赏心悦目之感。作曲家何占豪就曾对我们说："在诗歌中，诗是音乐的内容，音乐是诗的形式。诗与歌是一对不可分割的孪生姐妹。"因此，要朗诵好这种文学样式的作品，就必须展示优美的韵律，显现出它的音乐性，把诗的韵味准确地表达出来，浸润到听众的心灵深处，使他们可以长久受用不尽。

如何展示诗句的优美韵律呢？

延长音节　诗朗诵需要沿袭"咏"的传统，每一个字的音都要求

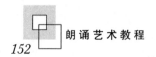

比朗诵其他文学体裁的作品时来得长些。这样既可以充分显示汉语四声的特点，听来抑扬分明，又可通过"咏"，把诗歌中的"意味""气势""骨力""神韵"玩索出来，咀嚼出来，准确而形象地表达出来。

比如孙道临朗诵李白的《静夜思》：

> 床——前——明——月——光——，
> 疑——是——地——上——霜——。
> 举——头——望——明——月——，
> 低——头——思——故——乡——。

显然，这与他在为电影《王子复仇记》配音的言语有着天壤之别，每个字音都做了相应的延长，显得抑扬很清楚。听了孙道临《静夜思》的朗诵，我们感受到了诗的意境，仿佛看到了诗人面对皎洁的明月，孤独一人思念着故乡的山山水水，思念着故乡的亲人的情景。如果朗诵时，如口语一般，既无法表达出这丰富的内容，也失去了诗的意境，失去了诗的神韵美。新体诗也是一样。前面我们谈到的瞿弦和与张筠英朗诵的《风流歌》虽不是"静思"，但也是以"长音"的形式，将诗内所蕴藏着的内容和情感体现了出来，比如其中一段：

> 我是一个人——有血——有肉——，
> 我有一颗心——会喜——会愁——；
> 我要人的尊严——要心的颖秀——，
> 不愿像丑类一般——鼠窃狗偷——！
> 我爱松的高洁——爱兰的清幽——，
> 决不学苍蝇一样——追腥逐臭——。

很显然，这里很多音节都要比其他文体作品朗诵得长一点。

亮示节拍 诗歌的每一句都有明显的节拍，形成大体整齐的若干音组。朗诵时就应该按其音组进行有规律的停顿（这种停顿有时会破坏词语的结构，这时应仔细斟酌，既不要影响语意的表达，又尽可能照顾到诗歌的整齐节拍），以显现诗歌所具有的优美韵律，听来顿挫有致。

比如朗诵王之涣的五言绝句《登鹳雀楼》，每一句可分为三个音组，形成三次停顿：

> 白日 | 依山 | 尽，
> 黄河 | 入海 | 流。
> 欲穷 | 千里 | 目，
> 更上 | 一层 | 楼。

新体诗比较自由，没有像旧体诗那样的规范的节拍，但仍然是大体整齐的。即使在戏曲中有些"散板"的唱腔，唱起来比较自由，但它也不能失去节拍，不能"无板无眼"地乱唱。新诗比起"散板"来，总还要整齐得多，所以也需要亮示节拍才是。比如我们朗诵《何必为年龄发愁》这首新体诗：

> 春天的后面 | 不是秋，
> 何必 | 为年龄发愁？
> 只要在秋霜里 | 结好你的果子，
> 又何必 | 在春花面前 | 害羞？

朗诵第一、二、三句，各可分前后两大节拍，第四句分为三大节拍。这样既整齐，又有变化，显现了诗的韵律美。当然每首诗的节拍不是固定的，它应随着内容的变化而变化。朗诵者一定要根据内容来确定

停顿的地方，找到它的节拍。而且节拍的划分，同一首诗也不能绝对化，可以有不同的处理，但应以不读成破句为前提。

显现韵脚　诗歌大多是押韵的，朗诵时将其韵脚念得稍强调一些，让人听来和谐优美、委婉动听，这也是显现诗歌音乐美的一个重要方面。诗人臧克家说："押韵是加强节奏的一种手段，有如鼓点，它可以使诗的音调更加响亮，增加读者听觉的美感。在比较长的诗里没有韵的话，容易引起一种疲劳感，读者心理上得不到预期的一个落脚处。"[1] 他说的是写诗，而我们朗诵诗时就更应该把原诗所具有的"鼓点"敲响，显得回环有律，使听者为之兴奋而不感到疲劳，从中获得美的享受。

比如我们朗诵陆游的《梅花绝句》其十：

> 山月缟中庭，
> 　　　　△
> 幽人酒初醒。
> 　　　　△
> 不是怯清寒，
> 愁踏梅花影。[2]
> 　　　　△

这里的"庭""醒""影"就是韵脚，要诵得明显一些，给听众以听觉和心理上的满足。

再比如朗诵流沙河写的《电车上的小姑娘》：

> 早晨，一个小姑娘
> 　　　　　　△
> 默默地读着一本书，
> 在拥挤而又喧嚣的电车上，
> 　　　　　　　　　　△

---

[1]　臧克家:《学诗断想》，北京出版社，1962年，第7页。
[2]　△为韵脚符号。

电车左右摇摆，

乘客上下匆忙，

她沉醉在书里，

像牧羊女沉醉在渺无人烟的草原里一样。

　　这里的"娘""上""忙""样"也是韵脚。虽然"娘""上"都是
轻声字，在这里也应该稍稍强调些，敲响听众心中的"鼓点"。当然，
如果用加重的方式来显现韵脚，则要求自然地加重，决不能为加重而
加重，导致与前面的音节不和谐。

　　以上谈的"延长音节""亮示节拍""显现韵脚"，都是为了在朗
诵时，能将诗歌的音乐性得以充分地体现。但是如果只注意其音乐
性，片面强调节拍鲜明、铿锵有力、音色洪亮、音韵和谐，而忽视
了作品的思想内容，千篇一律，则会出现拿腔拿调的所谓"朗诵腔"
了。诗的音乐性必须从属于诗的思想内容，思想情感与诗的音乐性是
相辅相成，缺一不可的。朗诵者一定要"因情赋声，以声传情"，达
到声情并茂的要求。

第二节　小说朗诵

　　小说是文学的一大样式。它通过完整的故事情节和具体环境的描
写，塑造多种多样的人物形象，广泛地多方面地反映社会生活。如何
根据这些特点朗诵好小说呢？朗诵者应该着重做到：言语要自然，情
节要推进，景物要清晰，人物要鲜明。

一、言语要自然

　　小说的语言与诗歌的语言不大相同，它不像诗歌具有那么有规律
的节拍和韵律，一般来说，它与生活的言语比较接近，特别是其中

的对话就更加近似口语。因此,我们朗诵小说时,自始至终要做到自然。

如何才能做到这一点呢?

追求生活化 小说的语言与生活的言语比较接近,所以朗诵小说首先必须追求言语的生活化。

比如,朗诵小仲马的小说《茶花女》中下面一段内容:

> 她这样爱我,使我喜欢得直流眼泪,泪水盖满了她的双手。
>
> "我的生命就是你的,玛格丽特,你不用再需要那个人,我不是在这吗……"
>
> "啊!是的,我爱你,我爱你,我没有想到过会这样爱你……"

富家子弟阿尔芒,不顾社会的偏见,真挚地热恋着地位低下的玛格丽特。阿尔芒的一片深情终于赢得了玛格丽特的心。这是一段充满激情的对话,但由于受着小说语言特点的约束,我们基本上按生活中的言语朗诵就行了。绝不可一见是描写爱情的内容(尤其是描绘外国人爱情的内容),就以最能抒发情感的诗歌朗诵式的语调来加以渲染。

而朗诵英国诗人拜伦的诗《雅典的少女》,虽然同样描写爱情,其中有些句子、词语与上面的小说都有些相似,但其实是不一样的:

> 还有——我久欲尝的——红唇——,
>
> 还有那——轻盈紧束的——腰身——,
>
> 我要凭这些——定情的鲜花——,
>
> 它们胜过一切言语的——表达——,
>
> 我要说——凭爱情的一串悲喜——,
>
> 啊——你是我的生命——我——爱你——。

由于这诗一、二句押人辰韵（"唇""身"），三、四句押发花韵（"花""达"），五、六句押一七韵（"喜""你"），并具有一定的韵律节拍（一、二句可处理为三拍，三、四、五句可处理为两拍，第六句可处理为四拍），朗诵时要求适当地显现韵脚，延长音节，亮示节拍，显然这就不同于以上小说的朗诵了。

总之，小说由于作品的语言特性所决定，只有以生活化的言语来朗诵，才会做到自然，才会使听众相信小说的内容是真实可信的，让他们随着朗诵者的声音、言语展开想象，感受到作品所体现的思想和情感，从而得到教益。千万不能给人留下拿腔拿调、矫揉造作、脱离生活的不真实感，否则就会起到反效果。

不要忘记听众　生活中，我们与他人交谈时，言语必然是十分自然的。而当独自一人完全陶醉在某种情感之中，有时会情不自禁地以诗朗诵似的言语将这种情感抒发出来。因此，朗诵小说时的对象感越强，言语就越自然、越口语化，切忌自我陶醉。有些人在朗诵小说时常常忘记听众，自我沉浸在小说的情节之中，结果，不由自主地就出现了一些不必要的拖腔拖调。这样，人们听起来就会感到不亲切、不自然，仿佛在朗诵者与听众之间出现了一堵无形的墙，阻碍了相互之间的情感交流。所以，小说朗诵要特别注意与听众交流情感。朗诵者的心与听者的心紧密地串联在一起，形成一条无形的线，朗诵的语调就容易变得亲切、自然。而亲切、自然的语调必然使听者容易接受，也愿意接受小说的每一个内容、每一句话。这样，这些内容、话语才会在听者心中引起共鸣，使他们的情感随着朗诵的内容、话语的变化而变化。

即使在广播中朗诵，眼前虽没有听众，也不可忘记他们，不可自顾自地去朗诵，而要发挥自己的想象能力，用"假设对象"来增强朗诵的对象感。郭冰曾对我们谈过他在这方面的体会，他说："我在电台录音室朗诵小说时，心中永远想到在千家万户的收音机旁有无数的

青年男女、小朋友、老伯伯、老妈妈，他们正聚精会神地听着哪！只有这样，我朗诵的言语才会更口语化、自然，更能吸引听众。"梅梅也曾对我们说："我在电台录小说，总是想象有一个小朋友坐在我的身边，我的每一句话都要让他听进去、听清楚、听明白。什么时候忘记了这一点，朗诵的言语就显得不够亲切、不够自然了。"是的，正因为梅梅牢牢地抓住了这一点，小朋友们才这样爱听她的朗诵，亲切地叫她梅梅姐姐。

适当更动文字　为了使小说朗诵更好地做到言语自然、生活化，朗诵者可以在不影响原作内容的前提下，对某些文字做适当的更动，使之更合乎听觉习惯，层次更清晰，情节更紧凑，言语更连贯、更生动，更有利于人物形象的塑造。比如，小说中常常在人物语言的后面或中间，有"某某某说"这样的文字，必要时我们就把它改在人物语言的前面，甚至可以将"某某某说"删掉，使朗诵更加流畅些。有时为了增加气氛，更形象地反映人物的思想感情，只要不失其本意，在原文中也可添上一些语气词和笑声、哭声，甚至增加一两句话，都是允许的。对环境气氛描绘如需要加以渲染，也可以适当运用口技或象征性地模拟风声、雷声、雨声、枪声、汽车声……不过，这一切都必须与作品的风格、基调协调一致，万万不可喧宾夺主，以致适得其反。

比如关山和赵宗婕曾合作朗诵老舍的长篇小说《四世同堂》。他们为了使朗诵口语化，对作品做了适当改动。例如第一部"惶惑"第十章中瑞全与他妈天佑太太的一段对话：

　　　"嗨嗨，你们要吃饺子是不是！"

　　　"大嫂的主意！他真有两下子，什么都知道！"

　　　"哎，嗨，搀我起来，我帮她拌馅子去，她拌那馅儿啊老太咸！"

"哎，妈你别动啊，我们有的是人！连我还下手呢！"

"你？哈哈哈……哎，还是我自己去吧！"（小说原文是解说句：妈妈笑了一下，她慢慢地自己坐起来。）

"妈！我搀着您！"（小说原文是解说句：瑞全忙过去搀扶，而不知把手放在哪好。）

"算了吧！别管我，我会下地！这两天啊，我好多了。"

以上一段对白，他们演播得那样自然、流畅、亲切。但我们对照老舍的原文一看就知道，朗诵者对原文做了一些更动。比如他们增加了一些语气词。"嗨嗨，你们要吃饺子是不是？"这里，增加了"嗨嗨"，这是因为要从前面的话题转到另一话题谈包饺子，用了语气词，就转折得自然了。"哎，嗨，搀我起来……"这里的语气词也是朗诵者加上的，这样使听众不仅能与瑞全的话有机地交流起来，也使人物形象更加生动。"那馅儿啊"的"啊"，"哎，妈你别动啊"的"哎"与"啊"等语气词的增加，都使听众感到言语更口语、更生活化了。对一些实词，朗诵者也做了适当的更动：如小说原文中"她拌馅老太咸"改成了"她拌那馅儿啊老太咸"在"馅"后面加了儿字，儿化后，就更适合听觉习惯了。此外，他们还将原文中作者描述的语言，改成了人物的对话。如小说原文中"妈妈笑了一下，她慢慢地自己坐起来"一句给删掉了，改成了妈妈的话"你？哈哈哈……哎，还是我自己去吧"；把原文"瑞全忙过去搀扶，而不知把手放在哪好"一句删掉，改成瑞全的话"妈，我搀着您"。这就使对话贯串到底，不会因为中间的"解说"而中断了应有的连贯性，而让听众仿佛就在生活中听着两人的对话似的。

以上短短的一段话，有增、有删、有改，充分地运用有声语言的特点，使朗诵更加口语化，更接近生活，更生动、更形象，让书面语难以表达给听众的东西，通过有声语言充分地表达出来了。

当然，在做这步工作时，要注意万万不可"伤筋动骨"，失去原著的风格特点，歪曲原著的思想，而弄得面目全非。

二、情节要推进

大家知道，情节是小说的要素之一，它有起因，有发展，还有高潮和结尾，有的还有序幕和尾声。从叙述的角度来说，这些情节可以是顺叙，也可以是倒叙、平叙，中间可能有插叙，可能还会有补叙。但不管情节如何复杂，朗诵者都应如同一个有经验的向导，引导着听众在迷宫中探索出一条明确的道路来。那么如何才能使情节在朗诵中做到不间断地而且是有机地推进呢？

把握好情绪转换　情节的推进，自然会产生相应的情绪转换。换句话说，是否把握好与情节相关的情绪转换将直接影响到情节能不能顺利推进。因此，朗诵者作为听众的向导，不仅要对情节的来龙去脉十分熟稔、如数家珍，而且要对以后随着情节推进而产生的情绪转换有所思想准备。也就是说，朗诵时表达的思想情绪的发展变化，必须早于所要反映的言语之前，即唤起应有的感觉情绪，才能出口朗诵。这犹如我们驾车到了十字路口，是继续向前，还是左拐，或是右转，事前都应有准备，否则将会出现措手不及的情况。如果朗诵时没有把握住情绪的转换，任其漫游，则势必使朗诵的内容与朗诵时所需要的情绪不断地出现脱节现象，把作品朗诵得支离破碎、断断续续，这也就无法顺利推进情节了。

郭冰的小说朗诵流畅连贯、绘声绘色，层层推进，给人以一气呵成的统一感。郭冰告诉我们："朗诵小说一定要注意情绪的转换，在朗诵前面一段时，对后面一段的内容和所需的相应情绪，在思想上一定要有准备。当转折时必须做到先有思想与感觉，而后产生言语；也就是先想到了，有了情绪了再说话，避免只念字而不动心或事后'追加'情绪的毛病。"

下面，我们以朗诵莫泊桑的小说《项链》中的一段，来谈谈把握好情绪转换与情节推进的关系问题。

　　有一天傍晚，她丈夫得意扬扬地回家来，手里拿着一个大
信封。
　　"看呀，"他说，"这里有点东西给你。"
　　她高高兴兴地拆开信封，抽出一张请柬，上面印着这些字：
　　"教育部部长乔治·朗蓬诺暨夫人，恭请路瓦栽先生及夫人
于一月十八日（星期一）光临教育部礼堂，参加晚会。"
　　她不像她丈夫预料的那样高兴，她懊恼地把请柬丢在桌上，
咕哝着：
　　……

　　我们朗诵以上文字的前半段内容，必然是带着一种兴奋愉快的情
绪，将玛蒂尔德的丈夫"得意扬扬"以及她"高高兴兴"的精神面貌
体现出来。但当她把请柬看完，态度突然变了。这个情绪的转变与情
节有着极大的关系，没有这个情绪的转变，就不会很自然地推向路瓦
栽夫人千方百计地借项链这一情节。因此，这一与情节有关的情绪的
转换，必须处理好。我们可在朗诵完请柬内容之后，迅速感受到路瓦
栽夫人玛蒂尔德此时懊恼的心境，调整一下自己在描绘下面这段内容
所需要的情绪，然后一改刚才较明亮的音色和轻快的节奏，以较暗的
音色、较缓的节奏、懒散的情绪诵出"她不像她丈夫预料的那样高
兴"。之后，再带着懊恼的情绪，加快节奏，诵出"她懊恼地把请柬
丢在桌上，咕哝着：……"
　　同样，在文中玛蒂尔德借了项链，在晚会上大出风头，回家后
仍在自我欣赏的一段描绘中，也有一个与情节有关的情绪上的重要
转折：

　　　　她脱下披在肩膀上的衣服，站在镜子前边，为的是趁这荣耀的打扮还在身上，再端详一下自己，但是，她猛然喊了一声，脖子上的宝石项链没有了。

　　朗诵这段时，开始要尽情地将玛蒂尔德那种扬扬自得的精神状态描绘出来。当朗诵到"再端详一下自己"一句之后，不要急于说出"但是"后面的一段话，而要感受到她突然发现项链丢失的惊恐状态，将情绪转过来之后再诵出"但是，她猛然喊了一声"。随着朗诵情绪的变化，甚至会很自然地发出一声大抽气声，使玛蒂尔德大惊失色的心理状态被浓浓地抹上一笔。如果不重视这些情节变化，在这些情绪转换处事先没有思想上的准备，那么朗诵到这些地方就会被这突如其来的变化搞得措手不及，疙疙瘩瘩，影响了情节的顺利推进。

　　处理好叙述顺序　前面已谈到小说在情节叙述过程中，有顺叙、有倒叙、有平叙，中间可能有插叙，后面可能有补叙，等等。为使听者感到在情节发展上有个清晰的线索，使情节不断推进，朗诵时就要处理好叙述的顺序。比如中间出现插叙，就要把它的插入处与原先顺叙的情节衔接好，将插叙结束处与恢复原先顺叙的情节衔接好，让听众毫不吃力地、清晰地了解到这是一段插叙的情节。下面试以朗诵小说《蓝屋》中的一个片段，来说明这个问题。

　　这个片段写的是护士长芬在高干病房里值班时，听到两位夫人对儿女婚事的一番庸俗谈话，引起了芬对自己纯真爱情的回忆：

　　　　微风轻轻吹拂着落地窗里的白纱，这令她回忆起自己做新娘时的白头纱……

接下去就是一段她回忆过去生活的插叙了。如何使"现在"的情节内容转到回忆"过去"的情节内容，不致使听众混淆不清，我们可以做这样的处理：第一句朗诵的语调较实，当诵到下面一句"这令她回忆起"的"这"字时，将其延长并逐步变虚，用带有一定气音的语调道出下面的语句，并在"白头纱"三字之前来个停顿，放慢速度，使它突出，得到强调。这就如同电影中的一个蒙太奇手段：先由一个窗纱的镜头变虚，再由虚变实时，成了一个白头纱的镜头，而后将镜头拉开，出现了一个"过去"时的结婚场景。于是这段高尚、纯真的深情回忆，正好与前面两位夫人庸俗的议论形成了鲜明的对比。最后回忆是以芬和丈夫的一句玩笑话结束的：

> 直到最近，丈夫还用半开玩笑的口气问："难道嫁给我，你后悔了。"虽然丈夫好像是在跟她无意地说笑，但她还是感到十分委屈！

这段插叙结束后，又恢复到"现在"。仍然是那两位夫人的庸俗谈话：

> "什么爱不爱的，这只是那种吃饱了没事干的小说家瞎扯的，我就不信什么爱情"……

从回忆的插叙，又返回"现在"，朗诵者的语气、语调都要有恰当的变化。这里可以这样处理：在回忆的结尾"但她还是感到十分委屈"处，声音可由实变虚，"但她"这两字还可较实，将"她"字适当地延长，接着一个停顿，停顿后以较慢的速度、较虚的声音诵出："还是感到十分委屈！"结尾的语气既要感到语言已经结束，又要感到护士长芬的沉思仍在继续着。然后，运用一个较大的停顿，声音再突然响亮起来，转到了"现在"："什么爱不爱的……"造成芬的沉思被这两位夫人的高谈阔论所打断的效果。

　　叙述的顺序无论怎样复杂多变，只要我们处理得当，都会使情节

沿着清晰的轨道不断推进，而不至于把听众带入迷魂阵，听得糊里糊涂的。

安排好语调总谱　小说情节的曲直起伏，在朗诵艺术创作中很重要的一点就是通过技巧——语调的变化来体现的。而一部作品的情节，要在朗诵艺术创作中层层推进，表现得完整，朗诵者就必须安排好与情节相应的语调总谱，即要设计好以怎样的语调朗诵才能将事情的起因交代明白，以怎样的语调朗诵才能将情节推向高潮，以怎样的语调朗诵才能将事情的结尾收得完整，等等。朗诵者事先对这些都应该有个统筹设计，朗诵时才能将情节不断推进。

著名配音演员富润生朗诵的《变色龙》在电台播放后，获得了一致好评。这与他事先能安排好语调总谱，使情节在朗诵时能不断推进有很大的关系。

小说描述了沙皇时代警官奥楚蔑洛夫处理狗咬人"案件"的事。从小说的开始到结局，随着奥楚蔑洛夫对狗主人的不断确认而产生对狗的六次态度，正是这篇作品的主要情节。因此，要想朗诵好这篇小说，使这篇小说的情节在朗诵时不断推进，事先安排好与这六次态度相应的语调总谱是个关键。下面是他为朗诵《变色龙》而精心设计的语调总谱。

第一次，当奥楚蔑洛夫"不知狗的主人是谁的"，而斥责这条狗是"疯狗"时，富润生为了表现奥楚蔑洛夫的妄自尊大，在众人面前显示威严的傲态，朗诵时加大了音量，加快了速度，增强了力度。听众从语调的变化中，就可以知道警官处理狗咬人"案件"的情节由此开始了。

第二次，当奥楚蔑洛夫听围观者说"这条狗是将军家的"，忽而亲昵地称这条狗是"小狗"时，富润生为了表现奥楚蔑洛夫的奴颜婢膝，以及他惊人的应变本领，使情节向前推进一层，朗诵时，音量由大变小，速度由快变慢，力度由强变弱。

第三次，当奥楚蔑洛夫听警察说"这条狗不是将军的"，又转口奚落这条狗是"下贱胚子"时，富润生为了表现奥楚蔑洛夫的狡黠诡诈、恬不知耻，以及他掩饰窘态的出色表演，使情节再向前推进一层，朗诵时，音量又由小变大，速度又由慢变快，力度又由弱变强。

第四次，当奥楚蔑洛夫听到一声高喊"这条狗说不定是将军家的"，反过来再吹捧这条狗是"名贵的狗"时，富润生为了表现奥楚蔑洛夫狼狈不堪、心惊胆战，以及他高超的变色本领，使情节又向前推进一层，朗诵时，不仅语速迟滞，而且好几处运用了心理停顿的朗诵技巧。

第五次，当奥楚蔑洛夫听将军的厨师说"这条狗不是将军家的"，马上又痛骂这条狗是"野狗"时，富润生为了表现奥楚蔑洛夫毫无顾忌地发泄怨气时的模样，以及他令人应接不暇的应变速度，使情节逐渐接近高潮，朗诵时，音量猛然加大，力度猛然加强。

第六次，当奥楚蔑洛夫听到将军的厨师补充说"这条狗是将军哥哥的"，他慌忙疼爱地赞许这条狗是"怪伶俐的狗"时，富润生为了表现奥楚蔑洛夫的溜须拍马、阿谀权贵、吮痈舐痔的下流、丑恶嘴脸，以及他变色的登峰造极的水平，将情节推向高潮后结束全文，朗诵时，音色陡变，并掺有很多怪声，以及咂嘴声、笑声等，音量忽大忽小，速度忽快忽慢，力度忽强忽弱。

综观全篇朗诵，富润生的语调总谱完整而有层次、有变化、有发展，使情节有条不紊地顺畅向前推进，把听众完全吸引到了小说所描绘的情景之中。

三、景物要清晰

小说中的景物一般可包括对社会环境、对自然景物和对场面的描述。景物的描绘常常起到交代背景、反映时代、烘托人物、渲染气氛、深化主题的作用。不同的景物有不同的色调，朗诵时语调也要随之变化，使其清晰、分明，达到景物描绘所应达到的艺术效果。那么

如何才能做到这一点呢?

描绘社会环境要浓淡结合　小说对社会环境的描写,有些地方是以描绘性语言为主着墨的,有些地方则是以叙述性语言为主运笔的。对这两种不同的描写,朗诵时也应有浓淡之分。以描绘性语言为主的地方,常常对社会环境有较细微、较具体的描写,朗诵处理就应相对"浓"一些,感情色彩鲜明一些,语调的变化丰富一些。以叙述性语言为主的地方,常常对社会环境有较概括性的介绍,比如交代事件发生的时间、地点、背景等。对于这些描绘,在朗诵中一定要交代清楚。交代不清,故事进展中心的细节讲得再生动,也无法使听众理解。因此,朗诵就应注意将这些叙述性语言的语调处理得相对平稳一些、"淡"一些。朗诵者虽应有一定的态度,但感情色彩不宜太强烈,节奏不宜太强太快,要尽量使听众听得字字入耳,清清楚楚。

比如朗诵老舍的小说《鼓书艺人》开头的几段,就应有"浓"与"淡"的不同处理。

> 一九三八年夏,汉口战局吃紧。
>
> 浑浊的扬子江,浩浩荡荡地往东奔流。形形色色的难民,历尽了人间的苦难,正没命地朝着相反的方向奔跑。翅膀下贴着红膏药的飞机,一个劲儿地扔炸弹。炸弹发出揪心的唑唑声往下落,一掉进水里,就溅起混着血的冲天水柱。
>
> 一只叫作"民生"的白色小江轮,满载着难民,正沿江而上,开往重庆。船上的烟囱突突地冒着黑烟,慢慢地开进了"七十二滩"的第一滩,两岸的悬崖峭壁,把江水紧紧挤在中间。

以上三个自然段,在朗诵时就应该注意将第一和第三自然段朗诵得稳缓一些,交代得清晰一些,感情色彩相对淡一些。因为这两段是情节展开的背景。它交代了时间、地点及人物的身份。而第二个自然段，则因为描绘性语言较多，较具体地反映了当时环境之险峻，人民生活的水深火热。因此，语调上要有所起伏，感情也要比一、三两段浓得多。

描绘自然景物要情景交融　小说中自然景物的描绘常常是与人物的心境和环境的气氛相一致的。朗诵时一定要体会到人物在这样的环境中的思想与心情，寓情于景，将听众也带入这样的氛围之中去，达到触景生情的艺术效果。比如小说《许茂和他的女儿们》中，有两段都是对葫芦坝景物的描写。但为了衬托四姑娘两次不同的遭遇，两段的景物描写却是迥然不同的。

朗诵时就要注意与人物的情感结合起来描绘，不可分割。

先看第一次：

> 狗吠声响彻空旷的田野，棵棵梨树把光秃秃的枝条，愤怒地指向雨雾蒙蒙的夜空……

朗诵者要将此景描绘得阴森可怕，但又含有愤愤不平的情感。因此时的四姑娘被邪恶的势力所包围，走投无路，她企图以死了却自己的一生，但又不甘心，她愤恨，她想再顽强地斗争一次，挣扎着想获得一线希望。朗诵时的声音可压低，音色偏暗，言语速度不可太快，但要有较强的力度，通过对这段自然景物的描绘把四姑娘此时的心境反衬出来。

第二次：

> 洁白洁白的雪花，悄然无声地来了，一点也不惊扰庄稼人的梦境，轻轻地落下来，飘飘洒洒，纷纷扬扬。那些黑色的屋顶，泥泞的田坎，长满枯草的斜坡，光溜溜的井台，落了叶的桑

树……不多一会儿，全被无私的飞雪打扮起来了。荒芜的葫芦坝穿上了洁白的素装，变得格外美丽，像一个白衣的少妇，身上挂着一条蓝色的丝绦，静静地站在耳鼓山下，默默地注视着幽邈的苍穹，沉思着……

此时四姑娘已获救了，她在严组长的帮助下，思想开朗了，心情舒畅了。她在思考着，思考着……很多问题她要求得到答案。可以看出景物的描绘简直有些拟人化了。因此，朗诵时要把四姑娘获救后的喜悦心情反映出来，语调要舒展柔和，气息运用要顺畅，不可有憋气的感觉，要使听众从朗诵的艺术言语中，仿佛看到面前站着的是一个曾被摧残得不成样子，如今又恢复了青春美貌的少妇形象。

描绘场面要形神兼备　小说中的场面是指一些人物在一定场合相互发生关系而构成的生活图景。它刻画人物在特定环境中活动的发展和情绪的变化，以及位置的转换，等等。朗诵时应有这些图景的清晰视象，并抓住环境中的气氛，注入情感，绘声绘色地进行描述，让听众有身临其境之感。

比如朗诵《老残游记》中《明湖居听书》一节，其中就有不少为白妞出场进行铺垫的场面描绘。下面仅以黑妞演唱完之后的一段描绘为例：

> 这时满园子里的人，谈心的谈心，说笑的说笑，卖瓜子、落花生、山里红、核桃仁的，高声喊叫着卖。满园子里听来都是人声。

朗诵时就应力求把书园里热闹杂乱的环境描绘出来，把乱哄哄的气氛渲染出来，把看客及小贩的精神面貌体现出来。这就要求声音不能太弱，抑扬起伏要大些，节奏也需较强较快。而后面白妞一出场时的一段场面的描绘就不同了：

> 就这一眼，满园子里便鸦雀无声，比皇帝出来还要静悄得多呢。连一根针掉在地上都听得见响！

朗诵这段描述文字时，应仿佛亲眼见到园子里的场面以及人物的精神状态。要注意控制住声音，不能太响，抑扬起伏不可太大，要用轻柔而舒缓的语调来处理（如果声音一大，起伏过头，就会打破了这"静悄"的气氛）。这样，就能与前面形成鲜明的对比，衬托出白妞身怀绝技的形象。

四、人物要鲜明

小说都是通过对人物性格和行动及人物之间相互关系的描写表现生活的。在描写人物时，有描绘人物语言的，有描绘人物心声的，有描绘人物肖像的，也有描绘人物动作、神态的……朗诵这些刻画人物的文字，一定要做到生动、形象、多变，充分揭示人物的风貌，使之获得鲜明的个性。

那么如何才能做到这一点呢？

描绘肖像要显示特点，如见其形　小说中描写的人物肖像（包括人物的音容笑貌、体态服饰等），都是透过外部特征的描绘，由表及里，把人物的性格特征、心理状态、经济地位及情绪变化等反映出来的。因此，朗诵者必须抓住人物肖像的特点，通过鲜明的多变丰富的语调着意渲染，显示出人物独特的外部形态来，让听众如见其形。

比如朗诵小说《蒲柳人家》中有关三个人物肖像的描绘内容，就要有三种不同的处理。

> 何大学问人高马大，膀阔腰圆，面如重枣，浓眉朗目，一副关公相貌。

朗诵时要使声音洪亮，字字铿锵有力，体现何大学问粗犷豪爽的个性。

望日莲就像那死不了花，在饥饿、虐待和劳苦中发育长大，模样越来越俊俏，身子越来越秀美。干爹和干妈疼她。一年给她做一身新衣裳，她穿上新衣裳就更好看。

朗诵时语调要力求柔中带刚，既表现望日莲的娇柔秀美，又表现她的顽强不屈。

花鞋杜四，是一条人蛆，一块地癞，抽大烟抽得瘦小枯干，三分不像人，七分倒像鬼。这两年，他入了会道门，脖子上挂着一串念珠儿，吃起了素，开口闭口阿弥陀佛。

朗诵时要态度鲜明，把对花鞋杜四的厌恶感，通过感情强调音在一些词中加以强调突出。如“人蛆”“地癞”“鬼”等。对另外一些词，如“珠儿”“素”“阿弥陀佛”给予适当夸张，以形象地描绘出杜四要赖和虚伪的一副丑恶嘴脸。

描绘动作要富于动感，如睹其神　小说中描写的人物动作，常常是反映人物心灵的一面镜子，因为人的一举一动都是受他的思想支配的，特别是在矛盾冲突中的人物动作，就更能体现人物的内心世界及他的性格特征。因此，我们朗诵时要抓住那些反映人物面貌、展示人物性格特征的动作的关键词语加以渲染，赋予其应有的感情色彩，使人物动起来、活起来，让听众如睹其神。对那些反映特征性动作的动词，以及句子中修饰这些动词的状语，尤其不可轻易放过，务必运用技巧，把它们绘声绘色地朗诵出来。

例如朗诵《孔乙己》中有两段描绘孔乙己拿钱的动作时，我们就

应对"排"与"摸"这两个对比强烈而能反映人物变化的动作，给予强调显示。

第一次是：

> （孔乙己）对柜里说："温两碗酒，要一碟茴香豆。"便排出九文大钱。

对"排"字，不能随口念去，一定要点送清楚，语调上扬一些，爽快一些，体现出他异常自负，故意炫耀"派头"的自我感觉。而后一次拿钱，则是：

> 他从破衣袋里摸出四文大钱，放在我手里；见他满手是泥，原来他便用这手走来的。

对"摸"字就要放慢，甚至有点发颤，音色也偏暗淡，要体现他身体已被摧残得不成样子，身上的钱已所剩无几，拿钱时用发抖的手慢慢地"摸"出来的状况。

《骆驼祥子》中有一段描绘祥子在暴风雨中艰难行车的情景，朗诵时也应注意如何诵好一些关键词语。比如：

> 想跑，水裹住他的腿。他就那么半死半活地，低着头一步一步地往前拽。

对"一步一步地"应放慢。第一个"一步"之后要有个停顿，似乎要缓一缓劲以后，才说出第二个"一步"。在说到"往前拽"的"拽"字时，要将其延长，要做到既用力但又不一下子将声音用尽。而后，随着声音的结束将气息全部用尽，仿佛是使尽全身的力量才能"拽"

动那辆车子似的。如果很轻松地说出这"一步一步地往前拽",就无法突出人物的艰辛和苦楚了。

《最后一课》的结尾一段,对韩麦尔先生在这最后一课即将结束之际的神态和动作进行了描绘:

> 韩麦尔先生站起来,脸色惨白,我觉得他从来没有这么高大。
> "我的朋友啊,"他说,"我——我——"
> 但是他哽住了,他说不下去了。
> 他转身朝着黑板,拿起一支粉笔,使出全身的力量,写了几个大字:
> "法兰西万岁!"
> 然后他呆在那儿,头靠着墙壁,话也不说,只向我们做了一个手势:"放学了——你们走吧。"

对"站起来,脸色惨白"一句,几乎可以用一些气音来朗诵,音量不要大,速度不要快,要体现出韩麦尔先生悲愤欲绝的情绪,"站起来"都显得有气无力的样子。对"转身""拿起"几个描写动作的词,朗诵时速度要加快,力度要加强,以显示动作的迅速、有力。在"法兰西万岁"这几个音节上,应赋以感情重音,朗诵时几乎是一字一顿,体现他写字时力量之大,几乎字字都有千钧之力似的,充分表现韩麦尔对祖国无比热爱,对侵略者无比仇恨的强烈感情。但韩麦尔先生虽然爱国,毕竟他最后还是处于迷惘、痛苦之中。因此在朗诵韩麦尔先生最后几个动作"呆在那儿""头靠着墙壁""只向我们做了一个手势"时要缓缓地、轻轻地,并稍带颤音地朗诵,以体现韩麦尔先生动作的无力以及悲愤到了极点而又极力克制住的情感。

描绘心理活动要深入"轻"出,如触其心 小说中有关心理活动的描写，是直接展现人物内心世界的地方。朗诵者要深入揣摩人物的心灵，描摹出人物此情此境的心声。要在感受的基础上将声音放轻，不要很实，有时可伴随气声，使得"内心"活动与外部动作或言语有所区别；要刻画得细腻，富有情感，具有感染力，使人听了能如触其心。

比如朗诵《苦菜花》中花子与老起一对恋人相会时的一段，就应该注意将他们当时的心理状态描绘出来。

> 花子的一只手任他使劲地握着。她觉得，那长满老茧的粗糙大手，是那样有力，那样炽热。而老起也感到她的劳动的有力的手，是那样暖和。一股强烈的暖流，通过他们的全身。这一对人，好像不是伫立在严寒的雪夜里，而是置身在火树银花的环抱之中。

朗诵时，要体会到一对爱恋的情人，在爱情之火正燃烧时的心境，语调要轻柔、亲切，并含有内在的炽热。如从表面理解，像"那样有力，那样炽热"的语句，就会用高昂的、强有力的语调来朗诵，这样就不能做到"内外有别"了。只要体会一下花子当时的心情，就会觉得这里用轻柔的虚声诵出才能体现花子的幸福感。特别是"一股强烈的暖流，通过他们的全身"一句，更要用带有一定气音的极柔和的语调朗诵，才能细腻地描绘出他们两人沉醉在幸福之中的感觉。后面一句的"火树银花"应逐渐上扬起来，以体现他们的喜悦心情，但也不要加大音量。

"独白"更是作者笔下人物直接展现心灵的艺术手段。朗诵时也要像对人物语言一样赋予个性，但又要适当地运用气声，使听者感到这是人物心中所想的或是自言自语的话，而不会误以为是相互间的对话。

比如朗诵马克·吐温的《汤姆·索亚历险记》中汤姆在思考的内容时，就应该注意这个问题。

> 汤姆咬牙切齿地想道："这个镇上随便哪个孩子都不要紧，偏偏是个圣路易的公子哥儿，那可不行！他自以为穿得不错，就算是上流人物啦！啊，好吧，先生，你第一次来到这个镇上，我就揍过你一顿，现在我要再揍你一顿才行！你等着吧，迟早会落到我手里！那我就要……"于是他做出痛打一个想象中的孩子的动作——在空中连续地拳打脚踢，还用大拇指挖人家的眼睛。"啊，你服输了吧。是不是你说'饶了我吧'。是不是？那么，这总算给你一顿教训。"这顿想象中的痛打使他心满意足。

凡是汤姆自己思考的内容，都要以汤姆的语气语调来朗诵，但是这中间的言辞，尽管异常激动，也不能大喊大叫。因为这毕竟是想象，是自言自语，是朗诵者在描摹人物的心声。

描绘语言要声口逼肖，如闻其声　小说中的人物性格是"千姿百态"的，我们处理小说中的人物语言要特别注意人物的性格，要力求做到"闻其声如见其人"，切忌"千人一声"。朗诵者是"一个人演一台戏"，因此必须使每个人物的音容笑貌、思想品格通过你语调的变化、声音的塑造，活在你的口中，活在听众的心里。有人说刘兰芳说书"集生旦净丑于一身，冶万事万物于一炉"，就是这个意思。朗诵小说虽与说评书有所区别，但如何绘声绘色地表现作品中人物的语言，这点还是相同的。

比如朗诵小说《许茂和他的女儿们》。其中许茂的几个女儿性格各不相同，就要通过不同的语调加以表现。下面我们举例说明如何以不同手段来处理这几个女儿不同的语言、不同的性格。

三姑娘——许秋云，外号三辣子，泼辣豪爽，能说会道，热心能干。小说中有这样一段描写：郑百如见风使舵，假惺惺到许家认错，想恢复和四姑娘秀云的婚事，正巧碰上了三姑娘。三姑娘说：

　　喂，刚才这些话是你自己说的哈！该没得哪个鼓捣你说哇，红口白齿吐出来的莫要将来又翻碗底哟。

朗诵这段内容的语调就应该处理得上下幅度较大，一字一句干脆利落，语速较快，如连珠炮似的，声音有力度，有棱角，音量大，音色比较粗壮。

　　四姑娘——许秀云，温顺贤惠，少言寡欢，但向往幸福，有主见。工作组决定成立一个专业队到葫芦坝去挖河，当颜组长问及四姑娘的时候，四姑娘同意报名后用发夹子挑着灯芯，好一阵子说出下面一段话：

　　今天晚上大家讨论修电站，点电灯改河造田多打粮食，这些计划全都是很好的。实现了，大家都能过上好日子……可是，我就想啦，将来什么都实现了，不愁吃，不愁穿，住砖瓦房，装上电灯，那样就算是幸福生活么？幸福两个字的意思就只是吃喝穿戴吗……哎呀，我说不清楚。

这段话就应处理得异常柔和平缓，有时有些上扬，音量较轻，音色柔美，使人感到朴实无华，又富有积极向上的气息。

　　七姑娘——许贞，爱打扮，讲虚荣，有"骄""娇"两气。当九姑娘与她攀谈人生时，她有这样一段话：

　　我想的呀，都是些最实际的事。哪儿像你们那些人，吃没吃着，穿没穿着，尽用些空话来骗自己。什么"理想"呀，"幻想"

呀，那些全都不实在。等庙子修起，鬼都走了！

对七姑娘的语调处理应是嗲声嗲气的，向上向下的滑音多一些，音色纤细一点，给人一种造作、自命清高和瞧不起人的感觉。

九姑娘——许琴，天真热情，正直向上，急于改变家乡的面貌。当爹给她们姐妹每人一份钱，四位姑娘为此而发愁的时候，九姑娘发言了：

> 不管咋说，我认为爹不把钱财看得那么重了，也是一个思想上的进步吧。我们大家应该欢迎爹的进步表现……现在，既然爹一定要把这些钱分给我们，姐妹们又感到不好接受，依我看，干脆用爹的名义把这笔钱捐献给大队修水电站。眼下，大队的资金又很困难。好不好呀？

九姑娘的语调应昂扬奔放，语速略快，声音干净响亮，富有年轻人的朝气。

朗诵小说刻画人物要做到以上四点，是否意味着像演戏一样地去演呢？不是的，演戏时演员是以"我就是这个人物"的身份来体验台词的目的、思想、情感而说好台词的。而朗诵人物语言时，则是朗诵者告诉听众作品中的张三、李四是这样说的，是"我模拟给你听"，因此我们必须要掌握好这个分寸。

比如我们朗诵小说《高山下的花环》中这样的一段。

> 我忙搬过一箱手榴弹，递给靳开来几枚。
> "拧开盖，全给我拧开盖！"靳开来吼叫着，顺手便甩出了几颗手榴弹："换枪，都快换枪！"
> ……

"隐——蔽！"只听身后的梁三喜大喊一声，接着我便被他猛踹了一脚。我一头跌进堑壕里！跟着传来"哒哒哒"一阵枪响……

我们朗诵到靳开来与梁三喜的话时，如果按照人物所处的规定情境，讲这些话就应该放开喉咙狂喊，但朗诵时则不必用那么大的音量，要控制住声音，有时甚至可以用些虚声、假声，这样处理反而能将当时的环境、气氛和人物的精神面貌显现出来。相反，如果像演戏一样去演，则会使人感到突然，不易被听众所接受。

男声朗诵小说中女人的语言，或女声朗诵小说中男人的语言，特别要注意分寸，不要去扮演。分寸掌握不当就会起反效果。

比如我们曾在一次朗诵会上，看到一位女学生朗诵《刘胡兰》片段，当朗诵到刘大麻子的言语时，她像演戏似的去扮演刘大麻子，使劲地压低嗓音，憋得脸红脖子粗（其实她永远也憋不出刘大麻子的嗓音），表现出一副狰狞的面目，并大声吼叫着："你到底说不说——？！"结果，逗得全场哄堂大笑。其实只要将刘大麻子当时的思想、动机及精神面貌，通过朗诵让听众感受到就可以了。这个分寸的掌握需在实践中逐渐摸索，才能恰到好处。

朗诵时，人物的言语必须与叙述、描绘的语言区分开来。为此，我们在朗诵人物的言语时还要掌握"跳进跳出"的技巧。当朗诵叙述、描绘的语言时，我们称之为"在外面"。当朗诵人物语言时，我们称之为"在里面"。前者犹如朗诵者"自己的"语言，要求流畅、连贯，音色统一；后者则应根据不同人物的要求，适当改变音色，以人物所特有的感觉、心理状态、语气语调进行刻画。从"外面"到"里面"要迅速，人物的感觉、性格特征、语调等要做到"招之即来"，这就是"跳进去"；而人物的言语结束后，人物的感觉、性格特征、语调等又要"挥之即去"，即刻恢复朗诵者叙述、描绘的言语，

这就是"跳出来"了。比如前面举过的小说《许茂和他的女儿们》中的一段：

> 三姑娘脸上露出明显的高兴的神采。她看着老汉，等他回答。可是老汉却闭着眼睛，没吐一个字，她便转向郑百如……

以上是叙述部分，不能带有人物的语气、语调，接着是三姑娘的性格语言出现了，朗诵者要跳进来，于是一个性格爽朗、泼辣的农村大嫂的形象展现在眼前：

> 喂，刚才这些话是你自己说的哈！该没得哪个鼓捣你说哇，红口白齿吐出来的，莫要将来又翻碗底哟！

三姑娘的话说完又是叙述语言：

> 郑百如依顺地点一点头。三姑娘好得意……

朗诵这句话时，三姑娘的语调即刻消失了又"跳了出来"。

小说中的人物对话，如果中间没有叙述性语言作过渡，就更要注意把对话各方富有性格特点的语气语调显现出来，使人一听就非常明确此话出自何人之口。其次，还要注意使各方的言语彼此"交流"起来，"你有来言，我有去语"，相互要搭上"扣"。切忌"你说你的，我说我的"各不相干的脱节现象发生。因此，当你将一个人物的语言朗诵完后，就必须即刻转到听话人物的反应、感觉，再以听话人物的性格语调道出其语言。如朗诵《鼓书艺人》中这样一段：王司令要娶个姨太太，看中了宝庆的女儿，派陶副官找宝庆来提亲，宝庆好言好语、婉言谢绝，这可惹恼了陶副官。于是引出了下面一段对话：

"可是你家里已经答应了。她还要了价呢？"

（这时，要立刻转入宝庆异常惊奇的感觉。）

"真的？您什么时候跟她商量来着？"

（即刻转入陶副官异常沉稳、自傲的感觉。）

"昨天，我去的时候你不在家。"

（然后转入宝庆惊诧感。）

"她喝醉了吧？"

（再转入陶副官极度藐视的感觉。）

"我可不能随便说你太太的闲话。"

（转入宝庆的尴尬之感。）

"啊——她说的都是酒后胡言不能算数。"

（接着马上转入陶副官异常气愤的感觉。）

"哼！我不管是不是酒后胡言，我到底怎么回复司令呢？嗯？你说？"

（转入宝庆极度为难的感觉。）

"我说老乡亲，容我回去先跟老伴商量商量。过一天一准回复，给您叫乘滑竿？"

（转入陶副官异常得意的感觉。）

"不用，我自己带着。王司令看得起我。"

可见转换人物语言时，从人物的感觉到人物的态度，以及人物所特有的性格化语调，都要迅速变换过来，做到跳来跳去，不慌不忙，过渡自然，交流有序，判若两人。

小说是比较复杂、难以朗诵好的一种文学样式，但只要从小说的语言以及人物、环境和情节出发，做到上述四点，是可以朗诵好的。

第三节　散文朗诵

　　散文是与诗歌、小说、戏剧并称的一类文学体裁。其特点是通过某些片段的生活事件的描述，表达作者的思想感情，并揭示其社会意义；篇幅不长，形式自由，不一定具有完整的故事，语言不受韵律的拘束，可以抒情，可以叙事，也可以发表议论，甚至三者兼有。根据散文的这些特点，要朗诵好散文，应该做到："散珠"中穿缀，口语中润饰，写意中刻画，漫话中阐发。

一、"散珠"中穿缀

　　散文取材范围很广，往往熔古今中外、天南地北于一炉。作者在平素的生活和日常见闻中有所触动，就随手拈来，生发开去。时而勾勒描绘，时而叙述联想，时而感情激发，时而侃侃议论，如汩汩流水，百转千回，蜿蜒盘陀。然而"形散神聚"，散文中的"神"是作者聚合文章材料的黏合剂。因此，要朗诵好散文，就必须根据散文的这一特点，做到"散珠"中穿缀，即通过有声语言将这些形似散落的材料缀连起来而达到"神聚"。

　　那么如何才能做到这一点呢？

　　定准作品总基调　　总基调是指朗诵者在朗诵艺术创作中赋予作品的感情色彩，以及由此而产生的一种和谐的语调。定准了总基调，那么朗诵那些形似散落的内容时，就可以使它们既有相对的独立性，又统一在一个整体之中，达到"嘈嘈切切错杂弹，大珠小珠落玉盘"的艺术效果。

　　比如朗诵秦牧的散文《土地》，朗诵者要从几十万年前说到现在，要从外国殖民主义强盗侵略说到海外华侨当年背井离乡，要从古代抗敌的爱国志士说到当年拦河筑坝的农民，要从《左传》说到《红旗歌谣》……正如作者所写的那样："骑着思想的野马奔驰到很远很远的地方，然后，才又收住缰绳，缓步回到眼前灿烂的现实中来。"如果，未能定准一个统一的基调，朗诵者是很难通过有声语言将这些貌似离散的人和事贯串起来的。

因此，我们在朗诵时，必须根据作者对土地母亲的真挚感情，确定深沉而纯朴的总基调，然后我们再根据文章中每一段不同的内容，制定不同的小基调。比如，朗诵到"过去，多少劳动者为了土地进行连绵不断的悲壮斗争"的内容时，可采用激昂的小基调，朗诵到"几千年来披枷戴锁的土地，一旦回到人民手里"的内容时，可采用比较兴奋的小基调。然而这些小基调都由以上总基调所统摄。这样，就会将文章中一件件事、一个个人、一段段时间、一处处地方穿缀在一起。无论朗诵文章哪一段内容，听众都会被作者对土地母亲赤诚的情感所震撼。反之，如果没有确定以上的总基调，那么朗诵以上悲壮的内容就会过于激昂而忘乎所以，朗诵以上欢悦的内容就会过于兴奋而一发难收，甚至就事论事地分而诵之，各成其调，互不关联，互不统一，被搞得支离破碎，成了一张张"分解地图"，一部部"断代历史"，使听众不知其所以然了。

再比如朗诵鲁迅先生的《藤野先生》，同样也要通过定基调来做"穿缀"散珠的工作。该文是为了怀念一位没有民族偏见、曾经给予作者极大帮助的日本医学教师藤野先生而写的，全文表现了他对师长的无限爱戴之情。因此，朗诵时必须据此确定其为"真挚而坦诚"的总基调。有了这个总基调，我们再根据文章中其他各段不同的内容定准不同的小基调。比如文章开头第一段写的是作者目睹东京清代留学生乌烟瘴气的情景，第二段写的是作者初到仙台，日本人对他好奇式的关心。因此第一段可采用轻蔑厌恶的小基调来朗诵，第二段可采用愤懑沉重的小基调来朗诵。然而这些小基调都受以上总基调的制约，朗诵时既有自己的调，又不会游离于总基调之外。这样，不仅可以把文章后面作者回忆藤野先生对他谆谆教诲、热情关心的生活片段连接在一起，而且很自然地显示出了开头两段在全文中所起的铺垫和对照作用。让人通过你的朗诵，清楚地了解到作者跟这些"头顶着富士山样隆起的大辫子"，"白天成群结队逛公园"，"晚上满房烟尘斗乱跳舞"的人一样，同是处在危难之中的贫弱的"清国留学生"。让人更清楚地领悟到藤野先生丝毫没有民族偏见，独能关心弱国的医学和学生的这种精神，在日本人当中是多么难能可贵。如果没有定准这个总基调，文章开头第一段很可能会朗诵得像讽刺小品文一样，第二段很可能会朗诵得像发泄满腹牢骚似的，让听众感到这两段与全文毫无关系，成了后面文章的多余部分。

二、口语中润饰

散文中有一类抒情性很强的作品，虽然它们不讲究齐整的韵律，也不分行排列，语言显得比较生活化，但同样创造出诗情画意水乳交融的优美意境，同样让人领略到它们语言的美妙音乐性。因此，要朗诵好这一类散文，就必须做到"口语中润饰"，即在保持散文语言特色的前提下，对它进行艺术加工。

那么如何才能做到这一点呢？

显示与诗歌的异同　当我们朗诵一篇优美的抒情性散文时，很容易产生两种极端：一种是为了表现这篇作品的"优美性"，而不顾散文本身的语言特点，用朗诵诗歌那样的语调朗诵；另一种则是拘泥于散文语言的形式，表现不出作品的"优美性"。因此，要做到既保持散文语言的特色，做到"口语化"，又要对它进行润饰，这就必须避免上述两种极端，显示出与朗诵诗歌的异同。一般来说，语言形式的差异容易把握，关键是要善于从感情、画面、音乐性三方面着手，这样才能达到耐人寻味的朴素、复杂中探求出来的单纯和极度绚丽而终于返璞归真的平淡。

比如朗诵袁鹰的《岚山花雪》这篇散文下面一段内容，就要显示出与诗歌的异同：

> 花雪、花雪……生前，满树生辉，红的如朝霞，粉的如胭脂，白的如碎玉，使人陶醉，使人振作，使人精神焕发，使人心旷神怡。待到随风而去，落英缤纷，留给人间的依然是美的升华，生之赞歌……

以上的语言，从形式上看比诗歌接近口语。它既没有分行排列，也没有严格的平仄和押韵。因而，朗诵起来要比诗歌朗诵时的言语生活化些。然而这一段语言的优美程度，又完全可以与诗歌媲美，尤其是其中的象征手法和借景抒情的写作特点，又促使朗诵者必须像朗诵诗歌那样，才足以体现文章的诗情画意。

"生前，满树生辉，红的如朝霞，粉的如胭脂，白的如碎玉，使人陶醉，使人振作，使人精神焕发，使人心旷神怡"，一连串的排比句式，多么精湛的语言；"红""粉""白"，多么绚丽的色彩；"朝霞""胭脂""碎玉"，多么动人的形态；"陶醉""振作""精神焕发""心旷神怡"，多么丰富的情感。朗诵时，除了要饱含作者这些丰富的情感以外，还要让想象插上翅膀，心灵张开眼睛，脑海扬起风帆，然后通过清晰的点送和抒情的语调，把听众引入这诗一般的高洁境界之中，让朗诵者与听众都能得到净化。同时，一定要把以上的排比句朗诵得如同一首乐曲一般，用推进的节奏，表达出作者层递式的感情。

比如董行佶朗诵朱自清的散文《荷塘月色》，他既不失散文语言形式上的特点，却又让人听后仿佛觉得在欣赏一首优美的诗歌一样。下面是他朗诵该文的第五段：

> 月光如流水一般，静静地泻在一片叶子和花上，薄薄的青雾

浮起在荷塘里。叶子和花仿佛在牛乳中洗过一样；又像笼着轻纱的梦。虽然是满月，天上却有一层淡淡的云，所以不能朗照，但我以为这恰是到了好处——酣眠固不可少，小睡也别有风味的。月光是隔了树照过来的，高处丛生的灌木，落下参差的斑驳的黑影，峭楞楞的如鬼一般；弯弯的杨柳的稀疏的倩影，却又像是画在荷叶上。塘中的月色并不均匀；但光与影有着和谐的旋律，如梵婀玲上奏着的名曲。

董行佶朗诵时，没有显示出齐整规律的节奏，言语生活而自然。然而我们通过董行佶朗诵时的柔声细语，如"流水"，似"青雾"的言语节奏，感受到了他内心对作者思想感情体验的浓度，他用有声语言代作者抒发了在革命低潮时的"淡淡哀愁"和躲避现实、超脱尘世而自以为的"淡淡喜悦"。同时，通过他朗诵时语势的高低、节奏的快慢、停顿的疏密，以及语音的轻重这些"参差"富有变化而协调的语调，我们还看到了一幅由于天上"有一层淡淡的云"，因而月光有强有弱，由于地下有"丛生的灌木"，因而月影有明有暗这一并"不均匀"，却又十分"和谐"的月色图。其中"薄薄""淡淡"和"弯弯"这些点缀气氛的叠音词，启发人形象思维的几个贴切比喻"如……""仿佛……""像……"以及"泻""浮""笼""画"这些给人以动感的关键词语，董行佶充分运用了艺术言语的技巧，显示了汉语声韵调本身所具有的音乐性。这是散文朗诵，但由于董行佶的艺术加工，同样使我们领略到了诗的味道，得到了美的享受。我们可以这样说，欣赏他的朗诵，仿佛是在听钢琴演奏着一首名曲——《月光曲》。

孙道临朗诵过与上面散文意境相似的唐朝诗人刘方平的《夜月》：

更深月色半人家，
北斗阑干南斗斜。

今夜偏知春气暖，

虫声新透绿窗纱。

他的朗诵情深意浓。他利用诗歌所固有的优美韵律，凭借自身悦耳的嗓音，通过抒情的语调，也为我们描绘了一幅静穆清幽的月夜图。如果我们将董行佶朗诵的散文《荷塘月色》与孙道临朗诵的唐诗《月夜》相比，虽然听不到他的朗诵有像孙道临的朗诵那样的格律美，但是同样能领略到有声语言的音乐性，同样能感受到像听孙道临朗诵《夜月》那样的浓郁情感，同样仿佛能看到像孙道临朗诵《夜月》时所描绘的美妙图景。

三、写意中刻画

散文跟小说一样，少不了写人叙事，然而它并不像小说那样完整，更不必去组织什么情节上的高潮。如果说小说是以"人"或"事"为中心的话，那么散文就可以说是以"意"为主的了。因此，要朗诵好散文，就必须根据散文的这一特点，做到"写意中刻画"，即在通过有声语言，对作品中的人或事进行刻画时，务必要突出其中的"意"。

那么如何才能做到这一点呢？

统一全篇的风格　散文虽以"意"为主，然而有些作品在写人叙事上费了不少笔墨。这就易诱人在这些内容上像朗诵小说那样，或是绘声绘色地描摹人物的音容笑貌、性格特点，或是沉浸在情节的来龙去脉中，其结果就破坏了作品本身的"写意"的风格。因此要做到在"写意中刻画"，朗诵散文作品中写人叙事的部分一般只要"点到为止"，不必过实。无论是朗诵作品的哪一部分，都要求统一在一种风格之中——写意。

比如杨朔的散文《香山红叶》，我们就应以这种要求进行朗诵创作。作品记述了这样一件事："我"想攀登香山观看红叶，路上找到了一位 77 岁的刘四大爷做向导。一路上，刘四大爷向"我"介绍了香山的所见所闻，领"我"看了香山许多风景，最后虽然我没有看到香山的红叶，但是"却摘到一片更可贵的红叶"，这片红叶，就是刘四大爷。朗诵者绝不能像小说朗诵那样绘声绘色地去讲述以上的情节。如果朗诵时把听众完全带进了我随老向导刘四大爷登香山路上的所见所闻之中，甚至以非常认真的态度，实在地道出"我摘到一片更可贵的红叶"，这片红叶就是刘四大爷这一段文字，岂不是像开玩笑了吗？其实本文"意"在用象征手法，以红叶比喻老人的品格，赞美老向导，并联想到使老向导刘四大爷人老心红的新社会。因此朗诵者一定要始终不能忘记这个"意"，从头到尾都要以非常抒情的总基调来朗诵这篇作品，让听众在这种情感的陶冶下，随着作者去展开丰富的联想，联想到作品中人物的精神面貌，体味作品美好而深邃的意境。

再比如朗诵冰心的《樱花赞》，其中有一句作者问日本同行的话，也同样要做到以上的要求。

　　樱花不消说是美丽的，但是从日本人看来，到底美在哪里？

这句话在文中无非就是要引出日本朋友的一番谈话，讲出日本人民喜爱樱花的原因，为作者最后的点题起一个铺垫的作用。因此当朗诵这句话的时候，只要在我们内心视象里能显现出作品中"我"的年龄、身份、容貌和风度，而无须在音色和语调上进行化装，像朗诵小说那样，去模仿作品中的"我"。否则将会与朗诵文章其他部分的风格不相统一，破坏了作品中的意——对日本人民友好感情的回忆。

当然，有些散文中的人物的对话，与刻画人物是密切相关的，但朗诵时仍要与全文的风格统一。

比如朗诵唐弢回忆鲁迅的散文《琐忆》，其中有一段作者与鲁迅第一次见面时的对话：

"你真个姓唐吗？"

"真个姓唐。"我说。

"哦，哦，"他看定我，似乎十分高兴，"我也姓过一回唐的。"

这一对话，表现了鲁迅先生平易近人的态度，但我们朗诵时也只要在语调和音色上稍有区别即可。如果既要想明显区别这一老一少两代人的音色，又想充分表现作者的紧张神情和鲁迅先生亲切而热情的话语，那么反而会使听众产生与该文其他内容的朗诵不协调的感觉，甚至破坏了作者对鲁迅先生深切真挚的怀念之情的表达。有人说，朗诵小说刻画人物有如工笔画的话，朗诵散文刻画人物就有如写意画了。这话是很形象很贴切的。

四、漫话中阐发

朗诵散文经常会遇到一些议论性很强的文字，然而这些内容毕竟不像一般的议论文。它无须论证的过程，而且更多的道理是通过运用一些修辞手法，形象而又深入浅出地道出来的。即使是一些直接讲明道理的句子，也无不染上个人的感情色彩。因此，要朗诵好这类散文，就必须根据以上的特点，做到"漫话中阐发"。

那么如何才能做到这一点呢？

采用亲切的语气　优秀的老师即使在批评教育学生，言语也总是那么亲切、委婉、中肯。要朗诵议论性很强的这一类散文，亦不能耳提面命，重炮猛轰，而应以效仿老师那样的口吻，像与听众交换看法一般，让听众在浪花中见激流。如果想把作品中的道理讲清，又让人觉得你在与他促膝谈心，那么亲切的语气将会使你成功。

比如朗诵柯蓝的散文《困难》中的一段，务必采用亲切的语气，才能做到在漫话中将道理阐明：

> 也许，你在工作里、生活里都遇到过困难。在我的心里，困难就和胜利站在一起，困难是一条河，胜利就是河那边的山，过了河，就上了山。不要只看见河就看不见山，也不要只看见山却看不见困难……向困难伸过手去吧，在生活里，这是你最好的朋友。

文章阐明的如何正确对待困难的道理可谓深刻，我们似乎在一般议论文或演讲词中可以看到，然而以上深刻的道理是通过一个个形象的比喻，深入浅出地讲出来的，因此朗诵时要明显区别于朗诵一般的议论文和演说。即使诵到其中"不要只看见河就看不见山，也不要只看见山就看不见困难"这两句，也不必以命令的口吻朗诵。至于其末尾的祈使句，也不必朗诵得过于激昂。一切都应该以亲切的语气朗诵，就仿佛是一个循循善诱的长者在与人推心置腹、竭诚相告一般。

如果碰到有些几乎如警句一般的文字，朗诵时也万万不可过火。比如朗诵柯蓝的《早霞短笛》中的这几句话：

> 船在水上，会不停地遇到风浪；人在世上，会不断地遇到困难。会驾驶风浪的是老舵公；能克服困难的才叫战士。

一席鼓舞人心的话，很容易使人拔高嗓音，狠打猛轰、义正词严地朗诵。而如果我们考虑到这一段文字的特点，通过柔和的语调将以上比喻和对比的句子娓娓诵来，就可以产生深刻的思想教育意义和隽永的艺术感染力，让听众在细心"品尝"中，去汲取文章中的"营养"，感受到内中所蕴含的力量。

这里特别要提出的是朗诵散文中的一些直接讲明道理，即有明显立意的内容时，固然不能为了求得亲切，什么地方都显得毫不介意、恝然置之的样子，而一定要点送清楚，让听众听明白不可；但也同样不必大嗓粗气，给人以山洪陡发、突如其来的感觉。有人把朗诵这些文字比作给听众开窗子，但这个窗子不能开得太大，否则将适得其反。

比如朗诵唐弢回忆鲁迅先生的散文《琐忆》，文章开头就碰到一段议论的内容：

> 鲁迅先生有两句诗："横眉冷对千夫指，俯首甘为孺子牛。"这是他自己的写照，也是作为一个伟大作家的全部人格的体现。

这两句话，在全文中起着提纲挈领的作用，文章下面的内容都是围绕这个"纲"来写的。但是这里充满了作者对鲁迅先生的无限敬仰，它不同于一般议论文的树立论点部分。因此我们朗诵时，需要用一种强调但又很自然的语气，放慢节奏，让听众听清楚就行了，无须过于激动，更不必像朗诵诗歌那样去朗诵这两句总提式的话语。

文章围绕着鲁迅先生"俯首甘为孺子牛"的崇高品质，回忆了几件与鲁迅先生接触的往事后，中间也有一段富有感情的议论：

> 据我看来，"横眉冷对"是鲁迅先生一生不懈地斗争的精神实质，是他的思想立场的概括……讽刺显示他进攻的威力，而幽默又闪烁着反击的智慧。对社会观察的深刻，往往使他的批判独抒新见，入木三分……

这一段议论是文章后面部分的一个纲。朗诵这一段时，同样只要在委婉细腻之中，将"讽刺"和"威力"，"幽默"和"智慧"，以及"观

察的……批判独抒新见，入木三分"，这些关键词语点染得体，就足以阐明鲁迅先生"横眉冷对千夫指"的战斗精神了。千万不要另外起音，来个高八度的朗诵，以强调其中的道理。

这种直接揭示立意的语句在散文的结束部分就更多了，例如冰心的《樱花赞》：

> 这番话，给我讲明了两个道理，一个是樱花开遍了蓬莱三岛，是日本人民自己的花，它永远给日本人民以春天的兴奋与鼓舞；一个是看花人的心理活动，形成了对于某些花卉的特别喜爱。金泽的樱花，并不比别处的更美丽。汽车司机的一句深切动人的，表达日本劳动人民对于中国人民的深厚友谊的话，使得我眼中的金泽的漫山遍地的樱花，幻成一片中日人民友谊的花的云海……

文章的前一部分先介绍日本的樱花，而后描写和赞美樱花，中间穿插描写了日本汽车工人为了送中国代表团而推迟罢工时间一事，最后满怀深情地揭示樱花的象征意义。朗诵这一段时，尽管需要语调上给予必要的加强，但还是要让听众感受到作者的拳拳情愫，还是要给听众以水到渠成之感，与听众在漫话中阐发出以上"两个道理"。

第四节　寓言朗诵

寓言这一文学样式的特色是：带有劝谕或讽刺的故事，结构大多简短，主人公可以是人，也可以是生物，或无生物；其主题都是借此喻彼，借远喻近，借古喻今，借小喻大，寓较深的道理于简单的故事之中。

根据这些特点，要朗诵好寓言，必须做到：鲜明又含蓄，轻松又严肃，夸张又真实，活跃又沉稳。

一、鲜明又含蓄

法国 17 世纪著名的寓言家拉·封丹曾说："一个寓言可分为身体和灵魂两部分：所选的故事好比是身体，所给予人们的教训好比是灵魂。"的确，要朗诵寓言必须把握住作品中"身体"和"灵魂"两部分，不能只见"身体"，不见"灵魂"，而成了"躯壳"；也不能只见"灵魂"，不见"身体"，而成了"幽灵"。一定要两者兼顾，通过生动、完整的故事，朗诵出作品中所寄寓的深刻道理，做到"鲜明又含蓄"。

那么如何才能做到这一点呢？

心中有底　留有余地　朗诵寓言，无疑首先要明确故事中所寄寓的道理，明确如何突出寓意的艺术处理。特别是文中的一些画龙点睛之笔，一定要把握准确，让听众在你描述"身体"的过程中，看到幽默的智慧火花在闪烁。只有这样，才能做到"鲜明"。然而，"心中有底"不等于要将心里的东西全盘托出，朗诵者只要心中明确寓意，把握准一些关键之笔即可见好就收，不必从头至尾将自己的喜好憎恶，将作品中的是非曲直显露于听众，一定要"留有余地"。这样，听众才会从思考中找到答案，得出结论，领会到文中的言外之意，领略到寓言这一文体的含蓄美。

比如朗诵《嘴的抗议》这篇寓言：

鼻子因为伤风堵住了，人只得用嘴来呼吸。嘴因此很不高兴，嘟囔着说："我总是最倒霉，什么吃饭啦，喝水啦，哦，甚至于接吻，都要用到我，成年累月一天到晚不给一点安静，忙得我够呛。呼吸嘛，本来是鼻子的工作，现在也推到我头上来了，好像我是一匹该干到死的驴。"

　　"嘴兄……"鼻子抱歉地说,"这实在出于不得已,请暂且帮一两天忙。"

　　"住嘴,"嘴咆哮起来,"懒惰的东西,你以为我是傻瓜吗?我不会以实际行动来抗议吗?你等着吧!"

　　嘴巴紧紧闭住双唇,人顿时无法呼吸,就痛苦地憋死了。

　　要朗诵好这篇寓言,朗诵者就必须明确其中所寄寓的深刻道理:一个整体中的各个部门相互间的协作关系,是非常重要的,帮助别人就是帮助自己,危害别人就是危害自己。明确作品这个寓意之后,朗诵时,得抓准和处理好一些关键词语。比如朗诵到作品第一段中间"呼吸嘛"这三个字时,可将语势突然提高,一直诵完下面的一句话:"本来是鼻子的工作,现在也推到我头上来了……"重点突出"鼻子"和"我"两个词。这样就可表现出"嘴"的分工分家、泾渭分明的狭隘思想,表现出"嘴"不愿帮助鼻子,对鼻子的反感情绪。但是,前面的文字,仍然要像讲故事一样,把情节一步步交代清楚,将"嘴"和"鼻子"的形象描绘生动,让听众在解颐的情趣中辨出弦外之音来。万万不能一点余地不留,一开始就替"鼻子"打抱不平,怀着不满的情绪去朗诵作品开头几句交代性的内容,甚至慷慨激昂,迫不及待地想让听众从中明辨是非,悟出什么道理来。

　　特别是作品的最后一句话:"嘴巴紧紧闭住双唇,人顿时无法呼吸,就痛苦地憋死了。"朗诵时心中一定要有底,明确这是故事的结局,是作品的关键所在。有了这样的结局,才对"嘴"的行为充满着讽刺意味。因此,朗诵者可在"就痛苦地"之后来个大停顿,在听众注意力高度集中的情况下,放慢语速,慢慢道出"憋死了"这三个字,点清楚这句的潜语:"嘴也随之一起失去了生命。"这就鲜明地道出了寓意。另外,这句话既不能含糊、随便地一语带过,也不能不留余地,过于强调,甚至来个快人快语,朗诵起来突然改变了态度,拔高了语调，一心想教育听众。其中的道理，以及朗诵者对"嘴"的嘲笑只能是藏在心底里，不能形露于色，要相信听众心中自有"灵犀"，经你"一点"自会悟出其中的真谛。

有些寓言往往在作品中直接穿插了点明寓意的文字，朗诵时，也同样要"心中有底，留有余地"。比如朗诵大家比较熟悉的《木偶探海》这篇寓言的最后一段：

> 怎么能和一个对一切事物都浮在表面上的人说得清楚呢？他以为自己什么都懂了，可是他不明白，要想真正的懂，非得钻进去，光浮在表面上是不行的。

朗诵者仍然要抓准、抓住和点送清楚文中"表面""真正""钻"这些关键词语，使寓意表达得更加清楚，绝不能因为行文已将寓意点明，而不分主次地随口含糊带过。另外，除了将以上关键词语点送清楚以外，从全段来看，也不必重彩浓抹，只要以平稳明朗的语调来朗诵，仿佛在启发听众："你们听了这个故事，是不是会悟出这样的道理啊？"以引起他们的思考就行了。切不可操之过急，不留余地，恨不得把答案一下子全部塞进听众的耳朵里，甚至以教训人的语气，毫不含蓄地强迫听众接受你要道出的寓意。

二、轻松又严肃

著名曲艺家薛宝琨在《笑的艺术》一书中写道："幽默的首要特征就是轻松。"[1] 然而这种轻松是严肃的表现，绝不能使之"流于油滑和庸俗"[2]。而寓言这一文体作品的内容，大多是通过生动、风趣的故事来表现某一深刻道理的，这正符合幽默的特征。因此，为了体现出

---

[1]　薛宝琨:《笑的艺术》，百花文艺出版社，1984 年，第 156 页。

[2]　同上，第 159 页。

寓言的这个特征，朗诵者一定要采取与生动、风趣的故事相协调的情绪和语气，做到"轻松又严肃"。

那么如何才能做到这一点呢？

自然松弛　认真深入　我们常看到一些人，一旦朗诵到寓言中有些内容比较紧张，或是描写"人物"情感比较强烈的地方，总是给人一种沉重、恐惧和憎恶的感觉。究其原因，主要是朗诵时声嘶力竭，脸红脖粗，不自然不松弛。因为自然和松弛能避造作、生硬、刻板之嫌。只有自然松弛，才能从轻松中求得幽默。我们也常遇见一些人，一旦朗诵到寓言中有些生动、风趣的内容，就一味为求喜剧效果而流于表面，通过挤眉弄眼、怪声怪调去讨得听众几声廉价的笑声。这种给人以庸俗、不严肃的感觉，究其原因，主要是不够认真和深入。因为认真和深入，能不被作品形式上的笑料所迷惑，是肤浅、随便、轻佻和油滑的克星。只有认真深入，才能使严肃与轻松相辅相成，显示出幽默的艺术力量，达到萧伯纳所说的"真正的笑话，就是我并非说笑话"①的艺术境地。

例如朗诵《羊和水牛》这篇寓言：

羊掉在河里，大喊救命："救命啊！救命！"水牛看见走过来问道："羊啊，你怎么会跌在河里？"

"我刚才不小心掉了下来。"

"你没学过游泳吗？"

"没学过，我不会游泳。"

"难道你不知道，游泳是多么重要吗？"

"我知道游泳是重要的。"

"那么你为什么不学游泳呢？"

---

① 转引自《笑的艺术》，"前言"，第 2 页。

"牛哇，请你先把我救上来再慢慢问吧！不然……"

"不，不先把你问清楚，我是决不开始办事的。"

"哎呀！你如果再问几句，我就要淹死了！"

"那么好吧，我们把话精简些，我问你，你以后到底愿意不愿意学游泳？"

"愿意，愿意，快把我救上来吧。"

"那很好，既然你已经觉悟，懂得了游泳的重要性，那么我马上回家拿一本《游泳初步》给你看吧！"

牛回头就走，一边走一边想：我得先让他把《游泳初步》念熟了，然后得叫他天天跟着我学。

作品通篇是对话，朗诵时可以将小羊大声呼救、焦急求援时的紧张情绪与水牛高谈空论时的慢条斯理态度做对比。但朗诵小羊的话时，不必刻意模仿它溺水时垂死挣扎的大喊大叫声，给人以不必要的刺激；朗诵水牛的话时，也不必为表现它的迂腐可笑而满脸表情、大摆噱头，显得轻飘肤浅。

比如朗诵作品一开始的小羊呼叫声："救命啊！救命！"朗诵者可以用一些假声朗诵，声音不要很大，仿佛这呼叫声是从远处传来的一般。这样听众就不会被你突如其来的高声喊叫所惊吓。下面小羊的一句句回答和求援，朗诵时，只要气息稍稍短促些，一句比一句细弱些，将小羊落在水中这一情景描绘得意思到了就可以了，不要搞得听众都受到你过分表现的情绪所感染，觉得呼吸都有点窒息了似的，这样自然也谈不上什么幽默感和美的享受了。但也不能因为求得轻松，或者为了表现水牛的愚蠢可笑，一边嬉笑，一边随便诵来；或者靠扮演水牛而做怪样去进行低廉的逗乐，硬把笑料挤出来。而是应深入到作品和形象的深层，去挖掘水牛的奇特内心，然后抱着严肃认真的态度朗诵出水牛的每一句话。比如作品的最后一句："我得先让他把

《游泳初步》念熟了，然后得叫他天天跟着我学。"可以把节奏放得慢些，音量放得轻些，认真地一字一眼诵出水牛那种刻板的书呆子气的心理状态，似乎每一个字都是水牛深思熟虑的结果。这样自然能达到我国清代戏剧家李渔所说的"我本无心说笑话，谁知笑话逼人来"这样轻松而严肃的幽默的艺术境界。

再比如朗诵刘征写的《烤天鹅的故事》这篇寓言的最后一节：

> 且住！我这该死的笔胡诌些什么？
> 蛤蟆能吃到天鹅肉，岂不荒唐！
> 但"关系"是笑眯眯的特殊许可证，
> 凤凰，也许真的会放进蛤蟆的烤箱。

要朗诵好以上四句，绝不能因为想着整篇寓言是揭露和鞭挞现实生活中利用关系学到处开后门的不正之风，想着要表明作品中这几句"我"对自己的谴责，就用一种火药味很浓的语气来朗诵，使听众感到异常强烈和沉重；也不能因为诗中写的癞蛤蟆吃天鹅肉一事荒唐可笑，这几行诗句充满着讽刺的意味，就朗诵得嘻嘻哈哈，流于表面。

在朗诵前两句时，切莫一见其中有"该死""胡诌""荒唐"这些态度鲜明的词语，以及一个感叹号、一个反问号，就提高嗓门大声疾呼，以示"后悔"。而应该采用极为轻盈的语调，以"笑责"自己的语气，朗诵出前两句，使听众感觉到非常轻松。而后两句诗，朗诵者也大可不必将讥讽的态度流露在脸上，而应用通常的曲行语势来朗诵。如果朗诵者进一步窥测到那些大力鼓吹"关系学"的人内心的反常逻辑，以不容别人否定这种"关系学"的正常性和"蛤蟆"吃"天鹅"的"特殊性"的认真态度来朗诵，那么就一定会产生一种更大的幽默艺术效果。

三、夸张又真实

漫画家方成说："幽默和讽刺文学艺术作品常取大幅度夸张和集中的手法。"[①] 不过，这种夸张是在真实基础上的夸张，失去了真实就失去艺术。喜剧大师卓别林的表演夸张到了极点，然而他说："我是从研究我的人物和真实生活中的情况而发现银幕喜剧的自然情调的。"[②] 寓言与上述艺术有着共通之处，它往往将社会上存在的某些病态，搁在艺术的显微镜下加以放大。因此，为了表现寓言这一特征，朗诵时就一定要做到"夸张又真实"。

那么如何才能做到这一点呢？

突出个性　找到依据　有人认为朗诵寓言是很容易做到夸张的，朗诵时只要从头到尾扩增一下语幅，放大一下神态和动作就行了。可以预料这样的寓言朗诵肯定是失败的。其实夸张只是一种手段，不是目的。夸张的目的是揭示人物和事物的本质。因此，我们在处理朗诵寓言时不能盲目地通篇给以夸张，而应以突出个性为原则，将作品中凡能突出人物和事物个性的地方，以各种手段，从各种角度加以渲染，发挥夸张的艺术作用。而要使夸张令人信服和具有艺术生命力，还不能随心所欲地任意夸张，须从现实生活中找出一定的依据才行。如果人们通过你的夸张，迅疾地联想到他生活周围似曾相识的人和事，能从中受到启迪，那么，就说明你的夸张是真实的；反之，你的夸张就是不真实的。总之，能否找到生活的依据，是做到"真实"的一个关键。

比如朗诵《猴吃西瓜》这篇寓言中群猴发表如何吃西瓜的场面，要表现出这些猴子不懂装懂、浮夸自诩的丑态，就有必要从语调等方面着手，给予大幅度的夸张。如何夸张，不同的朗诵者可能有不同的

---

① 转引自《笑的艺术》，第 5 页。

② 刘芃如：《卓别麟外传》，上海出版公司，1953 年，第 143 页。

处理，但不管怎样的夸张，都必须有生活依据。

先说猴王，为了突出猴王盛气凌人的个性，可以在每一句话结尾时加一个语气词——"啊？"或者在前面加一个感叹词——"啊！"而且还可以过分严肃的态度，加重语气，用加大音量、拖长音节等手段给予突出。

> 今天（啊——①），我找到一个大西瓜，（啊——），这个西瓜的吃法嘛，我是全知道的，不过我要考验一下你们的智慧，（啊——），看你们谁能说出西瓜的吃法，（啊——），要是说对了，我可以多赏他一份（啊——），要是说错了，我可要惩罚他！

这样处理的依据就是现实生活中那些什么时候都放不下他的臭架子的某些有权有势的人。其特点就是一说话就要"哼""哈"地打官腔。你也可以塑造一个自命不凡的"美猴王"形象，朗诵时让每句结尾的尾音拖长一些，显得异常傲慢，这样处理的依据，就是现实生活中一些说起话来慢条斯理，但总要居高临下教训别人的人。你也可以塑造一个蛮不讲理的猴王形象，朗诵得粗声粗气，在"这个西瓜的吃法嘛"后面多加上几个碎语"这个，这个……"态度异常生硬，这样处理的依据就是现实生活中那些不学无术却冒充圣贤的人，这种人的特点是说话论事时往往气粗结舌、才疏词穷，却偏要作状硬撑。

另外，对短尾巴猴可以突出它虽然机敏却好在众人面前自我表现的个性，把它的言语速度处理得很快，音色尖亮，态度非常得意：

> "不对，我不同意小毛猴的意见"，一个短尾巴猴说，"我清

---

① ——为拖音符号。

> 清楚楚地记得我和爸爸到我姑妈家去的时候，吃过甜瓜。吃甜瓜是吃皮，我想西瓜也是瓜，当然该吃皮啦！"

这样处理的依据，就是现实生活中那些自以为是，喜欢夸夸其谈的人。其特点是利嘴快舌。你也可以把它处理成一个十分傲慢的形象，语气很强硬，语调时快时慢，时强时弱，有时又来一个长长的拖腔，干净而有力；这样处理的依据就是现实生活中那些无理能嚼出理的人，其特点就是蛮横泼辣，不容置辩，不留余地。

至于对那个老猴子，可以处理成一个专爱摆老资格的形象，语速特别缓慢，声音特别干瘪：

> 吃西瓜嘛，当然……是吃皮啦，我从小就吃西瓜，而且一直是吃皮，我想我之所以老而不死，也正是由于吃了西瓜皮的缘故！

这很像生活中那些不学无术却倚老卖老的人。他们往往是慢吞吞地说话，以表示他们的矜持和稳重，喋喋不休以显示自己"广博"的知识和"丰富"的阅历。

著名话剧演员雷恪生朗诵的寓言《一头学问渊博的猪》，在这方面堪为范例。这篇寓言通过刻画一个把书本当作食物一样咀嚼，而后以猪饲料的标准对书做出评价的猪，讽刺了生活中一些不懂装懂却又自命不凡的人。他朗诵时嗓音极粗，说话时呜呜噜噜，鼻子上抽，眼神痴呆，手脚迟钝，身体笨重，声调、言语、神态、动作都被给予了高度夸张。这样，既抓住了猪蠢的特点将猪拟人化了，又使我们联想到了生活中看到的那种口齿不清、没有文化却在那儿拍着胸脯吹大牛的人物。现取其中猪回答八哥的一段话为例：

怎么不了解呢？那是最没意思的了，它们既没什么香气，也没什么臭气，我啃过好几本，也谈不上什么味道，干巴巴的，连一点水分也没有。

雷恪生朗诵到"也谈不上什么味道"之后，大声地咂了几下嘴。然后再朗诵"干巴巴的……"，这个动作显然是对猪的得意神情予以极大的夸张，但恰恰是把上面所说的生活中蠢猪似的人物，体现得淋漓尽致，刻画得栩栩如生。

四、活跃又沉稳

著名相声演员侯宝林曾说："……演员在表演的时候要撒开腰，根据具体节目的要求，该'变像'的时候就'变像'，音调该上升的时候就提高，不能使演员的表演受束缚。但演员'稳'，才能保证表演准确。"[1] 而寓言作品中的"人物"一般都描绘得栩栩如生，故事的情节也大多比较活泼，趣味性很浓，这些特点都与相声近似。因此，要保证朗诵寓言这一文体时的"准确"，我们也应该像相声演员一样，做到"活跃又沉稳"。

那么如何才能做到这一点呢？

快变多变　驾驭自如　我们常常看到在一篇短小的寓言中，"人物"却非常丰富。朗诵者有时要描述好几个"角色"，有时即使是描述一个"角色"，可这个"角色"的思想、情绪、言语、态度又是多面性的，而其中的一些故事情节更是离奇曲折、大起大落。这就要求朗诵者迅速地"跳进跳出"，人物感觉"来得快，去得快"，形象塑造多样化。因此"快变多变"是朗诵寓言做到"活跃"的很重要的手段。另外，因为生动风趣的内容和演员多变快变的处理方法，再加上寓言朗诵时听众的反应比较强烈等因素，决定了朗诵者必须善于驾驭

---

[1]　侯宝林:《侯宝林谈相声》，黑龙江人民出版社，1983 年，第 155 页。

作品，驾驭观众，驾驭自己。绝不能因为以上原因，急于求得喜剧效果以致失去了艺术处理的分寸；也不能因为一时的冷场或其他原因而慌了手脚。总之，只有通过以上三个"驾驭"，才能做到"沉稳"，以"保证"朗诵寓言这一文体的"准确"性。

比如著名话剧演员唐纪琛曾成功地朗诵过《鹅》这篇寓言。作品一共二十四句，却出现了六个"角色"。她朗诵得既有变化，又"稳扎稳打"，个个角色形象鲜明，处理得干净利落，观众的情绪完全被她控制着。

首先，唐纪琛以朗诵者的身份，用亲切平和的语气，缓慢的语调朗诵道：

> 鹅对满院的家禽说：

接着一个鹅的形象出现了。唐纪琛把这鹅处理成一个表里不一的口头革命派，它明明不愿接受批评，还装模作样地开什么会，让大伙儿提意见。唐纪琛朗诵时一下子声音颤抖起来，以似乎听不到别人的批评就活不下去了的态度，"真挚""诚恳"地说道：

> 从今以后我们要相互学习，
> 特别是我，有啥缺点，
> 大家尽管提，不要客气。

这段结束后，鹅的感觉随即消失，代之而来的是一只老鸭的形象。唐纪琛把它处理成一位敢于提意见的、说起话来直愣愣的倔老头，声音浑厚，语气沉着，态度和善而直率：

> 请您闲着没事别大喊大叫，

第五章　各种文体的朗诵艺术

201

吵得大伙不得休息。

对待一个老人,"鹅"当然不敢硬顶。因此当老鸭的话说完之后,唐纪琛不急于接下来朗诵,却来了个稍稍停顿,然后立即以十分客气的态度、柔和的语调朗诵鹅的话:

啊,我生来就是大嗓门,
大家捂上耳朵不就解决了问题。

老鸭被鹅给软顶了回去。下面是一只老母鸡的话,唐纪琛从声音到语言又迅速做了变化。她把这只老母鸡设计成了一个贤淑的大嫂子,言语柔中见刚,一针见血:

我也来提醒你一声,
吃起东西来不要只顾自己。

这只老母鸡的话音刚落,唐纪琛一下子又回到了"鹅"的角色,抢口道:

喂,胃口大不能算缺点,
何况大家都没养成礼让的风气。

紧接着唐纪琛又把一只公鸡处理成一个青壮年,声音既不像老人那样低沉,也不像大嫂那么柔和,而是显得很"冲",音量大,音调高,音色也亮。

还有,你的飞翔术并不高明,

可是总是吹嘘天鹅要来请教你。

这一下，鹅更沉不住气了，但唐纪琛为了有别于鹅对大嫂的态度，她以极端蔑视的语气冷冷地朗诵道：

> 哎哎，提意见也得有个分寸，
> 不要纠缠那些鸡毛蒜皮。

以上鹅的几次态度转变，老鸭、母鸡、公鸡的不同性格，唐纪琛朗诵得清晰可辨，听众反应强烈了起来，但她很善于控制自己，并不因观众的喝彩而做过火的表演。最后，她仍按原先准备的，将一只小雏鸡设计成了一个小孩子。这小孩子在大爷、大嫂、大哥的带动下，鼓着劲，带着稚气的声音尖锐地向鹅提起了意见：

> 有一回，你拉住小鸡的耳朵，
> 说："再提意见就把你拖下水去！

于是，鹅气急败坏，显出了真面目，对着"小孩子"，扯开了大嗓门吼叫起来：

> 嗨，我不过跟它开了个玩笑，
> 这算什么批评，简直是打击。

然后，唐纪琛又稳稳地在一个停顿之后，以本色的声音缓慢、亲切、幽默并带有启发性的语调、语气诵出整篇的寓意：

> 有的人拿着批评的武器，

只是为装饰自己，

千万不能碰到他的疼处，

轻轻搔痒倒还可以。

音色对比鲜明，语调反差很大，男、女、老、少形象感觉各不相同，而且每种人物的感觉和他们所特有色彩的言语都做到了"招之即来，挥之即去"；语调旋律高低快慢，有起有伏，丰富多彩，真可谓是"多变快变"了。她之所以能够"多变快变"，还因为她有着丰富的舞台经验，善于控制自己，表演时分寸把握得恰到好处。假如仅仅有了较活跃的艺术处理，而朗诵时情绪急躁、慌乱，又缺乏丰富的舞台经验，一遇观众有反应，头脑就发热，忘乎所以，那么艺术处理分寸必然走样，就只能产生事与愿违的效果。

再比如金乃千早年曾朗诵过克雷洛夫的寓言《说谎的人》。他的语言处理也是上下起伏，变化非常之大的。加上他那富于表情的眼神，响亮动听、可塑性很强的嗓音，整个朗诵显得非常活跃，然而从头至尾他从不为听众的情绪所左右，不折不扣地达到了自己的预期效果。

下面以他朗诵的该寓言开头的几句为例：

有一位贵族（啊，说不定还是个公爵呐），他从远方回来，和他的朋友一同在田野散步，他把那曾经到过的地方大加夸张。

"不"，他说，"我所看到的东西，以后我再也看不到了。像你们这地方算得了什么？一忽儿冷，一忽儿热得要命，太阳一会儿隐藏不见，一会儿又照得太亮。啊，可是那边呵简直像天堂！回想一下，我都要心花怒放，根本用不着穿什么皮大衣，也用不着点灯，从来不知道有黑夜的影子，整年都像五月的白天一样，那里谁都不用耕田播种，要是你能看一看那里怎样生长和成熟就好啦！比如在罗马，我看到一条黄瓜：喔，我的主啊，我惊奇得直到现在还不能清醒过来，你相信吗？它大得简直跟山一样。"

他平稳地朗诵了第一句后，忽然在"啊"一个语气词后，提高了音调诵出了"说不定还是个公爵呐"，一下子把听众吸引过来，使人们产生等待听这个公爵将会发生什么事的愿望。然后金乃千不慌不忙，扫视了一下观众席，似乎感觉到观众急于想知道下文的时候，才说出下面一句话。在"他把那曾经到过的地方大加夸张"一句中的"大"字异常夸张地给予延长。之后，他忽然以高调诵出"不"，又以低调诵出"他说"，接着又以高调诵出"我所看到的东西，以后我再也看不到了"。这高调转低调，低调又转高调的变化，实际上就是我们讲的"跳进跳出"。金乃千在这里"跳"得非常迅速而又自然，紧而不迫，快而不乱，使朗诵显得非常活跃。不过要提一笔的是，当时的金乃千还未享有今天的盛名，朗诵开始时场子里是乱哄哄的。当他以平稳的语调朗诵第一句话时，场内一时还静不下来，但他并没有为此而受干扰，照样以准确的艺术处理、高超的技艺，使听众的情绪渐渐被他所支配。由此可见，"活跃又沉稳"对朗诵寓言来说是何等重要。

第五节　剧本朗诵

影视话剧是由演员扮演角色，具有较完整的故事情节，经过艺术的集中、概括，运用银幕、荧屏、舞台不同的艺术手法，展示情节，塑造人物形象，表达主题思想的艺术样式，而剧本是这种艺术样式的文学载体。我们所说的剧本朗诵，是指将话剧、电影、电视中最精彩的台词片段作为材料的供人们欣赏的有声语言艺术。它可以是一个人

的独白、旁白或单白，也可以是两人或多人的对白。独白如《屈原》中的"雷电颂"。旁白是指角色直接与观众交流的念白，如《我为什么死了》开头一段"女人"对观众说的一段话。单白指在对白中由一个人说的大段台词，如《风暴》中施洋的辩护词，《杜十娘》中杜十娘的一段台词"怒沉百宝箱"。对白如《铁面人》中菲利普与王后的对话，《日出》中潘经理与李石清的对话。

为了朗诵好影视剧中的精彩台词，朗诵者应着重做到以下四点：刻画好形象，揭示出情境，组织起动作，建立起交流。

一、刻画好形象

剧本朗诵不同于以上几种文体，朗诵者朗诵的所有文字都是出自角色之口的台词，换句话说，剧本中角色的形象，无论是内心世界还是外部某些特征，全都是通过这些台词充分表现出来的，朗诵者创造的就是"这一个"角色的言语，它应区别于其他角色。因此，朗诵者要想朗诵好这些台词，就必须学会用语言来刻画形象。那么如何来刻画形象呢？

变化音调　塑造个性　朗诵者在准备朗诵某一个角色的台词时，必须在明确人物的年龄、身世，以及他的职业、阶层、性格、为人处世、兴趣爱好等的前提下，通过声音和语调的造型，让台词塑造出角色的个性来。

原北京人艺著名演员董行佶创造了不少精彩角色，也是一位著名的朗诵艺术家。如果我们把他所演的不同角色的台词录音拿来听听，你决不会认为这是一个人的声音语言，因为每一个角色都有明显区别，每一个角色的性格特征都十分鲜明。比如《雷雨》中周冲的一段台词：

有时我就忘了现在，沉醉在梦想里，忘了家，忘了你，忘了母亲，并且忘了我自己。像是在一个冬天的早晨，非常明亮的天空，……在无边的海上……哦，有一条轻得像海燕似的小帆船，在海风吹得紧，海上的空气闻得出有点腥，有点咸的时候，白色的帆张得满满的，像一只鹰的翅膀，斜贴在海面上飞，飞，向着天边飞。那时天边上只淡淡的浮着两三层白云，我们坐在船头，望着前面，前面就是我们的世界。我同你，我们可以飞，飞到一个真正干净、快乐的地方。那里没有争执，没有虚伪，没有不平等……没有……你说好么？

董行佶声音处理得甜美、明亮而圆润，语调高扬、轻捷而飘然。观众听了这段台词，一个天真、可爱、"有着一切孩子的空想"的十七岁的单纯而富于幻想的小少爷的形象立即就会展现在面前。当时董先生已有三十余岁，他的形象与我们想象的周冲形象也有一定距离，但通过他的表演，特别是他那甜美的声音，那一句句经过精心处理的台词将观众征服了。观众不知不觉被他带入了戏中，把他当作了周冲。

而他在处理《北京人》中曾老太爷的一段台词时，声音却变得苍老、低沉起来，语调缓慢而颤悠，语气显得十分威严：

慢慢漆吧！（指漆棺材）再漆上它四五年也就勉强地可以睡了。

就这一句台词，一个老态龙钟，虽已败落但仍然在那儿死死硬撑着摆出一副威严嘴脸的没落士大夫家庭的老朽形象立即活脱脱地展现在了我们面前。

而在《日出》中，他把人称"中国第一美男子"的胡四的台词声音处理得扁扁的，几乎是掐着喉咙，带有一些假声女里女气地说道：

唷！方二爷！您长得不错。拿得出去，到电影公司准吃得开。博士，你看，方二爷像不像我那位朋友黄韵秋？

因为胡四爱学花旦，听罢这几句台词，胡四带有娘娘腔又非常自负的"神秘"人物形象立即生动起来。

在俄罗斯的一部戏剧中，他扮演了一个看门老头，几次排戏导演都不满意，于是董行佶从生活入手，与无数位看门人交谈，之后他遇到一位憨厚老实、忠于职守的哑嗓老头儿，便以这个老头儿为模特儿进行排练，当他用那嘶哑的声音，憨厚地说："听说，从莫斯科拉出了一条长绳子……"立即得到了导演的首肯。

除此以外，他在塑造莫里哀的喜剧《吝啬鬼》中的阿巴公这一角色时，整体台词语速较快，声音高低起伏变化较大，语调的结尾处常有一个"回收"，感觉阿巴公似乎认为自己讲话吃了亏，如同送给别人的东西马上要收回来似的。特别是当他发现放钱的小箱子不见了，发疯似的喊捉贼的这段独白，董行佶处理得更是精彩。下面是这段台词的开头一小段：

> 抓贼！抓贼！抓凶手！抓杀人犯！法官，最公正的法官！有眼的老天爷！我完啦，叫人暗害啦，叫人抹了脖子啦，叫人把我的钱偷去啦！这会是谁？他在哪儿？他在什么地方？他在那儿！他不在那儿？他在这儿？他不在这儿？啊！这是谁？站住（抓住自己的胳膊）！还我钱，混账东西……啊？是我自己？哎哟！我的小箱子，我可怜的钱……

这段独白难度是很大的，一般人往往一喊到底，观众听来十分乏味，甚至觉得讨厌，而演员也累得脸红脖子粗，声音嘶哑，无法控制。而董行佶则抓住人物"抠门"的性格，从外形到语调都处理得很有形象感，特别是语调，高低起伏，千变万化。如一出场，他眼圈就红红的，头发乱得像鸡窝，发了疯似的狂奔出来，边奔边喊"抓贼！抓贼！"走至台中发现这么多人（观众），便向大家呼吁"抓凶手！"

（潜台词是"你们别看热闹啊"），然后仿佛发现观众中有人就是，就又大呼"抓杀人犯！"结果因为观众未给他答案，所以感到很是失望，于是便压低了嗓门，似乎十分诚恳地乞求起来："法官，最公正的法官！有眼的老天爷！"尽管声音逐渐上扬，显得非常急切，可法官、老天爷都未理睬他，他便像泄了气的皮球说道："我完啦，叫人暗害啦，叫人抹了脖子啦！"特别是"叫人抹了脖子啦"这一句声音有种堵塞感，像当时真有人在掐住他脖子似的。而后突然放开喉咙，带有哭腔地说出："叫人把我的钱偷去啦！"忽然，有一个明显的停顿，他似乎顿时理智了起来，冷静地思考、分析道："这会是谁？他在哪儿？"之后好像两个人在争论，看法截然不同。一个问："他在什么地方？"一个答道："他在那儿！"一个反对地说："他不在那儿！他在这儿！"一个又反唇说："他不在这儿！"猛然间他发现一只手臂在眼前晃动，他此时感觉到这就是偷他钱的贼手，他欣喜若狂地说道："啊！这是谁？"仿佛已经抓到了这个贼似的。他在台上走来走去，那只手臂也跟他走来走去，于是他更坚定地认为这就是偷他钱的贼，便大吼一声"站住！"并死死地抓住了这只手臂，他冲着它威严地命令："还我钱，混账东西……"边说边死劲地捏它，直到自己感到疼痛时才发现："啊？是我自己？"于是又像是泄了气的皮球苦苦地哀叫着："哎哟！我的小箱子，我可怜的钱……"

通过分析我们可以看出，以上这段台词被董行佶念得层次清清楚楚，过程明明白白，色彩丰富多样，转换合情合理，他通过音调的造型把一个极端自私、小气、处处防人一手，似乎在他眼里全部人都盯着他的钱似的吝啬鬼形象塑造得栩栩如生。董行佶说：演阿巴公，我就死死抓住一个"抠"字，然后通过声音和语调的变化，让人物的形象鲜明起来。艺术大师董行佶的台词功力，一般人可以说是望尘莫及的，但他以上这段台词处理的经验无疑是我们学习朗诵剧本中台词的典范。

大凡优秀的演员所演的角色，人物性格都十分突出、鲜明、感人。因为演员塑造的"这一个"而不是"那一群"。戏剧界老前辈胡导老师告诉我们："石挥就是这样一位好演员，仅《日出》他一个人就演过潘经理、李石清、王福升三个人物。他以不同的音色、语气、语调塑造了三个迥然不同的角色。另外他在《秋》中扮演觉民、《秋海棠》中扮演秋海棠、《雷雨》中扮演鲁贵、《林冲》中扮演林冲等人物的台词，都通过音色音量和语气语调的变化把角色刻画得惟妙惟肖，十分形象。"

以上的事例足以成为我们朗诵剧本台词的借鉴。要想朗诵好剧本中的台词，就必须像演员塑造剧本中角色一样，明确人物的身份，把刻画人物形象放在第一位，一开口就应该让听众承认是"这一个"角色说的话，而绝不能"千人一声"。

二、揭示出情境

朗诵剧中角色的台词，当然就不是像朗诵其他文体那样以朗诵者的身份出现在观众面前，而是应该以角色的身份在说话。而角色说这段台词时必然离不开他当时的规定情境，也就是时间、地点、社会背景、所发生的事件等等。作为一个出色的朗诵者，朗诵剧本台词时就必须把揭示情境当作一项必不可少的任务来完成。那么怎么才能揭示情境呢？

以假当真　生活其中　斯坦尼斯拉夫斯基曾教导演员们，"让演员的注意力都转到'规定情境'上面去吧。真实地生活于这些情境之中，热情的真实就会自然而然地在你们心里产生"[①]。剧本中某一段台词的规定情境无疑对朗诵者来说都是虚假的，但朗诵者必须信以为真，较准确地找到这段台词的态度，明确角色语言的目的，并真正感

---

① 《斯坦尼斯拉夫斯基全集》（第二卷），林陵、史敏徒译，中国电影出版社，1959年，第74页。

受到说此言语时的情感，此时的语言才会生动、深刻、感人。只有朗诵者将这一切都弄得清清楚楚，明明白白，并完完全全相信这些都是真实的，才能让听众把剧中的时间、地点、社会背景、所发生的事件等等听得清清楚楚、明明白白，一切都信以为真。为此，朗诵者除了要通读全剧的剧本，理清剧情的来龙去脉，除了了解角色与对手的关系、引起事件的起因、所处的环境以及相关的时代背景以外，很重要的就是要以剧本为依据，通过丰富的想象，给角色的经历有个合情合理的解释，然后以假当真、全身心地生活其中，以巨大的热情朗诵好每一句台词。

比如我们朗诵郭沫若先生的《屈原》中著名的独白"雷电颂"，通过阅读剧本，我们清楚地了解了屈原的这段生活经历；要深入其心，如同 2300 多年前我国伟大的爱国主义浪漫主义诗人屈原一样，胸怀着崇高的政治理想、坚强的斗志和伟大的抱负，同时具有期盼楚国能日益强盛起来、能联合六国共同抗秦的强烈愿望；要身临其境，如同屈原一样似乎同样经历着被南后、靳尚等楚国的一群奸佞之徒的百般陷害，罢了官，披着枷锁，陷入囹圄，囚禁在东皇太一庙里的悲惨境地；要如同屈原一样在心中怀着要与那咆哮的狂风、滚滚的惊雷、犀利的闪电以及那浩浩荡荡、无边无际的洞庭湖、长江、东海一起向那黑暗的势力喷射而去的决心。因为此时"我"就是屈原。只有这样，我们的朗诵才会让听众搞清楚"雷电颂"这段台词的规定情境，产生出巨大的艺术力量。《屈原》剧本写于 1942 年初，那时正是日寇侵略我国领土最疯狂的时候。日本侵略者对我大片国土大举进攻，而蒋介石却采取了消极抵抗的政策，中华民族到了最危险的时候，"那真是乌云压城、豺狼当道、民不聊生的时代"。《屈原》当时在重庆的公演，激起了中国人民挽救民族危亡的巨大爱国热情，激励了中国人民坚决反对蒋介石的卖国政策，而团结一致、共同抗敌的斗志。

在重庆饰演屈原的著名戏剧艺术家金山，在 20 世纪 80 年代任中央戏剧学院院长时，又给中戏的师生排演此剧，饰演屈原的是戏剧教育家金乃千。金乃千非常钟爱这个角色，也特别喜欢剧中屈原的独白"雷电颂"，并且把这段独白一直作为朗诵的保留节目。金乃千在谈到他演屈原及朗诵这段独白的体会时说："排练时金山同志要求舞台上的屈原要与雷电同化，与大自然同化，要把爱国诗人屈原升华了的思想境界袒露给观众，要我把屈原埋藏在心里的对于黑暗的愤怒和对于光明的希求，通过语言和形体全部发泄出来，长达几十分钟的独白要一气呵成，如长江大河，汹涌澎湃，奔腾万里。"然而，他又说这不是体力问题，也不是技巧问题，而是要"展开对于规定情境的想象，唤起朗诵者自身对于此时此刻自然风云和政治风云的感受"，"随着想象中的情景变化倾泻出人物感情的激流"。这里金乃千的体会是非常正确的，只有"同化"和"升华"了，才能揭示情境，只有揭示了情境，剧本朗诵才会成功。

我们再以日本影片《啊，野麦岭》续集中阿竹的一段单白为例。看过这部影片的人，都会深深为这个普通女工的悲惨遭遇所打动，也会为给阿竹配音的演员曹雷十分贴近原片的准确的角色言语叫好。其中阿竹对与她十年共患难的姐妹说的那段单白更是激动人心。我们在曹雷的独诵会上专门欣赏了她这段单白的朗诵，当我们问起她这段朗诵的心得时，她首先告诉我们的是依据剧本所想象的角色阿竹的生活状况："阿竹受不了工厂中那非人的生活，逃出了工厂，并打算与火车相撞，一死了事。然而，死，对一个女工来说，也只是一种奢望，她只能在人间地狱里活着受罪。身体上受蹂躏，精神上受摧残，在睡梦中感到的也只有寒冷，就像单白的开头所写的那样：'我做了个梦，雪不停地下着，真冷啊！我……爬呀，爬呀，怎么爬也爬不到头！……'"正因为曹雷仔细研究、了解并深切体会到了阿竹那十年的非人生活，所以曹雷在朗诵时才会如阿竹那样带血含泪地笑，才可以如阿竹那样撕心裂肺地哭。在她的每一句台词的后面，我们都看到了极为丰富的内容。正因为她是在用心灵去朗诵，去创造，她把角色的一切都"化"在了自己身上，仿佛阿竹的身世就是自己的身世，与角色同呼吸，共命运，所以每一位听众才会清清楚楚地感知到了阿竹的生活背景及影片中的人物关系，即阿竹每一句台词的规定情境，感受到了台词朗诵强大的艺术魅力。

三、组织起动作

什么是动作呢？这里的动作是表演艺术的一个术语。它是指为实现剧中角色某种目的而采用的手段。它包括形体动作和语言动作。正如斯坦尼斯拉夫斯基所说："说话就是动作。"[①] 因为语言本身就是实现行动的主要手段，所以语言就是行动（动作）。譬如命令、说服、训斥等等。

其实在实际生活中，人们常常在心里产生某个愿望，希望用言语来影响或激发对方，这也就是我们所讲的动作。动作是人们交际中的本质特征，反映了人们的思想感情和性格特征。

苏联戏剧家古里叶夫说："演员首先要通过话语来行动（动作），在舞台上只需要动作性的言语。"[②] 从戏剧理论来看，戏剧性不仅由谈话构成，而是由交谈双方的活生生的相互动作构成的。朗诵剧本台词就和剧中演员说台词一样，它作为一种互相交流思想的手段，用言语为动作，力图让听者接受自己的思想的影响，改变原先的意识。因此要想朗诵好剧本中人物的台词，就必须组织起动作。那么怎么才能组织起动作呢？

挖掘含义　明确目的　事实上，生活中人们在说话时，有一个根

---

① 《斯坦尼斯拉夫斯基全集》（第三卷），郑雪来译，中国电影出版社，1961年，第 101 页。

② ［俄］斯坦尼斯拉夫斯基:《〈奥瑟罗〉导演计划》，中国电影出版社，1957 年，第 249 页。

本的特征那就是都存在明确的目的性，即"为何这样说"。剧本中人物的台词源于生活，因此无论是剧中的角色在说话，还是朗诵者在朗诵剧本中的台词，都应该有一个明确的言语目的。斯坦尼斯拉夫斯基说过，"这种动作是由于要把自己的视象灌输给别人这个任务而产生的……你的工作在于向往灌输，而向往就产生了动作"[1]。因此，要想为你朗诵台词组织起动作来，就必须挖掘出台词的含义，明确角色向往给别人"灌输"的是什么。

就以朗诵话剧《猜猜谁来吃晚餐》中强的一段单白为例：

你的话已经说够了，你听我说。你说你并不想干涉我的生活，那你又做了些什么？说我该有什么……不该有什么。如果有一个人活在世界上，只会俯首帖耳地让一种僵死的原则摆布，那他就像一条没有脊梁的蚯蚓。我欠你多少，你为我做了多少，那我告诉你吧，我什么也……不欠你的。你就是背着邮包走了一百万英里，你也不过做了你应该做的，因为你把我带到这个世界上来，从那天起，你做的一切都是你欠我的，就像我要有了儿子我也欠他的一样。可是你不占有我，何时何地我……离格儿了，不由你说，也别想叫我按照你的规则去生活。你不知道我是什么样的人，也不知道我要做什么，不知道我的感情，我的思想，即使我想解释一辈子你也永远不会明白。你的岁数比我大三十年。你跟你那整个一代人认为你们的规矩就是我们的规矩，要我们这一代扛着你们强加于我们的精神重担……服服帖帖地死去！

我……一定要甩掉你们的重担，我！爹，爹，我是你儿子，你是我父亲，我爱你，过去爱你，将来也爱你，可是你把自己当

---

[1] 《演员自我修养》（第二部），第146页。

作一个黑人，而我把自己当作一个人。我和乔伊的结合，仅仅是我们的婚姻问题吗？不！如果你能迈开双腿，走到亚洲、拉丁美洲和我们祖先生活过的非洲去看看，种族之间，强国与弱国之间，贫和富之间存在着多么大的差别，要改变它需要顽强和勇敢。但是，昨天认为是违反天条的事，今天却变成科学，今天认为不可能的事明天就会习以为常。善良的父亲，这一切总要开始做呀！等待恩赐是永远也等不来的！现在……我得做出一个决定，哦……得由我一个人决定……所以……你还是去……去照顾妈妈吧！（跑下）

要朗诵这一段台词，朗诵者就必须挖掘出"强"的每一句话的含义，明确他说话的真正目的。这段单白的前面，是父亲普伦蒂斯先生对儿子所发的一大段的训令：要"强"当机立断地离开那个白人姑娘。而"强"单白的目的则针对父亲的训令，断然拒绝，而且急切地向往通过这一番话，能改变父亲的态度。由此我们可以为他组织起一系列的动作："反驳""回绝""申明""诱导""唤醒""敲醒"。一开始，"强"抓住了父亲的一个说法"我并不想干涉你的生活"，而用事实加以反驳，表明自己决不做没有脊梁的蚯蚓。接着又针对父亲企图用他的辛苦来感化自己而加以回绝，绝不能因亲情的关系就必须按照你的规则去生活。然后他就明确地申明自己的观点：新一代对社会、对人生、对种族观念与老一代迥然不同，自己决不受旧观念的束缚。说到这儿自己感到父亲一时还无法接受，也感到自己的言语多少有些生硬，因此即刻改变自己的动作，以诱导的方式，表明父子的分歧所在：你把自己当作一个黑人，而我把自己当作一个人。进而，"强"又想让父亲站得高一点，用放眼看世界来唤醒他；接着又以敲醒父亲为动作，让他理解自己的行为是为了社会的进步和文明。然而，"强"的一切的努力，依旧没能改变父亲的思想，他也只得我行我素，彻底

摆脱父亲的阻碍。

单白是这样，独白也同样如此。以下以《屈原》"雷电颂"为例：

（向风及雷电）风！你咆哮吧！咆哮吧！尽力地咆哮吧！在这暗无天日的时候，一切都睡着了，都沉在梦里，都死了的时候，正是应该你咆哮的时候，应该你尽力咆哮的时候！

尽管你是怎样的咆哮，你也不能把他们从梦中叫醒，不能把死了的吹活转来，不能吹掉这比铁还沉重的眼前的黑暗，但你至少可以吹走一些灰尘，吹走一些沙石，至少可以吹动一些花草树木。你可以使那洞庭湖，使那长江，使那东海，为你翻波涌浪，和你一同地大声咆哮呵！

啊，我思念那洞庭湖，我思念那长江，我思念那东海，那浩浩荡荡的无边无际的波澜呀！那浩浩荡荡的无边无际的伟大的力呀！那是自由，是跳舞，是音乐，是诗！

啊，这宇宙中的伟大的诗！你们风，你们雷，你们电，你们在这黑暗中咆哮着的，闪耀着的一切的一切，你们都是诗，都是音乐，都是跳舞。你们宇宙中伟大的艺人们啊，尽量发挥你们的力量吧。发泄出无边无际的怒火把这黑暗的宇宙，阴惨的宇宙，爆炸了吧！爆炸了吧！

雷！你那轰隆隆的，是你车轮子滚动的声音？你把我载着拖到洞庭湖的边上去，拖到长江的边上去，拖到东海的边上去呀！我要看那滚滚的波涛，我要听那镗镗鞳鞳的咆哮，我要漂流到那没有阴谋、没有污秽、没有自私自利的没有人的小岛上去呀！我要和着你，和着你的声音，和着那茫茫的大海，一同跳进那没有边际的没有限制的自由里去！

啊，电！你这宇宙中最犀利的剑呀！我的长剑是被人拔去了，但是你，你能拔去我有形的长剑，你不能拔去我无形的长剑呀。电，你这宇宙中的剑，也正是，我心中的剑。你劈吧，劈吧！把这比铁还坚固的黑暗，劈开，劈开，劈开！

虽然你劈它如同劈水一样，你抽掉了，它又合拢了来，但至少你能使那光明得到暂时间的一瞬的显现，哦，那么灿烂的、多么炫目的光明呀！

光明呀，我景仰你，我景仰你，我要向你拱手，我要向你稽首。我知道，你的本身就是火，你，你这宇宙中的最伟大者呀，火！你在天边，你在眼前，你在我的四面，我知道你就是宇宙的生命，你就是我的生命，你就是我呀！我这熊熊地燃烧着的生命，我这快要使我全身炸裂的怒火，难道就不能迸射出光明了吗？

炸裂呀，我的身体！炸裂呀，宇宙！让那赤条条的火滚动起来，像这风一样，像那海一样，滚动起来，把一切的有形，一切的污秽烧毁了吧，烧毁了吧！把这包含着一切罪恶的黑暗烧毁了吧！

把你这东皇太一烧毁了吧！把你这云中君烧毁了吧！你们这些土偶木梗，你们高坐在神位上有什么德能？你们只是产生黑暗的父亲和母亲！

你，你东君，你是什么个东君？别人说你是太阳神，你，你坐在那马上丝毫也不能驰骋。你，你红着一个面孔，你也害羞吗？啊，你，你完全是一片假！你，你这土偶木梗，你这没心肝的，没灵魂的，我要把你烧毁，烧毁，烧毁你的一切，特别要烧毁你那匹马！你假如是有本领，就下来走走吧！

什么个大司命，什么个少司命，你们的天大的本领就只有晓得播弄人！什么个湘君，什么个湘夫人，你们的天大的本领也就只晓得痛哭几声！哭有什么用？眼泪，眼泪有什么用？顶多让你们哭出几笼湘妃竹吧！但那湘妃竹不是主人们用来打奴隶的刑

具么？你们滚下船来，你们滚下云头来，我都要把你们烧毁！烧毁！

哼，还有你这河……哦，你河伯！你，你是我最初的一个安慰者！我是看得很清楚的呀！当我被人们押着，押上了一个高坡，卫士们要息脚，我也就站立在高坡上，回头望着龙门。我是看得很清楚，很清楚的呀！我看见婵娟被人虐待，我看且你挺身而出，指天画地有所争论。结果，你是被人押进了龙门，婵娟她也被人押进了龙门。

但是我，我没有眼泪。宇宙，宇宙也没有眼泪呀！眼泪有什么用呵！我们只有雷霆，只有闪电，只有风暴，我们没有拖泥带水的雨！这是我的意志，宇宙的意志。鼓动吧，风！咆哮吧，雷！闪耀吧，电！把一切沉睡在黑暗怀里的东西，毁灭，毁灭，毁灭呀！

前一节我们曾分析了这段独白的情境，此时屈原虽身陷囹圄，但他仍然不屈不挠地向万恶的黑暗势力做坚决的斗争。这段独白的深刻含义，或者说目的是：点燃怒火，烧毁黑暗势力！因此，我们可以看到：面对风、雷、电及整个宇宙，他俨然是这些大自然万物的统帅，一开始他就鼓动风让它尽力地咆哮，来唤醒一些沉在梦里的人，吹走一些肮脏的灰尘、沙石，吹动一些花草树木。当他想到洞庭湖、长江、东海时，他又无限深情地思念它们，进而号召它们连同风、雷、电一起向黑暗的势力开火。屈原向往一个干干净净的世界，因此他渴求雷，随着它那轰隆隆的声音把他拖到那没有阴谋、没有污秽、没有自私自利的自由里去。一个霹雳的闪电划过，于是他命令电向黑暗的势力劈去，哪怕获得的光明仅是暂时的一瞬的显现。面对这一瞬的光明，他对它是无比的崇敬，于是以"宇宙中的最伟大者"来大加颂扬。为了光明的来临，他鼓动整个宇宙（包括自己）化作火滚动起来，烧毁一切罪恶的黑暗。面对东皇太一庙内这些神像，屈原一个个痛斥起来，首先是对东皇太一和云中君的斥骂，接着是对东君的嘲讽与揭露，然后是对大司命、少司命的责骂，对湘君、湘夫人的斥责，而对河伯则是抚慰，最后申明自己和宇宙都没有眼泪，只有雷霆，再次号召、鼓动风、雷、电起来彻底毁灭黑暗势力。

纵观整个独白，随着角色言语目的的不断深化，他的言语动作也在不断地发展：鼓动、唤醒——思念——号召——渴求——命令——颂扬——鼓动——斥骂——嘲讽与揭露——责骂——斥责——抚慰——申明——号召、鼓动。而这些动作在"点燃怒火，烧毁黑暗势力"这深刻含义、言语目的的统领下组织成一条思想逻辑十分严密的线路，贯串整个台词。

组成台词动作不是一蹴而就的事，需反复推敲，在实践中还要不断修正，看它是否符合规定情境？是否符合人物关系？言语动作选择得恰当与否，将直接影响语气语调，影响人物态度的准确，影响言语的内涵。就拿一句基本功中的绕口令化作台词为例：

知道就说知道，不知道就说不知道，要老老实实，实事求是。

我们可以在说这一句话时将言语动作定为"说明""启发""劝导""埋怨""责怪""训斥""讥讽"好多种，关键是要看你的言语目的是什么，一旦明确了言语目的，言语动作也就组织而成了。

组织成台词的动作所运用的词要注意它是否有利于推动内心活动。比如："高兴""痛苦""笑""哭""难过""哆嗦""得意""愤怒""失望""慌张""感动"这些并不是动作，而是你动作的结果，或者是对手施加于你的动作及外界事物对你刺激后所产生的情感变化的结果。它无助于推动内心活动，故不要将其误定为台词的动作。

斯坦尼斯拉夫斯基说过，"我们应蔑视没有动作性的朗诵和说话。没有动作性的朗诵和说话，尽管像煞有介事，实际很浮夸，同样没有意义"。他又说："动作——真实的、有效的、恰当的动作，是创作中最主要的东西，因而也是言语中最主要的东西！"[1]

可见，言语有了动作，就有了动力，就有了灵魂，就有了色彩。

四、建立起交流

所谓交流是指言语过程中的思想情感的交互传递。生活中的言语交际，无论是单向表述、演讲，还是双向交谈、论辩，都会有这样一个思想感情的交互传递。没有思想感情传递的言语交际是不存在的。这种交互传递不仅会在对方的思想感情上产生相应的反应，并且推动着言语的进程。但戏剧影视台词朗诵的交流不同于生活中客观存在的交流，它毕竟是剧作者提供给我们的，演对手戏的演员本没有如台词内容上所表达的那种思想情感的沟通，一切都是虚假的。正如斯坦尼斯拉夫斯基所言："在舞台上我们被迫来说些不是我们亲自见到、感到、想到的，而是我们所扮演的角色见到、感到、想到的东西。"[2]

无疑，演员在演戏说台词时能否像生活中那样建立起交流来，是创造角色的重要元素。而要朗诵好剧中的台词当然也必须学会交流才行，要学会在朗诵过程中用语言去影响对方，并接受对方语言对你的影响。那么如何才能建立起交流呢？

设定对象　分清类别　交流是互相之间的沟通，没有对象便不存在交流，生活中语言是这样，演戏念台词是这样，朗诵台词也是这样。它首先要求朗诵者必须根据具体语言设定好交流的对象，必须对对手的眼睛说话，对对手的心说话。也只有言语成为有的之矢，交流才能够产生。台词朗诵一般来说可分为以下四种：与观众的直接交

---

① 《斯坦尼斯拉夫斯基全集》（第三卷），第 101 页。
② 《斯坦尼斯拉夫斯基全集》（第二卷），第 134 页。

流，与想象中的人或物的交流，与自己心灵的交流，与同台的对手（包括假设对手和真实对手）的交流。

我们先谈谈与观众的直接交流。这种交流在剧本台词中一般都是以旁白形式出现。角色此时要把观众看成是自己最知心的朋友，什么话都可以跟这些知心朋友说，哪怕自己最秘密的隐私。因为这些知心朋友是绝不会出卖你（角色）的。比如我们朗诵莫里哀的喜剧《施卡本的诡计》塞比娜的一段旁白，一上场她就兴致勃勃地将施卡本如何定计来捉弄他的主人——吝啬鬼吉隆特的详细过程讲给观众听。这里有很多秘密的笑料，是绝不能让吉隆特老爷知道的。这些秘密她忍不住就是想告诉她的知心朋友——观众，她要与观众共享这份愉悦，真是有一种一吐为快的感觉。

再如话剧《我为什么死了》中"我"的一段旁白。一开始她似乎就是个报幕员，但不，她是角色，她是被人迫害而死的一个人，请看下面的这段台词中开头的一段：

> 你们知道我是谁吗？知道吗？我敢说你们猜不着！我敢说，把你们当中的一千个聪明人集合起来，做出一万个答案，也不能说清楚我这个实体。因为……因为跟你们说话的这个人早已离开了人世间，总而言之，我是个死人！我是在……

她要把自己如何被迫害至死的经过，倾诉给观众听，她把心中的郁闷全都发泄出来，她没有别的亲人，只有观众才是她唯一能倾诉的对象。

我们再谈谈与想象中的人及物的交流。剧本中较长段的独白，大部分是这种交流。角色将自己的思想与情感抒发给远方的人或物。对想象中的人，视象一定要清晰，你（角色）与这个人的关系是怎样的？为什么偏偏要对这个人说？这后面的背景一定要搞得十分清楚。

而对物的交流，不管这物是想象中的，还是演出中的道具，它必然是有特殊含意的，这里的来龙去脉也必须弄得一清二楚。这样你可以面对这些对象产生真实的情感交流。比如《王子复仇记》中的哈姆雷特对父王鬼魂的一段独白，他向父王发誓，向父王表达自己的决心。朗诵时眼中就一定要看到他父王的身影。再如《胆剑篇》中勾践的独白叫苦成的一段，演员在朗诵时要看到并且听到义士苦成在呐喊以及他给勾践那颗苦胆的形象，他要向已死去的苦成表白，他要面对那苦胆讲述自己所受到的启示。

我们还要谈谈与自己心灵的交流。剧本台词中的自我交流大多都在独白之中，有时也会出现在旁白或对白中，但一般都不会太长，仅有一两句，往往与其他类型的交流交错而用。当一件事还没结论，举棋不定、左思右想、权衡利弊时就会出现这种自我交流。当台词具有自控、自持、自白、自责、自问、自我安慰的动作时，应该出现这种交流。比如独幕剧《两个心眼》中卞二嫂的一段独白，她偷了集体的化肥，心里一直很慌，为了稳住自己，就找出理由来安慰自己，好对自己偷的行为做出谅解。她是这样自我安慰的：

> 这么做也没什么不对的，就是主任知道了也不要紧，要批评我呀，还有老任头呢，要觉着老任头是他丈人，不好意思批评，也得装着看不见我……

但是她突然想起现实情况，又自责起来：

> 哎呀！我叫鬼迷心窍啦？我菜地都种上三四天了，小芽都快钻嘴了，也用不着这玩意了，这叫我当家的知道也不能让啊！

于是她想把偷去的化肥还回去，但是，爱贪小便宜的心使她又无法自持，于是停止了脚步：

> 咳，多上肥料，秧棵不长得好吗？等天一黑……

此时的她仿佛又看到自己把化肥撒到地里去的后果，吓出了一身冷汗：

> 不行，都说这玩意有劲，上多了该把苗烧死了。趁没人看见，我赶紧把它送回去！

以上卞二嫂围绕着将肥料送回去还是不送引起的一场思想斗争的台词都属于自我交流的类型。

话剧《杜十娘》中杜十娘有一段独白，大部分的内容都属这种自我交流。当杜十娘知道了自己已经将所有的一切，包括自己的前途都交给了这个最钟爱的人——李甲，而李甲却背叛了自己，将她转卖给了他人时，她后悔！她自责！她骂自己瞎了双眼，把一个衣冠禽兽当作了知己，当作了正人君子。于是她痛不欲生："反复思量没有生路，只有一死了此残生。"但她又心有不甘，她自问道："就这么不明不白地死去吗？"心灵告诉她："不，要叫他人财两空。"接着又追问自己："我这样一死，有何人替我申冤，哪个为我报仇？"心灵又回答："写下大状，放入箱内，等待日后有义士开箱后为自己报仇！"这一问一答是要有过程的，这里最重要的一点就是真思考、真判断、真感觉。没有这个"真"字就完不成自我交流，仅做思考状，而没有真情实感是朗诵台词的大忌。

最后我们谈谈与同台的对手（包括假设对手和真实对手）的交流。这种交流只出现在对白（当然包括对白中的单白）之中。单白在话剧舞台演出中都是有真实对手的，但作为朗诵的演出就可以用假设

对手代之。与假设对手的交流，主要靠想象，对手对你言语的反应和他的态度、眼神，在你想象中要十分具体。这种对对手反应的想象，也应对自己有所刺激，从而引起自己后面台词动作及语调的变化、发展。这一切都是事先设定好的。事先没有很好地设定或设定好了而演出时不再重新真实地体验与想象都是不可能朗诵好的。

与同台真实对手的交流就愈发强调"真听""真看""真思考"，因为你不仅要说给他听，他也要说给你听，不仅会说，还要会听，你有上句，我才有下句，你有来言，我有去语，迎、送、接、扣，恰到好处，才能融为一体，真正做到相互交流。这正如双方在打乒乓球，对方是扣球还是削球，打的方向是左边还是右边，如果你不全神贯注地看，迅速地判断，你就无法回球。即便是表演赛，对手打过来的球也不会一成不变，力量的强弱及方向的变化，都必须认真判断后才能接好这个球。对白中要认真听对手的每一句台词，并接受他每一句台词对你的刺激，这个刺激就是你要说你下面台词的依据，也是激起你要说下面台词欲望的源泉、动力，好比他给你的球，如果你连接都接不住，也就无法还他这个球了。

下面我们以美国电影《铁面人》中王后与菲利普的一段对白为例。太阳王路易十四篡夺了王位，将孪生哥哥菲利普戴上铁面关进监狱。菲利普在忠臣好友的帮助下逃出了牢房，并进入宫中，将路易十四捉拿，也给他戴上了铁面。菲利普假扮路易十四出现在宫廷舞会上，他瞒过了所有的人，却骗不过王后的眼睛。在翩翩舞步中，在貌似夫妻间不经意的闲谈中，他们俩达成了一笔政治交易。

王 后：你和平时不一样，亲爱的。	王后先点拨他一下。暗示他，我已经看出你不是路易了。
菲利普：我还是一如既往啊！	只得招架，装得若无其事，尽量掩饰。

王　后：舞步也有点异样。	进一步点拨！
菲利普：你跳得还是那么好。	继续掩饰。
王　后：如果不是我亲眼看见，我会以为跟我跳舞的人……不是我丈夫（手被菲利普掐了一下）。噢！	见他仍在装，继续进攻，进行点拨，几乎点破。菲利普听到"不是我丈夫"，怕人听见，只得制止她说下去。
菲利普：对不起，亲爱的。要不是丈夫，那是谁？	他掐痛了她，做礼貌性的道歉。他见周围没人能听见，就试探地问她，想摸一摸底细。
王　后：是个……冒充的！	干脆彻底点破他。
菲利普：要是这样，你怎么一点不吃惊呢？	进一步摸底，进行探问。
王　后：我从来不大惊小怪，不像路易的母亲。我跟路易是……多年的夫妻。	证实自己判断的正确。
菲利普：这么说，你已经……识破我是假冒的？	为了彻底摸清王后底细，干脆赤裸裸地追问。
王　后：不错。	肯定。
菲利普：要揭露我吗？	要了解王后对此事的态度，试探性地询问。
王　后：这对我没好处。不过您得……答应……晚上来我房间。聊胜于无。	首先否定揭露，先稳住他的心。但这是有条件的，开始摊牌。
菲利普：这个事，陌生人是……爱莫能助的。	为了达到假扮路易的秘密不被揭穿的目的，对她提出的条件先拿拿架子。

王　后：恰恰相反。　　　　　　　否定他的看法。

菲利普：我要是做到了，你是不　交换条件。
　　　　　是……就不会说出我是谁
　　　　　了？……我要是在位，我
　　　　　能保证你像现在一样……
　　　　　是王后。

王　后：还要保证我的……孩子的　追加条件。
　　　　　安全。保证他们有朝一
　　　　　日……能够继承……王
　　　　　位。

菲利普：我的保证，你信得过吗？　成交前试探性地叮问。

王　后：要是不守信用，当心掉脑　因有把柄在手进行威胁。
　　　　　袋。

菲利普：要是说出去，当心……割　因有权势在手也同样威胁。
　　　　　舌头。

王　后：好吧。　　　　　　　　　同意，交易成功。

菲利普：说这些……说这些干吗？　暗示对方自己不会违背诺言
　　　　　我还想太太平平做国王　的。
　　　　　呢！

王　后：我祝福您……一定……成　也暗示对方我也决不会说出
　　　　　功。您不要见怪，我想去　去的。
　　　　　休息了。我怕我在场……
　　　　　您不能尽兴。

菲利普：晚安，娘娘，赐福于你。　两个人都"表演"得很真实。

王　后：赐福于你，路易。　　　　"路易十四"与王后的关系稳
　　　　　　　　　　　　　　　　固确定了。

斯坦尼斯拉夫斯基说："把一个个字眼送进对象的心里去，同时把一个视象一起送进去，要感染，感染你的对象！"① 如果同台的两个朗诵者都能有如此强烈的动作性，相互动作、相互感染，那么这段对白的交流一定是十分流畅、十分精彩的。

【思考与训练】

请从五大文体中任选两种文体的朗诵作品，结合本章中提出的朗诵要点，写一篇朗诵创作方案的文章。

① 《斯坦尼斯拉夫斯基全集》(第三卷)，第 101 页。

【附一】朗诵艺术常用符号表

·	重音	⌇	颤音
°	轻声	W	笑言
⌢	连接较紧密	§	泣语
|	停顿	~	拖腔
V	正常换气	——	延长
N	偷吸	△	韵脚
w	反取	⋯⋯→	平行语势
〈	深叹	⋯⋯↗	上行语势
Λ	倒抽	⋯⋯↘	下行语势
＜	喷口	⋯⋯↝	曲行语势
⌣	缓托		
⋯⋯	虚声		

一、热身练习

[提示]

基本功训练一般都比较枯燥，尤其是这部分。练习时一定要有耐心，逐步寻找正确的呼吸和发声状态。任何基本功都不可能一蹴而就，万不可急于求成。即便是掌握了正确的方法，也仍然要坚持不懈地训练。记住：刀不断地磨才会亮，刀不磨必生锈。

1. 面部口腔操

（1）搓手搓脸：将手搓热后从下向上搓脸，反复多次。将刚睡醒得发僵的面部肌肉活动开。

（2）张嘴练习：将下巴固定，让嘴尽量张大，越大越好，开合十次以上，甚至数十次。速度不要太快。

（3）展撮唇练习：将唇展开，如发 i 音时的夸张口型（只要口型不要声音），然后将唇尽量撮小、撮圆，如发 ü 时的夸张口型（也不要声音）。如此反复，并且反复的速度越来越快，在最快时刹车。休息片刻，再做数次。

（4）舌擦牙练习：用舌尖沿着内牙面（牙齿向里的一面）正时针方向擦三圈、逆时针方向擦三圈；再用舌尖沿着外牙面（牙齿向外的一面）正时

针方向擦三圈、逆时针方向擦三圈。然后将口水咽进去。

（5）吹唇练习：将上下嘴唇噘起来，放松，用气把唇吹得颤动起来。注意气息要深，要控制，不要用力过猛，过猛头会发晕。

2. 单音练习

（1）s——音。按呼吸口诀的方法发s——，感觉如同一条线穿过硬腭、透过鼻梁上方直向前方，形成一个抛物线。注意"线"要"细"，不要"粗"。"粗"了就会控制不住。还可用f——音，h——音，但这两个音在控制方面更有其难度。

（2）a——音，i——音。按s——音的方法发实音a——和i——。要发得松，特别是喉头不要使劲。这个练习也可用其他几个主要元音o——，e——，u——，ü——。练习时别忘了发音口诀的要领。

（3）笑的弹音。按吸气要求吸好后，运用腹肌的弹动力量将声音从鼻腔中"弹"出"哼、哼……"的笑声。也可以张开嘴，用腹肌的弹动力发出"哈、哈……"的笑声。也可以换好气后先从鼻中发出"哼、哼……"再慢慢张开嘴，把"哼……"逐渐变为"哈、哈……"练习时注意喉部尽量松弛，千万不可用喉部帮忙。

（4）口令弹音。在腹部的弹动下，带出跑步时的口令："一、一、一二一；一、一、一二一……"从较轻的声音逐渐增大音量，放至大音量后再逐渐变轻。仿佛一跑步队伍由远至近，再由近至远。叫口令时不要用喉头的力量"喊"，仍要放松喉部，用腹部的弹动力量将口令轻巧地带出。

3. 长气练习

（1）数数儿。吸气后数1、2、3……越多越好。但要注意不要憋气，喉头的紧张换来多数几个数儿，不是我们练习的目的，还可能有反作用，因为此时的发声状态已经是错误的了。

（以下的练习同样是这个要求，不再赘述；每个练习可根据需要，选择性地使用。)

（2）一口气说"一个葫芦、两个葫芦、三个葫芦……"说得越多越好。

（3）一口气说绕口令"一平盆面烙一平盆饼，饼平盆，盆平饼，饼碰盆，盆碰饼"。反复两三次。

（4）"冬瓜冬瓜，两头开花，一口气数不了二十四个冬瓜。一个冬瓜、两个冬瓜，三个冬瓜……"

（5）"出东门，过大桥，大桥边上一树枣儿，拿着竿子去打枣，青的多，红的少，一个枣儿、两个枣儿、三个枣儿……十个枣儿；十个枣儿、九个枣儿、八个枣儿……一个枣儿。"这是一个急口令，一口气说完才算好。

（6）"一、一、一个一；一二、二一、一、一个一；一二三、三二一、二一、一、一个一；一二三四、四三二一、三二一、二一、一、一个一；一二三四五、五四三二一、四三二一、三二一、二一、一、一个一；一二三四五六、六五四三二一、五四三二一、四三二一、三二一、二一、一、一个一；一二三四五六七、七六五四三二五一、六五四三二一、五四三二一、四三二一、三二一、二一、一、一个一。"

（7）"闲着没事出城西，树木椰林长得齐，一棵树上结了七样果，槟子、橙子、橘子、柿子、李子、栗子、梨。"

二、短语练习

[提示]

此练习的目的是训练"气""声""字"三个方面。练习方法是将每个音节扩展拉长，根据声调的"音势"注意气息的强弱变化，不要

一味地使拙劲"喊"。例如：山河美丽。（图中粗细表示气息的强弱及音量的大小）

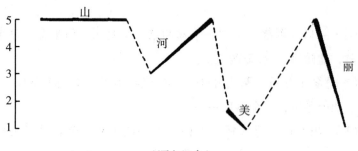

（顺向组合）

再如：热火朝天。

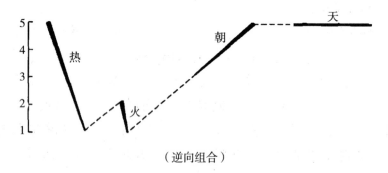

（逆向组合）

再如：班门弄斧

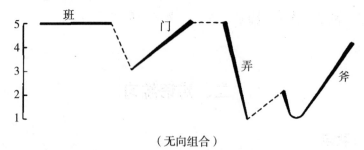

（无向组合）

无向组合的图形要根据具体声调的变化而变化，不可能固定不变。

1. 四音节练习

（1）顺向组合（阴阳上去）

山河美丽	英明果断	中华伟大
光明磊落	山明水秀	积极努力
深谋远虑	兵强马壮	心明眼亮
风调雨顺	千锤百炼	山盟海誓
发凡起例	飞檐走壁	心怀叵测
优柔寡断	心毒手辣	幡然改进
知情感义	花团锦簇	鸡鸣犬吠
阴谋诡计	妖魔鬼怪	飞禽走兽
身强体健	轻裘缓带	幡然悔悟
胸无点墨	高文典册	孤行己见
积年累月	心直口快	千奇百怪
生财有道	花红柳绿	青蝇点素

（2）逆向组合（去上阳阴）

热火朝天	大好河山	上雨旁风
字里行间	万里长征	刻骨铭心
视死如归	万古长青	奋起直追
步履维艰	信以为真	痛改前非
万马齐喑	墨守成规	弄巧成拙
调虎离山	耀武扬威	下笔成章
驷马难追	暮鼓晨钟	破釜沉舟
地广人稀	袖手旁观	欲火焚身
木已成舟	逆水行舟	异口同声
四海为家	物腐虫生	具体而微
救死扶伤	叫苦连天	背井离乡
兔死狐悲	遍体鳞伤	妙手回春

（3）无向组合

班门弄斧	安不忘危	别具匠心
标新立异	沧海桑田	出奇制胜
德高望重	飞黄腾达	亘古未有
坚韧不拔	苦尽甘来	络绎不绝
民脂民膏	脑满肠肥	喷薄欲出
千秋万代	权宜之计	人声鼎沸
如雷贯耳	三生有幸	审时度势
谈虎色变	稳操左券	先声夺人
燕颔虎颈	雨后春笋	心宽体胖
忠言逆耳	洞天福地	姑息养奸
豁达大度	岿然独存	破绽百出
罄竹难书	水滴石穿	未雨绸缪

2. 五音节练习

[提示]

这里选用了几首古诗，由于目的是练基本功，无须在诗的意境、情感、内容上考虑太多，仅仅是借助诗的音节来练"气""声""字"，要求与前面的四音节练习完全一样。

（1）床前明月光，疑是地上霜，
　　举头望明月，低头思故乡

（2）千山鸟飞绝，万径人踪灭，
　　孤舟蓑笠翁，独钓寒江雪。

（3）锄禾日当午，汗滴禾下土，
　　谁知盘中餐，粒粒皆辛苦。

（4）白日依山尽，黄河入海流，
　　欲穷千里目，更上一层楼。

（5）春眠不觉晓，处处闻啼鸟，

夜来风雨声，花落知多少。

（6）人闲桂花落，夜静春山空，

月出惊山鸟，时鸣春涧中。

（7）日暮苍山远，天寒白屋贫，

柴门闻犬吠，风雪夜归人。

（8）向晚意不适，驱车登古原，

夕阳无限好，只是近黄昏。

三、绕口令及短文练习

1.声母练习

[提示]

运用绕口令练习声母发音时应注意：发音时声母的阻气部位与发音方法要十分准确；发音时弹吐要有力、要干脆，尽可能以最快的速度过渡到韵母去，不可拖泥带水，做过多的不必要的延长。

（1）双唇与唇齿音

△吃葡萄不吐葡萄皮，不吃葡萄倒吐葡萄皮。

△八百标兵奔北坡，炮兵并排北边跑；炮兵怕把标兵碰，标兵怕碰炮兵炮。

△民兵排选标兵，六班的标兵、七班的标兵、八班的标兵，评比台前比先进，比比谁更先进，选拔八名全排标兵上北京。

△长扁担，短扁担，长扁担比短扁担长半扁担；短扁担比长扁担短半扁担。长扁担绑在短板凳上，短扁担绑在长板凳上。长板凳不能绑在比短扁担长半扁担的长扁担上；短板凳也不能绑在比长扁担短半扁担的短扁担上。

△你会糊我的粉红活佛，来糊我的粉红活佛；你不会糊我的粉红

活佛，不要糊糊乱糊糊坏了我的粉红活佛。

△我们要学理化，他们要学理发。理化不是理发，理发不是理化。学会理化不会理发，学会理发也不懂理化。

△一条裤子八条缝，横缝上面有竖缝，缝了横缝缝竖缝，缝了竖缝缝横缝。

△奋发商店卖混纺，有红混纺，黄混纺，粉红混纺，花混纺，纷繁的混纺让大娘着了慌。仿佛进了混纺的大世界，眼也花，手也忙。吩咐女儿快快来，赶忙帮我挑混纺。

△炮兵攻打八面坡，炮兵排排炮弹齐发射，步兵逼近八面坡，灭敌八千八百八十多。

（2）舌尖中音（舌尖音）

△你会炖我的炖冻豆腐，来炖我的炖冻豆腐；你不会炖我的炖冻豆腐，别胡炖乱炖炖坏了我的炖冻豆腐。

△牛郎年年恋刘娘，刘娘连连念牛郎。牛郎恋刘娘，刘娘恋牛郎，郎恋娘来娘恋郎。

△门外有四匹伊犁马，你爱拉哪俩拉哪俩；门外有四辆四轮大马车，你爱拉哪两辆拉哪两辆。

△打南边来了两队篮球运动员，一队是穿蓝球衣的男运动员，一队是穿绿球衣的女运动员。男女运动员都来练投篮，不怕累，不怕难，努力练投篮。

△老龙恼怒闹老农，老农怒恼闹老龙，农怒龙恼农更怒，龙恼农怒龙怕农。

△新郎和新娘，柳林里面来乘凉。新娘问新郎：你是下湖去挖泥，还是下田去扶犁？新郎问新娘：你是柳下把书念，还是下湖去采莲？新郎新娘商量定，我采莲，你挖泥，我拉牛，你扶犁；等挖完了泥，扶完了犁，也采完了莲，咱俩再到柳林里面一同把书念。

△练一练，念一念，n、l要分辨，l是舌边音，n是鼻音要靠前，

你来练，我来念，不怕累，不怕难，齐努力，攻难关。

△新脑筋，老脑筋，老脑筋可以改造成新脑筋，新脑筋不学习就会变成老脑筋。

△大刀对单刀，单刀对大刀，大刀斗单刀，单刀夺大刀。

△你能不能把公路旁柳树下的那头老奶牛，拉到牛栏山牛奶站的挤奶房来，挤了牛奶拿到柳林村，送给岭南乡托儿所的刘奶奶。

△老刘和老牛，南宁南岭农场去拉粮，老刘拉了六千六百六十六斤六两六的粮，老牛也拉了六千六百六十六斤六两六的粮，老刘老牛俩人拉了两个六千六百六十六斤六两六的粮。

（3）舌面后音（舌根音）

△粉皮墙上画凤凰，黄凤凰、红凤凰、粉红凤凰、花凤凰。

△哥挎瓜筐过宽沟，赶快过沟看怪狗，光看怪狗瓜筐扣，瓜滚筐空哥怪狗。

△古老街前胡古老，古老街后古老胡，都说自己最古老。不知是胡古老比古老胡古老，还是古老胡比胡古老古老？

△一班有个黄贺，二班有个王克，黄贺、王克俩人搞创作，黄贺搞木刻，王克写诗歌。黄贺帮助王克写诗歌，王克帮助黄贺搞木刻。由于俩人搞协作，黄贺完成了木刻，王克写好了诗歌。

△老华工葛盖谷，刚刚过了海关，归国观光，来到了港口家乡，观看故国风光。昔日港口空空旷旷，如今盖满楼阁街道宽广。过去高官克扣港口渔工，鳏寡孤独尸骨抛山岗；如今只见桅杆高挂帆，渔歌高亢唱海港。归国观光的葛盖谷无限感慨，感慨故国港口无限风光。

（4）舌面前音（舌面音）

△稀奇，稀奇，真稀奇，蟋蟀踩死大母鸡，气球碰坏大机器，蚯蚓身长七丈七。

△巾上有菌，菌集巾上密如云，小晋要洗巾上菌，污水洗巾菌加菌，气得小晋烧菌巾，旧巾成灰换新巾。

△七加一，七减一，加完减完等于几？七加一，七减一，加完减完还是七。

△七巷有一个锡匠，西巷有一个漆匠。七巷的锡匠拿了西巷漆匠的漆；西巷的漆匠也拿了七巷锡匠的锡。七巷的锡匠嘲笑西巷漆匠拿了锡，西巷的漆匠讥笑七巷锡匠拿了漆。

△东街计家买了个氢气球，西街徐家买了个气球轻。也不知是东街计家的气球比西街徐家的气球轻；还是西街徐家的气球比东街计家的气球轻。

△田建贤前天从前线回到家乡田家店，只见家乡变化万千，繁荣景象在眼前显现。青山树上挂满了金橘，农业丰收喜讯频传，新房里家具漂亮，高压电线通向天边。

△京剧是京剧，警句是警句，京剧不能叫警句，警句也不能叫京剧，更不能叫金剧。

△清早起来雨稀稀，焦七上街去买席，骑着毛驴跑得急，捎带卖蛋又贩漆。一跑跑到金桥西，毛驴一下失了蹄。打了蛋，洒了漆，跑了驴，急得焦七眼泪滴，又哭鸡蛋又骂驴。

（5）舌尖前音与舌尖后音（平舌音与翘舌音）

△长长虫围着砖堆转三转，短长虫在里钻穿砖堆蹿十蹿；长长虫转完了三转钻砖堆，短长虫蹿完了十蹿再围着砖堆转十转。

△四十四个字和词，组成一首子、词、丝的绕口词。桃子、李子、梨子、栗子、橘子、柿子、槟子、榛子，栽满院子、村子和寨子。名词、动词、数词、量词、代词、副词、助词、连词，造成语词、诗词和唱词。蚕丝、生丝、熟丝、缫丝、染丝、晒丝、纺丝、织丝，自制粗丝、细丝、人造丝。

△四是四，十是十，十四是十四，四十是四十，十不能说成四，四也不能说成十，假使说错了，就可能误事。

△知道就说知道，不知道就说不知道。不要知道说不知道，也不

要不知道说知道。要老老实实，实事求是。

　　△宿舍前边有三十三棵桑树，宿舍后面有四十四棵枣树。我的小侄子分不清桑树和枣树，把三十三棵桑树叫枣树，把四十四棵枣树叫桑树。

　　△三哥三嫂子，借给我三斗三升酸枣子，等我上山摘了酸枣子，再奉还三哥三嫂子的三斗三升酸枣子。

　　△石狮寺前有四十四只石狮子，寺前树上结了四十四个涩柿子；四十四只石狮子不吃四十四个涩柿子；四十四个涩柿子更不会吃四十四只石狮子。

　　△山前有个崔粗腿，山后有个崔腿粗，二人山前来比腿，不知是崔粗腿比崔腿粗的腿粗，还是崔腿粗比崔粗腿的腿粗。

　　△报纸是报纸，抱子是抱子。报纸抱子两回事，抱子不是报纸，看报纸不是看抱子，只能抱子看报纸。

　　△蔡小柴与翟小才一起来栽菜，一起来摘菜。蔡小柴栽大白菜，翟小才摘小青菜，蔡小柴栽了大白菜帮翟小才摘小青菜，翟小才摘了小青菜帮蔡小柴栽大白菜，大白菜、小青菜是蔡小柴和翟小才一块栽、一块摘。

　　△三山撑四水，四水绕三山，三山四水春常在，四水三山总是春。

　　△杂志社出杂志，杂志出在杂志社。有政治常识、历史常识、写作指导、诗词注释，还有那植树造林、治理沼泽、栽种花草、生产手册，种种杂志数十册。

2.韵母练习

[提示]

运用绕口令练习韵母发音时应注意：发单韵母时口型、舌位要准确；发复韵母、鼻韵母时，不但要准确还要注意音素过渡的有机性，而且气息要通畅，声音要响亮。

（1）单韵母

△白石塔，白石搭，白石搭白塔，白塔白石搭，搭好白石塔，石塔白又大。

△阿发和阿大，打靶在山下，阿发打八发，阿大八发打，阿发脱靶太尴尬，阿大中靶笑哈哈。

△张伯伯，李伯伯，饽饽铺里买饽饽。张伯伯买了个饽饽大，李伯伯买了个大饽饽，拿回家里给婆婆，婆婆又去比饽饽，也不知是张伯伯买的饽饽大，还是李伯伯买的大饽饽。

△坡上立着一只鹅，坡下就是一条河。宽宽的河，肥肥的鹅，鹅要过河，河要渡鹅，不知是鹅过河，还是河渡鹅。

△哥哥乘客车，采购去买货。货物有特色，质量也合格。片刻买了许多货，哥哥心里乐呵呵。

△老齐拉了一车梨，老李拉了一车栗。老齐人称大力齐，老李人称李大力。老齐拉梨梨换栗，老李拉栗栗换梨。

△巴五哥有八十八棵芭蕉树，有八十八个把式要在巴五哥的八十八棵芭蕉树下住。巴五哥拔了八十八棵芭蕉树，不让八十八个把式在八十八棵芭蕉树下住。八十八个把式在八十八棵芭蕉树边哭。

△阳光洒满屋，书店老傅来卖书，图书堆了一大屋，汉语书、英语书、俄语书、日语书……眼看图书直嘀咕：我先读哪本书？拿过一本看目录，越读越爱读，越读越想读，花了五块五，买回了这本书。

△大路边上一面鼓，鼓上一只皮老虎。皮老虎抓破了鼓，拿块破布往上补。只见过破布补破裤，没见过破布补破鼓。

△出西门，走五步，拾了块鼓皮补皮裤，是鼓皮补皮裤，不是鼓皮不必补皮裤。

△曲阜女小吕，骑驴去演剧。路上遇大雨，穿上雨衣，拿着雨具，继续骑驴去演剧。

△打南边来了个喇嘛，手里提着五斤鳎目；从北边来了个哑巴，腰里别着个喇叭。提着鳎目的喇嘛，要拿鳎目换别着喇叭哑巴那个喇叭，别着喇叭的哑巴不拿喇叭换提着鳎目喇嘛那个鳎目。提着鳎目的喇嘛就拿鳎目打了别着喇叭哑巴一鳎目；别喇叭的哑巴，就拿喇叭打了提着鳎目喇嘛一喇叭。也不知是提鳎目喇嘛拿鳎目打了别喇叭哑巴一鳎目；还是别喇叭哑巴拿喇叭打了提鳎目喇嘛一喇叭。喇嘛炖鳎目，哑巴嘀嘀嗒嗒吹喇叭。

△阿伯搞文科，阿婆爱唱歌。阿婆给阿伯来磨墨，阿伯默默来写歌。写好歌，阿婆即刻就唱歌，阿伯听了心里乐，阿婆阿伯一起笑呵呵。

△河边住着薄老伯，船上住着何老伯，薄老伯上船找何老伯，何老伯上岸找薄老伯，薄老伯在船上没找着何老伯，何老伯在岸上也没找着薄老伯。

△打南坡走过来个老婆婆，两手托着俩笸箩，左手托着笸箩装的是菠萝，右手托着笸箩装的是萝卜。你说说，是老婆婆左手托着的笸箩装的菠萝多？还是右手托着笸箩装的萝卜多？说得对，送你菠萝和萝卜，说得不对让你扛着笸箩上山坡。

△村里有个顾老五，穿上新裤去卖谷。卖了谷，买了布，外加一瓶老陈醋。肩背布，手提醋，老五急忙来赶路。走了一里路，看见一只兔，老五放下布和醋，糊里糊涂去追兔。挂破了裤，也没追上兔，回来不见布和醋。

△老吕和老徐，上街去买鱼，走到半路天下雨，二人都没带雨具，顾不得上街去买鱼，先找地方去躲雨。

（2）复韵母

△宣传节约用水，必须跑腿用嘴，你不跑腿用嘴，就宣传不好节约用水。

△买白菜，搭海带，不买海带就别买大白菜。买卖改，不搭卖，

不买海带也能买到大白菜。

△山羊上山，山碰山羊角；水牛下水，水没水牛腰；猪进猪圈，猪拱大猪槽；毛驴驮草，草压毛驴腰。

△一只猴牵着只狗，坐在油篓边上喝点酒，猴喝酒还就着藕，狗啃骨头也啃油篓。猴拿油篓口去套狗的头，狗的头进了猴的油篓口，狗啃猴的油篓篓才漏，狗不啃油篓篓不漏油。

△大柳河旁有六十六棵大青柳，大青柳下有六十六个柳条篓，有六十六个入伍六个月的战士学编篓，教编篓的是大柳河乡大柳河村大柳河旁大青柳下六十六岁的刘老六。

△贾家养俩鸭，一个白花鸭，一个灰花鸭，白花鸭比灰花鸭价大，灰花鸭比白花鸭个儿大。贾家要卖掉这俩鸭，白花鸭个儿小只好压价，灰花鸭个儿大可以抬价，结果俩鸭一个价。

△老爹上大街，砖头绊老爹，老爹一趔趄，跌倒在当街，眼睛一乜斜，口中骂不迭。姐姐扶老爹，老爹忙道谢。砖头放当街，此举应警戒。

△一个胖娃娃，画了三个大花活蛤蟆，三个胖娃娃，画不出一个大花活蛤蟆。画不出一个大花活蛤蟆的三个胖娃娃，真不如画了三个大花活蛤蟆的一个胖娃娃。

△老罗性懦弱，不活络；老郭很活络，不懦弱。老郭老骂老罗太懦弱，老罗老说老郭太啰唆；老郭不怕老罗说哆嗦，老罗却怕老郭说懦弱。

△真绝、真绝、真叫绝，皓月当空下大雪，麻雀游泳不飞跃，鹊巢鸠占鹊喜悦。

△白庙外蹲着一只白猫，白庙里有一顶白帽。白庙外的白猫看见了白庙里的白帽，叼着白庙里的白帽跑出了白庙。

△华华有两朵黄花，佳佳有两朵白花，华华要白花，佳佳要黄花，华华送给佳佳一朵黄花，佳佳送给华华一朵白花。佳佳和华华每

人一朵黄花一朵白花。

△东街住的老贾种冬瓜，西街住的老华种西瓜；不知东街住的老贾种的冬瓜大，还是西街住的老华种的西瓜大。

△墙头上有个老南瓜，掉下来打着胖娃娃。娃娃叫妈妈，妈妈哄娃娃，娃娃骂南瓜。

△大哥有大锅，二哥有二锅。大哥要换二哥的二锅，二哥不换大哥的大锅。

△打南边来了个瘸子，手里托着个碟子，碟子里装着茄子。地上钉着个橛子，瘸子踩上了橛子，一下摔倒了瘸子，砸了瘸子手里的碟子，也撒了碟子里的茄子，气得瘸子踩了茄子，拔了橛子。

△槐树槐，槐树槐，槐树底下搭戏台。演员抹着一脸白，歪着脑袋上戏台。

△南边来了个秃老美，北边来了个小魔鬼；秃老美打断了小魔鬼的腿，小魔鬼咬破了秃老美的嘴。

△大嫂子，大小子，坐在一块比包饺子，不知是大嫂子包的饺子比大小子包的饺子小，还是大小子包的饺子比大嫂子包的饺子小。

△老姥姥问姥姥，姥姥老问老姥姥；小娇娇吃饺饺，娇娇老吃小饺饺。

△出北门，走六步，见着六叔和六舅，叫声六叔和六舅，借我六斗六升好绿豆，过了秋，打了豆，还我六叔六舅六斗六升好绿豆。

△从营房里出来两个排，直奔正北菜园来，一排浇菠菜，二排砍白菜，剩下他们种的一千八百八十八棵大白花菜没有掰。一排浇完了菠菜，二排砍完了白菜，一块儿去把一千八百八十八棵大白花菜掰下来，一块儿去把一千八百八十八棵大白花菜背回家里来。

△春雨贵如油，渠水是美酒，美酒灌麦田，醉得麦苗绿油油。

△薛大爷在屋里打铁，谢老爹在街上扫雪。薛大爷见谢老爹在街上扫雪，急忙放下手里打着的铁，到街上去帮谢老爹扫雪。谢老爹扫

完了雪，进屋去帮薛大爷打铁。二人同扫雪，二人同打铁。

△江南春早，江南春好，红了樱桃，绿了芭蕉。江南春早，江南春好，绿水含娇，红旗飘飘，田野上车儿跑，河塘里船儿摇。

△小妞妞围兜兜，坐在地头看豆豆，地边儿来了一头牛，小妞怕牛踩坏豆，跨过小土丘，跳过小水沟，忙把牛绳拉在手，小牛羞得哞哞叫，大伙都夸小妞妞。

△墙头一棵草，风吹两边倒——东风吹来向西倒，西风吹来向东倒。墙草墙草我问你：要是没有风，你向哪边倒？

（3）鼻韵母

△一平盆面，烙一平盆饼；饼平盆，盆平饼；饼碰盆，盆碰饼。

△出了营门向南看，南山修座发电站，全团都在把活干，你也不能站着看。你是帮着一营修发电站，还是帮着二营、三营刨土埋电线杆，还是爬上电线杆帮着绑电线。

△南门外有个面铺面冲南，门上挂着蓝布棉门帘。摘了蓝布棉门帘，瞧了瞧南门外头面铺面冲南；挂上蓝布棉门帘，瞧了瞧，还是南门外头面铺面冲南。

△大和尚常常上哪厢？大和尚常常过长江。过长江到底为哪桩？过长江是去看望小和尚，大和尚原先在襄阳，小和尚原先在商乡，大和尚和小和尚常常相商量，大和尚讲小和尚强，小和尚说大和尚长，小和尚煎姜汤让大和尚尝，大和尚奖赏给小和尚檀香一箱。

△陈阵、沈沉二人去淘金，陈、沈同出门，同行不同心，陈阵想独吞，沈沉早有心，岂不知淘金需同心，分心难淘金。陈阵、沈沉两手空空回家门。

△姓陈不能说成姓程，姓程不能说成姓陈，禾木是程，耳东是陈，如果陈程不分，就会认错人。

△我家有个肥净白净八斤鸡，飞到张家后院里；张家有个肥净白净八斤狗，咬了我的肥净白净八斤鸡。卖了他的肥净白净八斤狗，赔

了我的肥净白净八斤鸡。

△东洞庭，西洞庭，洞庭山上一根藤，藤条顶上挂铜铃。风吹藤动铜铃鸣，风停藤定铜铃静。

△谭家谭老汉，挑担到蛋摊，买了半担蛋，挑蛋到炭摊，再买半担炭。满担炭和蛋，老汉往家赶，脚下绊一绊，绊倒谭老汉，破了半担蛋，翻了半担炭，脏了新衣衫。老汉看了看，急得满头汗，蛋炭都完蛋，怎吃蛋炒饭。

△学语言，用语言，刻苦学习说话不费难。播音员学语言，播音亲切又自然；主持人学语言，言语准确、好听，有美感；演员学语言，台词有韵传得远。

△山前有个阎圆眼，山后有个阎眼圆，俩人山前来比眼。不知是阎圆眼比阎眼圆的眼圆，还是阎眼圆比阎圆眼的眼圆。

△蓝天上是片片白云，草原上是银色的羊群。近处看，这是羊群，那是白云；远处看，分不清，哪是羊群？！哪是白云？！

△杨家养了一只羊，蒋家修了一垛墙。杨家的羊撞倒了蒋家的墙，蒋家的墙压死了杨家的羊。杨家要蒋家赔杨家的羊，蒋家要杨家赔蒋家的墙。

△手拿长枪上城墙，上了城墙手耍枪，见枪不见墙，见墙不见枪，眼花缭乱，武艺高强。

△十字路口红绿灯，红黄绿灯看分明，绿灯行，红灯停，绿色箭头向左行，行停停行看灯明。

△真冷、真冷、真正冷，冷冰冰，冰冰冷，人人都说冷，猛的一阵风，更冷。说冷也不冷，人能战胜风，更能战胜冷。

△天上一个盆，地下一个棚，盆碰棚，棚碰盆，棚倒了，盆碎了，是棚赔盆，还是盆赔棚？

△同姓不能说成通信，通信也不能说成同姓；同姓可以互相通信，通信不一定同姓。

△英勇荣军，态度雍容，踊跃拥军，永远光荣。

△长江上帆船帆布黄，船舱里放着一张床，床上躺着老大娘，大娘年高怕大浪，头晕恶心心发慌，船老大来身旁，亲亲热热唠家常，还把姜汤来端上，平安返回家里去，大娘告别热泪淌。

△黄山有座城隍庙，城隍庙里两判官，左边是王判官，右边是庞判官，不知是王判官管庞判官，还是庞判官管王判官。

△梁木匠、梁瓦匠，两梁有事齐商量，梁木匠天亮晾衣裳，梁瓦匠天亮晾高粱。梁木匠晾衣裳受了凉，梁瓦匠晾高粱少了粮。梁木匠思量梁瓦匠少了粮，梁瓦匠料想梁木匠受了凉。

△学习就怕满、懒、难，心里有了满、懒、难，不看不钻就不前。永不自满，边学边干，蚂蚁也能搬泰山。

△困难像弹簧，看你强不强。你强它就弱，你弱它就强。

△任命是任命，人名是人名，任命人名不能错，错了人名就错下了任命。

△望夜空，满天星，光闪闪，亮晶晶。好像那小银灯，大大小小、密密麻麻、闪闪烁烁、数来数去数也数不清。仔细看，看分明。原来那群星星分了星座还起了名。按亮度分了等：一等、二等、三等、四等、五等、六等，一共分六等。谁最亮是一等，谁最暗是六等，一等到六等总共有六千九百多颗是恒星。星空中，还有那大行星、小行星、卫星、彗星及无数看不清的无名点点小繁星。看清这些小繁星，您要借助现代化的天文望远镜。

△东有荥阳，西有咸阳，南有衡阳，北有汾阳。荥阳、咸阳、衡阳、汾阳，东西南北四个阳，发音不能走了样。

△张家湾村前有座山，詹家湾村后有个滩。从张家湾到詹家湾，要绕过高高低低的山，要走过坑坑洼洼的滩。从詹家湾到张家湾，要走过坑坑洼洼的滩，要绕过高高低低的山。农民兄弟力量大，打通了山，填平了滩。张家湾、詹家湾，詹家湾、张家湾，来来往往不费难。

△霜打青松松更青，血染红旗旗更红。生命不息向前冲，青春壮丽火更红。

△山上青松根连根，各族人民亲又亲，团结胜利向前进，保卫祖国万年春。

△英雄红军上战场，勇敢顽强志更旺，人民群众总动员，增产粮棉送前方。兵民并肩同奋战，前线天天打胜仗。

3. 声调练习

[提示]

运用绕口令练习声调发音时应注意：四个声调及轻声要分清楚，不可似是而非，对上声（即第三声）的音节，要根据上声变调规律进行变调。

△鲍指导让小宝去拿刨，小宝知道刨是鲍指导的宝，路上遇雹，雹打宝，宝保刨，衣包刨，雹打宝头两个包，刨被宝保仍完好。鲍指导知道了宝为保刨头起包，鲍抱宝，宝抱鲍。

△鲍保的宝宝爱吃汉堡包，葆豹的宝宝爱吃油爆包，鲍保的宝宝说汉堡包好，葆豹的宝宝说油爆包好。不知是鲍保的宝宝爱吃的汉堡包比葆豹的宝宝爱吃的油爆包好，还是葆豹的宝宝爱吃的油爆包比鲍保的宝宝爱吃的汉堡包好。

△时时注意，政治时事，事事报道，绝不失实，重大史实，写成史诗，可贵之处，实事求是。

△石勇、施庸，研究时钟，刻苦十冬，终于成功。通过试用，非常实用。"狮勇"时钟，都爱使用。

△李莉买了一斤梨，黎里买了一斤栗，李莉要用梨换栗，黎里要用栗换梨。不知是李莉换了黎里的栗，还是黎里的栗换了李莉的梨。

△姥姥喝酪，酪落，姥姥捞酪；舅舅架鸠，鸠飞，舅舅揪鸠；妈妈骑马，马慢，妈妈骂马；妞妞轰牛，牛拧，妞妞拧牛。

△世间有石剑，记载竹湿笺，考察费时间，开采事更艰。实践再

实践，石剑方始见，采来宝石剑，世间大事件。

△语言学家来预言，要大摆鱼宴讲寓言，言中有言留余言，无需宴前来预演。

△小石和小史，两人来争执。小石说"正直"应该读"政治"，小史说"整治"应该念"整枝"。两人争得面红耳也赤，谁也没读准"正直""整治""政治"和"整枝"。

△佟同志用铜质版印通知，与佟同志同职的通同志去通州发通知，佟同志知道同职的通同志受伤刚痛止，就代替通同志去通州发佟同志用铜质版印的通知。

△小星和小幸，一起来比劲。小星说小星比小幸行，小幸说小幸比小星行。比赛场上比输赢，看看到底是小星比小幸行，还是小幸比小星行。

△黄猫毛短戴长毛帽，花猫毛长戴短毛帽，不知短毛猫的长毛帽比长毛猫的短毛帽好，还是长毛猫的短毛帽比短毛猫的长毛帽好。

△珍珍绣锦枕，绣锦用金针，双蝶枕上争，珍珍的锦枕送婶婶。

△一台拖拉机，拉着一张犁。拖拉机拉犁犁翻地，翻地翻得深又细。拖拉机出的力，犁翻的地，你说是犁翻的地还是拖拉机翻的地。

△妈妈给我四十四个钱，跑到施家丝店里买丝线。花了四个钱，买了四条白色细丝线，花了四十个钱，买了四十条红色细丝线。

△老师让老史写日志，老史老是不去写日志，老史老是骗老师，老师老是说老史不老实。

4.音变练习

[提示]

这部分的练习应注意："儿化"要"化"得自然、准确，不能听似两个音节；"一"和"不"的变调要严格按规律变化；"啊"的音变不要仅注意了"音"的变化而忽略了它仍然是轻声，不要发得过重；轻声字要注意不要"吃字"。

△进了门儿，倒杯水儿，喝了两口运运气儿。顺手拿起小唱本儿，唱一曲儿又一曲儿，练完了嗓子练嘴皮儿。绕口令儿，练字音儿，还有快板儿对口词儿，越说越唱越带劲儿。

△你别看就那么两间小门脸儿，你别看屋子不大点儿，你别看设备不起眼儿，代销员为人民服务的思想贴心坎儿。有火柴，有烟卷儿，有背心儿，有裤衩儿，有手电、蜡烛、盘子、碗儿，有刀子、勺子、小饭铲儿。这起个早儿贪个晚儿，买什么都在家跟前儿。

△有个小孩儿叫小兰儿，口袋儿里头装着钱儿，又打醋，又买盐儿，还买了一个小饭碗儿。小饭碗儿，真好玩儿，红花儿绿叶儿镶金边儿，中间儿还有个小红点儿。

△小姑娘儿红脸蛋儿，红头绳儿扎小辫儿，系上围裙儿来做饭儿：淘小米儿，小半盆儿，小白菜，剁几根儿，还有一盘儿萝卜丝儿，再来个粉皮儿熬小鱼儿。

△好热天儿，挂竹帘儿，歪脖儿树底下有个小妞儿编花篮儿，一编编了个玉花篮儿，里边儿还有栀子茉莉半枝莲儿。

△今儿个的天儿真好，万里无云大晴天儿。一大早儿我就和小王儿俩人到海边儿去遛弯儿。啊！这海边儿多美啊。你看，天连水，水连天，一眼望不到边儿。一阵儿阵儿的海风吹来，凉丝儿丝儿的。沙滩上大大小小、五颜六色的贝壳儿，更是迷人。大个的就像是个小花扇儿，小的就像小纽扣儿那么一丁点儿，那贝壳儿上的一道儿道儿的花纹儿都是那样儿的清晰。我们看看这个好玩儿就装在口袋儿里，看看那个也好玩儿又装在口袋儿里，不一会儿我们就拣了满满儿一口袋儿小贝壳儿和小海螺儿。

△雷锋他艰苦朴素成习惯，处处为国家来打算，自己做了个节约箱，拣了东西往里装，里边儿有：鞋帮儿、鞋底儿、鞋后跟儿、麻绳头儿、旧车胎、橡皮筋儿、铆钉、螺丝、大头针儿、碎布条儿、烂布头儿、毛巾、袜子、破手绢儿、罐头盒儿、瓶子盖儿、碎铜、烂铁、

麻袋片儿一件儿一件儿又一件儿。

△王老汉手拿一根不长不短的鞭子，赶着一辆不新不旧的大马车，拉着只多不少的公粮，奔驰在一条不宽不窄的大道上。到了粮库门口儿，他不慌不忙地停下了那辆不新不旧的大马车，不声不响地放下了那根不长不短的鞭子，不遗余力地扛起一包包的公粮，不高不低地哼着丰收小调儿，把只多不少的公粮，送进了国家的大粮仓。

△冬冬打碎一个花瓶儿，爸爸见了不言不语，妈妈瞧了不慌不忙，冬冬心里一落一起。打碎花瓶不是故意，所以妈说："不批评你。"不过爸说："以后要注意！"妈说："旧的不去，新的不来。"冬冬心里的石头这才算落了地。冬冬说："以后再不粗心大意。"爸说："要从不管不顾改起。"全家一说一笑，解决了冬冬的一个大问题。

△干什么工作都要一心一意，言行一致，表里如一，埋头苦干，踏踏实实。有了成绩不能骄傲，遇到了困难不要失掉信心。工作不要一高一低像大海波浪式的，要始终如一，积极上进。干什么工作都要不折不扣，不讲价钱，不说怪话。

△有些人说工作忙，没有时间学习。我认为问题不在工作忙，而在于你愿不愿意学习，会不会挤时间。

要学习的时间是有的，问题是我们善不善于挤，愿不愿意钻。一块好的木板，上面一个眼儿也没有，但钉子为什么能钉进去呢？这就是靠压力硬挤进去的，硬钻进去的。

由此看来，钉子有两个长处：一个是钻劲，一个是挤劲。我们在学习上，也要提倡这种"钉子"精神，善于挤和善于钻。

△甲：谁啊？

乙：我啊！

甲：你怎么不进来啊？

乙：开不开门啊！

甲：你干吗不带钥匙啊？

乙：没找着啊！

甲：你这个人真粗心啊！今天你怎么回来得这么晚啊？

乙：准备晚会节目呢！

甲：你们班搞了些什么节目啊？

乙：有快板儿啊，朗诵啊，男女声小合唱啊，民乐小合奏啊，独幕剧啊……

甲：嚯，这么多啊！

乙：你们班准备得怎么样啊？

甲：不行啊！差得太远了，看来我们得赶快加把劲儿才行啊！

乙：是啊！是得赶快点啊，听说晚会可能要提前举行啦！

△你快瞧这幅画儿啊，上面的山啊、水啊、树啊、房子啊、田野啊，画得多像啊！看啊，那画面上的小孩儿们玩得多欢啊！还有牛啊、羊啊、猪啊、鸡啊、鸭啊，都跟活的似的，这画儿画得可真好啊！

△鸡啊、鹅啊、猫啊、狗啊，一块儿在河里游啊！牛啊、羊啊、马啊、驴啊，一块儿进鸡窝啊！狼啊、虎啊、鹿啊、豹啊，一块儿在逛街啊！兔儿啊、鼠儿啊、虫儿啊、鸟儿啊，一块儿去读书啊！

△甲：你是谁啊？

乙：我是张果老啊！

甲：你怎么不进来啊？

乙：我怕被狼狗咬啊！

甲：你兜儿里装的是什么啊？

乙：装的是大枣儿啊！

甲：你怎么不吃啊？

乙：我怕牙酸倒啊！

甲：胳肢窝里夹的啥啊？

乙：一件破皮袄啊！

甲：你怎么不穿啊？

乙：我怕虱子咬啊！

甲：怎么不叫你老伴帮着拿拿啊？

乙：老伴死得早啊！

△也许你在工作里、生活里都遇到过困难……

在我的心里，困难就和胜利站在一起，困难是一条河，胜利就是河那边的山。过了河，就上了山。不要只看见河，就看不见山；也不要只看见山，却看不见困难。

困难总是躲在你的前面，试试你的耐心，试试你的勇气和力量。你慢慢儿会发现困难喜欢交朋友。一个小困难它会介绍你认识一个大困难。如果你始终也不躲开它们，那它们就会给你越来越多的知识和胆量，直到最后它们才给你让开路，把你送走。

如果你高兴，你还可以回过头来，看看这些困难朋友。向困难伸过手去吧！在生活里这是你最好的朋友。

△下雪了，雪下得真大，雪花儿像鹅毛一样从天上飘下来，落在山上、田野上、房子上、大树上，盖上一层，又盖上一层，全是白茫茫的了。

外边儿静悄悄的，行人很少。

雪停了，太阳出来了。太阳光照在树上，亮得耀眼。山啊、田野啊、房子啊、大树啊，全变了样儿了，都穿上了白色外衣。校旁那两座小塔，都戴上了顶白帽子，比平常更好看了。

下课后，同学们都到院子里来了。大家滑雪、扔雪球儿、堆雪人儿。他们的脸跟鼻子都冻得红红的，可还是玩得很起劲儿。

四、整体练习

在所有练习中，都要把"气""声""字"结合在一起进行整体训练，不可仅注意一方面而忽略其他方面。有些练习还应适当表达"意"。要不断用本书第一章第二节基本功的内容中所讲述的口诀指导训练。练习时可用两种不同的方法训练：一、放慢速度，注意吐字归音、气息的柔和通畅、声音的重轻变化；二、加快速度，注意口齿的清晰、声音的松弛、气息的顺畅，特别注意不要一味追求一口气说很多，以致气息的状态失常，出现憋气或者声音失去共鸣的现象。

1. 吐字歌（包含普通话所有的声韵调）

学好声韵辨字调，阴阳上去要分明。

部位方法须找准，开齐合撮属口形。

双唇北边买鞭炮，唇齿复返飞佛峰。

舌面击剑先行气，舌根坏狗喝苦羹。

翘舌身壮善吃肉，平舌做操在三层。

舌尖胆大能登岭，道途路难太头疼。

送气倜傥扛枪闯，不送孤军单兵争。

边音脸冷老流泪，鼻音盲目拿柠檬。

塞音尴尬抬头看，塞擦举旗在征程。

擦音好人发诗兴，清浊有别各成声。

合口无话传村外，开口大伯儿子哼。

撮口许愿遇雨雪，齿齿下桥勇见鹰。

归圆小邱走楼道，前鼻心暖人间春。

归展排队买白菜，后鼻张翁擎红灯。

掌握吐字三部曲，呼吸自如求共鸣。

咬住字头归字尾，不难达到纯和清。

2. 绕口令集锦

数九寒天冷风飕，转年是春打六九头。正月十五龙灯会，有一对狮子滚绣球。三月三王母娘娘蟠桃会，大闹天宫孙猴儿就把仙桃偷。五月当五端阳节，白蛇许仙不到头。七月七传说是天河配，牛郎织女泪双流。八月十五云遮月，月里嫦娥犯忧愁。要说愁咱们净说愁，说一段绕口令十八愁。虎也愁，狼也愁，象也愁、鹿也愁，骡子也愁马也愁，羊也愁，牛也愁，猪也愁来狗也愁，鸭子也愁鹅也愁，蛤蟆也愁螃蟹愁，蛤蜊也愁乌龟愁，鱼愁虾愁有分由。虎愁不敢把高山下，狼愁野心耍滑头，象愁鼻长皮又厚，鹿愁脑袋七叉八叉长犄角，马愁背鞍行千里，骡子愁得一世休，羊愁从小把胡子长，牛愁愁得犯牛轴，狗愁改不了净吃屎，猪愁离不开臭水沟，鸭子愁得扁了个嘴，鹅愁脑袋长了个大奔儿头，蛤蟆愁得长了一身脓包疥，螃蟹愁得净横搂，蛤蜊愁闭关自守，乌龟愁不敢出头，鱼愁离水不能走，虾愁愁得是空刨乱扎没有准头。

刚往窗上糊字纸，你就隔着窗户撕字纸，一次撕下横字纸，一次撕下竖字纸，横竖两次撕下四十四张湿字纸。是字纸你就撕字纸，不是字纸，你就不要胡乱地撕一地纸。不知字纸有多少字，字纸里包着细银丝，细银丝上爬着四千四百四十四个似死似不死的死虱子皮。

一道黑，两道黑，三四五六七道黑，八九道黑，十道黑。我买了一个烟袋乌木杆儿，我是掐着它的两头一道黑。二兄弟描眉来演戏，瞧着他的镜子两道黑。粉皮墙上写"川"字，横瞧竖瞧三道黑。象牙桌子乌木腿儿，把它放在那个炕上四道黑。我买了一只母鸡不下蛋，把它搁在那个笼里捂到黑。挺好的骡子不吃草，把它牵在那个街上遛到黑。买了一头小驴不套磨，把它背上它的鞍鞯骑到黑。小嘎子南洼去割菜，丢了他的镰刀拔到黑。满月的小孩儿得了病，团几个艾球灸到黑。卖瓜子儿的打瞌睡，哗啦啦撒了那么一大堆，他的扫帚、簸箕不凑手，那么一个儿一个儿拾到黑。

正月里，正月正，姐俩去逛灯。大姑娘名叫粉红女，二姑娘名叫女粉红；粉红女穿着一件粉红袄，女粉红穿着一件袄粉红，粉红女抱着一瓶粉红酒，女粉红抱着一瓶酒粉红，粉红女喝得酩酊醉，女粉红喝得醉酩酊；粉红女揪着女粉红就打，女粉红揪着粉红女就拧，女粉红撕了粉红女的粉红袄，粉红女撕了女粉红的袄粉红；姐俩打完停住手，各人买线各人缝，粉红女买了一条粉红线，女粉红找来一条线粉红，粉红女反缝缝缝粉红袄，女粉红缝反缝缝袄粉红。

天上看，满天星，地下看，有个坑，坑里看，有盘冰，坑外长着一老松，松上落着一只鹰，鹰下坐着一老僧，僧前点着一盏灯，灯前搁着一部经，墙上钉着一根钉，钉上挂着一张弓。说刮风，就刮风，刮得那男女老少难把眼睛睁，刮散了天上的星，刮平了地下的坑，刮化了坑里的冰，刮断了坑外的松，刮飞了松上的鹰，刮走了鹰下的僧，刮灭了僧前的灯，刮乱了灯前的经，刮掉了墙上的钉，刮翻了钉上的弓。这就是：星散、坑平、冰化、松倒、鹰飞、僧走、灯灭、经乱、钉掉、弓翻的绕口令。

3. 晨练

拂晓，大地还在朦胧中，我漫步在沉静、空旷的原野上，柔和、湿润的春风阵阵吹拂，带着大自然的馨香，沁人心脾。[1]我贪婪地呼吸着。（呼吸数次）[2]呵！只有早晨的空气才能这样清新。

远处传来清晰有力的口令声，"一、一、一二一、……一、二、三、四……一、一、一二一……（反复数次）"[3]是谁？和我一样，赶在朝霞的前面？哦，原来是一队乒乓健儿。啊！还有我认识的体育健将黄欢宽。

我大声呼唤："黄——欢——宽——。"[4]他看见了我，也对我大声嚷道："今天晚上我们红蓝队乒乓决赛，我对蓝队的王鸾望。你一

定要来观战，帮我们助威——！"

嘿！这场决赛一定精彩！因为红队的黄欢宽是直拍进攻型选手，他的特点是能以又重、又狠、又猛、又准的快速扣杀，以快制慢，以狠制转；而蓝队的王鸾望则是横拍防守型选手，他的特点是能以又稳、又刁、又转、又飘的多变柔削，以慢制快，以柔克刚。今晚的球赛真不知道是黄欢宽的又重、又狠、又猛、又准的快速扣杀战胜王鸾望的又稳、又刁、又转、又飘的多变柔削；还是王鸾望的又稳、又刁、又转、又飘的多变柔削打败黄欢宽的又重、又狠、又猛、又准的快速扣杀。太好了，这场球赛非看不可，我大声回答："今晚准时观战。"[5]

［1］按训练内容所描绘的规定情境进行练习。注意宁静的感觉；锻炼控制气息，声音轻，但要送得远；吐字清晰。

［2］要按呼吸口诀的要求训练呼吸，吸得深，呼得缓。

［3］喊口令时，一定要让小腹弹动起来，声音要由轻到响。也可再由响到轻，由轻再到响。可以想象是队伍由远到近，再由近到远，绕了一圈又回来，再由远到近的感觉。注意不可喊，要短促有力。

［4］呼喊的声音要特别注意呼气口诀的要求，高音低唱，打开通道。绝对不要抬肩抬胸，用喉头去"喊"。放慢的音节注意音素的有机过渡及声调强弱的准确。

［5］这一段绕口令，速度可逐渐加快，但嘴上喷吐要有力，咬字要准确、干净。内容要讲清楚，不要为绕而绕，为快而快。气口、节奏都要安排得当。

4. 旅游在上海

有人说上海是购物的天堂，不是游览的胜地，这话只说对了一半，上海同样也有不少令您心驰神往之地。

上海豫园就是江南的名园。内中的厅堂楼阁有快楼、万花楼、得月楼、两宜轩、鱼乐榭、点春堂和仰山堂。以武康石堆成的大假山重峦叠嶂，洞壑幽谷情景逼真。东部的玉玲珑是宋代花石纲遗物，具有

"皱""瘦""透""漏"之美。园中之点春堂乃 1853 年上海小刀会起义军的指挥所，还保存着当年的武器、文告、日月钱币等文物。

位于上海青浦的淀山湖，湖水碧澄如镜，沿岸烟树迷蒙，富有江南水乡的风光。您还可以走进呈现《红楼梦》意境的大观园之中，去看一看潇湘馆、怡红院、稻香村、蘅芜院、荣禧堂、梨香院，"曲径通幽"到石舫、"体仁沐德"过假山，那里还有奇花异卉、古树秀竹二十多万株，构成群芳争艳、梅林春深、金雪飘香等各具特色的风景点。

如果您再到上海植物园去瞧一瞧，更会使您感到自己完全置身于花草树木的海洋之中了。兰花室、牡丹园、蔷薇园、杜鹃园、松柏园……两千余种色彩缤纷的植物展现在您的眼前。其中盆景园更引人入胜，有盆景展览室、树桩盆景区、小盆景区、微型盆景馆、小山石盆景廊……那树桩盆景全是百年老树枝干，有梅榆、黄杨、海棠、石榴等等，都是那样的苍劲古朴。那山石盆景具有山水峰岭之趣，犹如见到云南石林、阳朔山水、黄山险峰。

看罢植物观动物，坐落在西郊的动物园里，您可以观赏到 350 余种天上飞的、地下跑的、水里游的、草里蹦的，各式各样的飞禽猛兽、蛇鸟鱼虫。其中有我国特产的稀有动物：大熊猫、丹顶鹤、金丝猴、扬子鳄、扭角羚、东北虎、大犀鸟、白唇鹿。还有来自世界各地的珍奇动物，什么长颈鹿、美洲狮、黑猩猩、非洲狮、鸵鸟、袋鼠、企鹅、河马和海狮。届时，大象公公、海狮女士、狗熊先生、猩猩博士和熊猫小姐还将为您表演精彩的文娱节目。

上海值得游览的地方还多着哪！像叶池、醉白池、秋霞圃、古猗园、松群九峰、汇龙潭、陶庵留碧、曲水园、明刻照壁、普济桥、松江唐经幢、嘉定孔子庙、南翔寺经幢、井带长虹放生桥。

寺院有玉佛寺、龙华寺、静安寺、真如寺、松江清真寺。

那造型各异的宝塔，更显示着古代人民高超的技艺。它们是：李

塔、泖塔、法华塔、西林塔、龙华塔、华严塔、方寿塔、青龙塔、秀道者塔、南翔寺砖塔、兴盛教寺塔。

此外，就在市区还有大大小小的公园 30 余座，可令您游览小憩。最后您还应该到黄浦江去畅游一番，看一看东方明珠，登上那南浦大桥、杨浦大桥，一睹世界斜拉桥冠军那气势磅礴、雄伟壮观的风貌。

我们热烈欢迎中外旅客到我们上海观光旅游。

5. 沪味食品小吃

女士们、先生们：你们不远千里、万里来到我们上海，总应该尝一尝上海的特色食品与风味小吃吧？！我现在就给您介绍一下：

您来上海，首先可以品尝品尝乔家栅的擂沙圆和粽子，美新的汤团和酒酿圆子，杏花楼的叉烧包子，新长发的糖炒栗子，春风松月楼的素面、素包子，稳得福的烤鸭子，采芝斋的粽子糖，功德林的素鸡素鸭，冠生园的牛肉干，利男居的萨其马，小绍兴的三黄鸡，洪长兴的涮羊肉，稻香村的鸭肫肝，老城隍庙的五香豆，豫新的糯米糖甜粥，同泰祥的糟鱼糟肉，还有南翔馒头店的小笼馒头。提起那儿的小笼馒头，其特点：卤重、味鲜、皮薄、馅多，食之伴以姜丝、香醋，真乃其味无穷。每当秋季来临，馅中再加蟹肉、蟹黄、蟹油，嘿，那味道……您还没吃哪，口水就得流出来。

您吃了这些还不满足，就请您再去尝尝：盛利炒面大王的金黄光亮、味浓喷香、油而不腻的重油炒面，再去品一品五味斋的龙眼糟螺，邵万生的醉蟹、醉蚶，王家沙的鲜肉酥饼，绿波廊的凤尾烧卖，鲜得来的排骨年糕，松盛店的鸡鸭血汤，五芳斋的寿桃、寿糕、蜜糕、方糕、糖年糕，富春园的蒸饼、汤包、千层油糕、素包、细沙包，还有桂花厅的鸽蛋圆子、如意糕、花色糕、麻蒸糕、鲜肉大包、焖肉面，外加双色百果糕。

总之，上海的特色食品、风味小吃是应有尽有。欢迎您一个一个品尝过来，才不使您枉此一行啊！

6. 谈花儿

女士们、先生们：你们喜欢花儿吗？你们知道各种花儿都有些什么含义？都各表达人们哪些情感愿望吗？你们还知道各国的国花儿都是什么吗？现在，我把我知道的一些告诉给大家。先说说一些花儿的含义：

白茶花表示真美，红茶花表示天生丽质，白菊花表示真实，红菊花表示我爱，黄菊花表示微爱，翠菊花表示追念；

紫罗兰诚实，野葡萄慈善，鸡冠花优美，紫丁香初恋，柠檬挚爱，白桑智慧，橄榄和平，桂花光荣，杏花疑惑，豆蔻别离，玫瑰爱情，野桑生死与共；

白百合花表示纯洁，红康乃馨表示伤心，黄康乃馨表示轻视，条纹康乃馨表示拒绝，红郁金香表示宣布爱恋，黄郁金香表示爱的绝望。

好！下面我再说说各国的国花儿：

美国是山楂花儿，印尼是茉莉花儿，新加坡是兰花儿，西班牙是石榴花儿，罗马尼亚白蔷薇，法兰西是百合花儿；

泰国睡莲、瑞典铃兰、意大利雏菊、希腊橄榄，葡萄牙是薰衣草，巴西是热带兰，匈牙利、伊朗、土耳其与荷兰全是郁金香，咱们中国是花中之王：富丽鲜艳的大牡丹。

女士们、先生们：如果你们知道的比我更多，欢迎你们再给予补充，谢谢！

7. 名剧剧名集锦

在《第十二夜》的《黎明之前》，一批《威尼斯商人》《北京人》《日考夫一家人》来到《不平静的海滨》。在《芳草天涯》又遇到了《李尔王》《维洛那二绅士》和《普拉东·克列契特》，他们要抓《捕风捉影》《无事生非》《知法犯法》《无病呻吟》的《伪君子》和那些《乱世男女》。《黑夜静悄悄》，走着《不平坦的道路》。忽然，下了场《暴风雨》《大雷雨》。他们坐上了《宝船》到了《英国佬的另一个岛》，过了《五奎桥》和《卢沟桥》，进了《樱桃园》，在《玩偶之家》找到了《万尼亚舅舅》。这才在《上海屋檐下》避一避《雷雨》。此刻，《屈原》老先生给大家讲了很多《苏州夜话》，其中有《愁城记》《金钵记》《名优之死》《无仇记》《阿 Q 正传》《血泪记》。听罢，大家怀着《一片爱国心》，《水乡吟》了《秋声赋》《归去来兮》，又唱起了《回春之曲》《江汉渔歌》和《未完成的三部曲》。吟唱完毕，齐吃《野鸭》，饱餐《香稻米》。这时《乱钟》敲响，全都《醉了》。醒来已是天明《日出》。睁眼一看，到处长满了《南冠草》《离离草》，开的是《棠棣之花》《过客之花》。一阵《桃李春风》过后，发现一枚《方珍珠》，里面镶着《孔雀胆》，旁边还放着《虎符》和《三块钱国币》。用手一摸，出现了很多《怪人》《群鬼》《群猴》和《野蛮人》，他们带着《法西斯细菌》，要毁灭《真理》。这才知道是中了《史加班的诡计》。于是，赶紧组织了《青年突击队》，队员有《郑成功》《蔡文姬》《骆驼祥子》《高渐离》《安东尼和克柳巴》，还有《瓦莎·谢列日诺娃》《巴巴拉少校》《文成公主》《哈姆雷特》《亨利第五》《恺撒大帝》《伊凡诺夫》《忠王李秀成》及《布利乔夫》。他们挥舞《神拳》，终于在《茶馆》的《下层》，《龙须沟》里捉住了《李阎王》《赵阎王》和一批《人民公敌》，取得了最后的胜利。处死了《流寇队长》，惩罚了《吝啬鬼》《恨世者》和《醉心贵族的小市民》。忽然，《可笑的女才子》带着《温莎的风流娘儿们》，把大家推入了《深渊》，掉进了《死城》。当《咱们死人醒来的时候》，才发现是一场《仲夏夜之梦》。

8. 报书目

学朗诵，搞文艺，要多读书，勤学习。中外名著，不可不读，成千上万的书目，丰盈无数，列举一些供您选读。

《暴风雨》《茶花女》《包身工》《华盖集》《十日谈》《洪波曲》《红与黑》《双城记》《女神》《月牙儿》《三国演义》《春寒》《伤逝》

《狂人日记》《战争风云》《彼得大帝》《啼笑因缘》《聊斋志异》《暴风骤雨》《封神演义》；

《呐喊》《彷徨》《四世同堂》《剥削世家》《百万英镑》《为了生活》《卖花姑娘》《为了生命》《珍妮姑娘》《小家碧玉》《城市姑娘》《悲惨世界》《被抛弃的姑娘》；

《西厢记》《西游记》《播火记》《大刀记》《铜墙铁壁》《老残游记》《木偶奇遇记》《官场现形记》《格列佛游记》《地覆天翻记》《基度山恩仇记》《鲁滨孙飘流记》；

《家》《春》《秋》《寒夜》《子夜》《白夜》《日日夜夜》《一千零一夜》；

《红楼梦》《蝴蝶梦》《海的梦》《金钱梦》《银色的梦》《金陵春梦》；

《林家铺子》《骆驼祥子》《我的儿子》《我这一辈子》《少奶奶的扇子》《第十四个儿子》；

《手的故事》《英雄的故事》《悲惨的故事》《红松岭的故事》《意大利的故事》《一个诗人的故事》《卓娅和舒拉的故事》《洋铁桶的故事》《一个女人翻身的故事》《牧师和他的工人巴尔达的故事》《爱情、疯狂与死亡的故事》；

《复活》《苦力》《结婚》《登记》《腐蚀》《幻灭》《野草》《点滴》《追求》《光明》《罗亭》《神曲》《火马》《火葬》《偷生》《赶集》《红日》《红岩》《红潮》《红旗》《简·爱》《考验》《火炬》《火线》《伙计》《霍乱》《初恋》《初欢》《金星》《金钱》《金螺》《金罐》《回顾》《回浪》《勇敢》《丹娘》《海燕》《还乡》《大街》《地粮》《母亲》《故乡》《海鸥》《海狼》；

《第一个名字》《第一次嘉奖》《第二次握手》《第二颗心脏》《第三次列车》《静静的顿河》《好兵帅克》《堂吉诃德》。

中外名著，千千万万，历数不尽，请您自己多多去看。

9. 挡马

我是（数板）：我是柳叶镇上一店家，招徕客人度生涯。南来的，北往的，说的都是番邦话。虎狼之威真可怕，我是假献殷勤伺候他。都只为，身在番邦心在家，无有腰牌把南朝下，眼前虽有千坛酒，心中仇恨难浇下，难浇下。（诗）流落番邦有几秋，思念家乡终日愁。有朝一日南朝去，杀尽胡儿方罢休。（白）在下，焦光普。想当年随同杨家八虎，大闯幽州。咳！不幸被胡儿所擒，将我绑在泥鳅殿前就要问斩。是我心生一计，站在殿前大笑三声。那萧后言道："临死的孩子，为何发笑哇？"是我言道："大丈夫生而何患，死而何惧，可惜我这一双好手！"那萧后又言道："好手要它何用啊？"我说："好手好手，能造香醪美酒。"那萧后喜爱南朝美酒，闻听此言脸露笑容说道："孩子们，赏他五十两银子，叫他在柳叶镇上开一酒店。"咳！是我久想逃回南朝，怎奈一无腰牌二无路凭，好不愁闷人也……

10. 报菜名

蒸羊羔，蒸熊掌，蒸鹿尾儿，烧花鸭，烧子鹅；炉猪，炉鸭，酱鸡，腊肉，松花，小肚儿，晾肉，香肠儿；什锦酥盘儿，熏鸡，白肚儿，清蒸八宝猪，江米酿鸭子；罐焖鸡，罐焖鸭，山鸡，兔脯儿，菜蟒，银鱼，清蒸哈士蟆；烩鸭丝，烩鸭腰，烩鸭条，清拌鸭丝，焖黄鳝，焖白蟮，豆豉鲇鱼，锅烧鲤鱼，清蒸甲鱼；抓炒鲤鱼，抓炒面鱼，软炸虾腰，软炸鸡；炸白虾，炝青虾，炸面鱼，炝竹笋；氽银鱼，熘黄菜，芙蓉燕菜；炒虾仁，烩虾仁，烩银丝，烩海参，烩鸽蛋，炒蹄筋；蒸南瓜，酿冬瓜，炒丝瓜，酿倭瓜；焖鸡掌，焖鸭掌；熘鲜蘑，熘鱼脯，熘鱼肚儿，熘鱼骨儿，熘鱼片，醋熘鱼片，三鲜苜蓿汤；红丸子，白丸子，苏造丸子，南煎丸子，干炸丸子，饹饹丸子，三鲜丸子，四喜丸子，葱花丸子，豆腐丸子；一品肉，马牙肉，红焖肉，白片肉，樱桃肉，米粉肉，坛子肉；炖肉，大肉，松肉，烤肉，酱肉，酱豆腐肉；烧羊肉，烤羊肉，涮羊肉，五香羊肉，煨羊肉；氽三样儿，爆三样儿，清炒三样儿，烩虾子儿；熘白杂碎，三鲜鱼翅，栗子鸡；煎氽活鲤鱼，板鸭，筒子鸡。

一、诗歌朗诵技巧练习

1. 谜　语

陈继光

［提示］

尽管那是遥远的、朦胧的，可这遥远、朦胧中有他、有我、有你；尽管那是诗人的谜语，可这谜语中有我们各自心中的谜底；尽管这诗句将你、我、他的心弦拨动，可只有柔声细语才能将听众带进那美好的回忆……

在那遥远的岁月，
春风把校园的小湖染绿，
湖边坐着一位少女，
她甩着小辫，给我猜一个谜语。
少年的爱是朦胧的，
朦胧得就像她的谜语。
当我终于以拳击掌：猜着了！
岁月却隔开了我和少女。

哦！岁月，一座喊不出回声的山谷，
谁能告诉我：她在何处？
纵然她还记得我的名字，

她知道否？这是我写给她的诗句。
多想重返那遥远的岁月，
去寻找这谜语里珍藏的少女，
愿读者能和我做伴去吧，
假如你也猜过这样的谜语……

2. 您好，我的老师

佚　名

[提示]

每一个人都有自己的少年时代，每一个人心目中都有老师的身影。如果你缺乏对老师的一片深情，就无法代"小海军"倾吐心灵。

亲爱的老师，您好！
巡逻归来，正月挂林梢，
掬一池湖水，我给您写信，
海风掀动我滚滚的心潮。

遥想您捧着粗糙的信封，
戴上老花镜，左看右瞧，
您常常不愿先打开信笺，
总是说："让我猜猜是哪只小鸟？"

学生太多，您也许已经将我忘掉，
我说一个特点，您的记忆就会立刻燃烧。
您可记得十年前，您的班里，
一个穿海魂衫的小淘气包？……

上几何课，我瞒着您，
偷偷地画军舰、铁锚。
您知道了，没有批评我，
亲切地抚着我头上的小海军帽。

您说："想当人民海军，
理想多么美好！
可是现在必须学好几何，
那时才能准确地向敌人开炮……"

有一回我们几个匆匆赶完作业，
偷偷跑进深山里逮鸟。
一直玩到半夜，才满载归来，
途中，经过咱们静悄悄的学校。

有一个伙伴忽然提议：
"去瞧瞧老师，好不好？"
我立即说："早就睡了吧，
要不，每天总是起得那么早？"

我们不敢走校门，翻围墙进去了，
前面的同学急摆手：发现了目标。
吓得我们急忙趴在窗下，
我像侦察兵一样学蝈蝈叫。

亲爱的老师，您正坐在灯下，
一面批改作业，还腾出左手轻轻捶腰，

265

嘴里不时自言自语，
一点一滴，都被我听到：

"这几个孩子呵，怎么搞的？
每天的作业这样潦草！
一上完课就跑，跑了，
孩子们呵，真是群小鸟……"

您摘下老花镜，擦了擦眼角，
久久地望着桌角的怀表。
夜静极了，怀表的声音像响亮的马蹄，
敲得我心直疼，汗水直冒。

不知为什么，我的鼻子一酸，
悔恨的泪水像大江涨潮。
我真想扑到您的面前，以"小海军"的名义，
向您检讨，向您保证："决不……我要……"

回家的路上，我们谁也没有说话，
默默地打开竹笼，放出小鸟……
呵，也许我们比小鸟还淘气，
可老师的心，却是温暖的窝巢！

……这一切，亲爱的老师，
也许您现在还不知道。
今天，我已是一只海上的鹰，
搏击着蓝天风云，万顷波涛。

亲爱的老师呵，雄鹰的窝巢，

您送雄鹰飞向天涯海角，

每天，我们用朝霞向您报喜，

祖国的未来，就是您的骄傲……

3. 如 果

于敏俊

[提示]

如果你朗诵《如果》，你就得挖掘"如果"的字后，该是怎样一个广阔天地要去追求。如果你朗诵《如果》，就应以推进的节奏，去鼓舞听众为自由而战斗。

如果你是一朵浪花，

那你只能随波逐流，

——任凭风儿牵着你的手。

如果你是一个回声，

那你只能乞求别人施舍，

——而自己一无所有。

如果你是一只风筝，

任你飞得再高，也总有一个尽头，

——因为生活紧攥在别人手中。

不要做浪花，你应是你自己的主宰和舵手；

不要做回声，你尽用自己的声音去震撼宇宙；

不要做风筝，挣脱锁链，去拥抱自由，

飞得更高更远，

把整个世界看个够。

4. 微 笑

杨钧炜

[提示]

当你朗诵时，可曾想起各种人对你的微笑？可曾想起你对各种人的微笑？请你脑海中装满着各种微笑的情景，让听众能与你一起感受到这心灵的美好。

微笑是心灵上无声的问好，

微笑是淡雅友爱的花苞。

它是像蓝天一样宁静的小诗，

它是试探性的信任和礼貌。

不要只在上级面前才把微笑慷慨馈赠，

不要见了关系户才咧开嘴角，

不要为了谋求私利就去廉价拍卖，

不要为了失望和惆怅就把它扔进了地窖。

在繁忙的柜台，在拥挤的车厢，

在摩肩接踵的人行道，

越是那火星儿容易燃爆的地方，

越是需要有微笑。

我们的事业展开了金色的翅膀，

喜悦溢出了嘴角，漫上了眉梢。

微笑应该成为我们经常的面容，

微笑应该成为我们共同遵守的一个信条。

朋友们，微笑吧，微笑是沉静的美，

朋友们，微笑吧，微笑是文明的桥。

让全世界都投来羡慕，

在中国充满了微笑。

5. 这也是一切——答一位青年朋友的《一切》

舒　婷

[提示]

你是否同意，截然相反的两个"一切"—— 一位青年朋友的，一位诗人舒婷的。他们分歧的焦点在"都"字。请诵准这个重音，从心底里表示对诗人的支持，信念要坚定，节奏要有力。

不是一切大树，

　　都被暴风折断；

不是一切种子，

　　都找不到生根的土壤；

不是一切真情，

　　都流失在人心的沙漠里；

不是一切梦想，

　　都甘愿被摘掉翅膀。

不，不是一切

　　都像你说的那样！

【附三】朗诵艺术技巧和文体练习

不是一切火焰，
　　都只燃烧自己
　　而不把别人照亮；
不是一切星星，
　　都仅指示黑暗
　　而不报告曙光；
不是一切歌声，
　　都掠过耳旁，
　　而不留在心上。

不，不是一切
　　都像你说的那样！

不是一切呼吁都没有回响；
不是一切损失都无法补偿；
不是一切深渊都是灭亡；
不是一切灭亡都覆盖在弱者头上；
不是一切心灵
　　都可以踩在脚下，烂在泥里；
不是一切后果
　　都是眼泪血印，而不展现欢容。
　　一切的现在的都孕育着未来，
　　未来的一切都生长于它的昨天。
　　希望，而且为它斗争，
　　请把这一切放在你的肩上。

6. 小 花

[俄] 普希金

[提示]

这小花引起了诗人的想象，这小花使诗人得到启发。这"想象"
可曾使你浮想联翩？这"启发"可曾使你产生语调的变化？

在书中我发现一朵小花，
它早已干枯，失去芬芳；
于是我心中得以启发，
产生了各种奇怪的想象。

它开在何处？哪一年春天？
它开了多久？谁把它摘下？
是朋友的手指？旁人的刀剪？
夹在这里又为了什么？

是为了纪念温情的会晤？
还是为了命定的离别？
或者只是孤独的漫步，
在凉爽的林荫，寂静的田野？

他可还活着？她是否健在？
如今他们在什么地方？
也许他们也早已枯萎，
像这朵神秘的小花一样。

7. 憧 憬

[英]斯特朗

[提示]

你一定鄙视浑浑噩噩生活的人，那就以你那一颗炽热的心，去激起听众对生活的无限热爱之情，唤起他们对未来的美好憧憬。

　　　得有个目标去不断地追寻，
　　　让希望总燃起光明；
　　　人生总得向往着什么，
　　　心，怎经得起失去了憧憬。

　　　要方向明确头脑清醒，
　　　可不能随波逐流人云亦云，
　　　一旦生活陷入了黑暗，
　　　凭坚定的信念摸索中前进。

　　　纵使星移物换，岁月匆匆，
　　　对未来的追求可不能暂停；
　　　生活不可能浑浑噩噩，
　　　假如你心中有个美好的梦。

8. 回乡偶书二首

（唐）贺知章

[提示]

音调要苍凉，情感要悲怆，但必须找出诗句潜语，深悟人生易老、世事沧桑之生活哲理，方能真实表达诗人对人生世事的无限嗟叹，不诵则已，一诵蓄万语也。

少小离家老大回，
乡音无改鬓毛衰。
儿童相见不相识，
笑问客从何处来。

离别家乡岁月多，
近来人事半消磨。
惟有门前镜湖水，
春风不改旧时波。

9. 望庐山瀑布

（唐）李　白

[提示]

　　耳闻目睹，身临其山水、形态、声色、动静之间，诵出名山的奇伟景观，诵出名句的深邃意境。

日照香炉生紫烟，
遥看瀑布挂前川。
飞流直下三千尺，
疑是银河落九天。

10. 兵 车 行

（唐）杜　甫

[提示]

　　眼见"送别图"，耳闻"行人诉"，心怀"民众苦"，叙事、描写、抒情、议论，情感激越深沉，充满怨怒。诵出古诗之韵律，平仄相间，音韵起伏；句式多变，长短交互。

车辚辚，马萧萧，行人弓箭各在腰。

耶娘妻子走相送，尘埃不见咸阳桥。

牵衣顿足拦道哭，哭声直上干云霄。

道旁过者问行人，行人但云点行频。

或从十五北防河，便至四十西营田。

去时里正与裹头，归来头白还戍边。

边庭流血成海水，武皇开边意未已。

君不闻汉家山东二百州，千村万落生荆杞。

纵有健妇把锄犁，禾生陇亩无东西。

况复秦兵耐苦战，被驱不异犬与鸡。

长者虽有问，役夫敢申恨？

且如今年冬，未休关西卒。

县官急索租，租税从何出？

信知生男恶，反是生女好；

生女犹得嫁比邻，生男埋没随百草！

君不见青海头，古来白骨无人收。

新鬼烦冤旧鬼哭，天阴雨湿声啾啾。

11. 虞 美 人

（五代）李　煜

[提示]

"诗者，情根"。此乃亡国之音，"真所谓以血书者也"。切记："情动于中而形于言。"没有真挚感受，则无以诵之。

春花秋月何时了，往事知多少？

小楼昨夜又东风，故国不堪回首月明中！

雕栏玉砌应犹在，只是朱颜改。

问君能有几多愁？恰似一江春水向东流。

12. 念奴娇·赤壁怀古

（宋）苏　轼

[提示]

把握住"豪放"的总基调，从眼前景物，勾想起历史人物，由"怀古"而"思今"，"自比""自伤""自解""自慰"是词人的人生体验和思考。

> 大江东去，浪淘尽、千古风流人物。
> 故垒西边，人道是、三国周郎赤壁。
> 乱石穿空，惊涛拍岸，卷起千堆雪。
> 江山如画，一时多少豪杰。
>
> 遥想公瑾当年，小乔初嫁了，雄姿英发。
> 羽扇纶巾，谈笑间、樯橹灰飞烟灭。
> 故国神游，多情应笑我，早生华发。
> 人生如梦，一尊还酹江月。

13. 雨　霖　铃

（宋）柳　永

[提示]

"多情自古伤离别，更那堪冷落清秋节"，还有那"骤雨""烟波""暮霭""杨柳""晓风""残月"，无一不平添诗人离别之愁绪。朗诵时，一定要历历如见、情景交融。

寒蝉凄切，对长亭晚，骤雨初歇。都门帐饮无绪，留恋处、兰舟催发。执手相看泪眼，竟无语凝噎。念去去、千里烟波，暮霭沉沉楚天阔。

多情自古伤离别，更那堪、冷落清秋节。今宵酒醒何处？杨柳岸、晓风残月。此去经年，应是良辰好景虚设。便纵有、千种风情，更与何人说？

14. 朝天子·咏喇叭

（明）王　磐

[提示]

从喇叭唢呐的形儿、音儿想着装腔作势宦官的丑样儿；从轻松的节奏、和谐的韵脚中诵出诙谐幽默，深含辛辣讽刺。

喇叭，唢呐，

曲儿小，

腔儿大。

官船来往乱如麻，

全仗你抬身价。

军听了军愁，

民听了民怕。

哪里去辨甚么真共假？

眼见的吹翻了这家，

吹伤了那家，

只吹的水尽鹅飞罢！

二、小说朗诵技巧练习

1. "八一三"上海的炮声 ①

老 舍

[提示]

对"八一三"上海的炮声，祁家老少各有不同的反应。你能把祁老人、祁天佑、天佑太太、祁瑞宣、瑞宣太太、祁瑞全、祁瑞丰、瑞丰太太以及小妞子、小顺子的形象描绘得各有特点吗？如果一人独诵有些困难或感到单调，不妨试试男女合诵。

北平的天又高起来！八一三！上海的炮声把久压在北平人的头上的黑云给掀开了！

祁瑞宣的眉头解开，胖脸上拥起一浪一浪的笑纹，不知不觉地低声哼着岳武穆的《满江红》。

瑞全扯着小顺儿，在院中跳了一个圈，而后把小妞子举起来，扔出去，再接住，弄得妞子惊颤地尖声笑着，而吓坏了小顺儿的妈。小顺儿的妈高声地抗议着。

祁老人只晓得上海是个地名，对上海抗战一点也不感兴趣，只慨叹着说："劫数！劫数！这又得死多少人呀！"

天佑在感情上很高兴中国敢与日本决一死战，而在理智上却担忧自己的生意："这一下子更完了，货都由上海来啊！"

"爸爸，你老想着那点货，就不为国家想想！"瑞全笑着责备他老人家。

---

① 本文节选自《四世同堂》。

"我并没说打日本不好哇！"天佑抱歉地声辩。

小顺儿的妈莫名其妙，也不便打听，看到大家都快活，她便加倍用力地工作，并且建议吃一顿茴香馅的饺子。歪打正着：瑞全以为大嫂是要以吃饺子纪念这个日子，而大加夸赞。

"大嫂我帮着你包！"

"你呀？歇着吧！打惯了球的手，会包饺子？别往脸上贴金啦！"

天佑太太听到大家吵嚷，也出了声：

"怎么啦？"

瑞全跑到南屋，先把窗子都打开，而后告诉妈妈："妈！上海也开了仗！"

"噢，是吗？"

"是呀！妈，你看咱们能打胜不能？"

"那谁知道呀！反正先打死几万小日本再说！"

"对！妈你真有见识！"

"你们要吃饺子是不是？"

"大嫂的主意！她真有两下子，什么都知道！"

"搀我起来，我帮她拌馅子去，她拌馅子老太咸！"

"妈你别动，我们有的是人！连我还下手呢！"

"你？"妈妈笑了一下。她慢慢地自己坐起来。

瑞全忙过去搀扶，而不知把手放在哪儿好。

"算了吧！别管我，我会下地！这两天我好多了！"

天佑太太慢慢地，穿上了鞋，立了起来。立起来，她是那么矮，那么瘦，瑞全仿佛向来没注意过似的，他有点惊讶。他很爱妈妈，可是向来没想到过妈妈就是这样的一个小老太太。她的脸色是那么黄，耳朵薄得几乎是透明的。他忽然感到一阵难过，上海开了仗，早晚他须由家里跑出去，上海在呼唤他！他走了以后，谁知道什么时候才能再见到妈妈呢？是不是能再见到她呢？

"妈！"他叫出来，想把心中的秘密告诉她。

"啊？"

"啊——没什么！"他跑到院中，仰头看着那又高又蓝的天，吐了口气。

瑞丰有点见风使舵。见大家多数的都喜欢上海开仗的消息，他觉得也应当随声附和。在他心里，他并没细细地想过到底打好，还是不打好。他只求自己的态度不使别人讨厌。

瑞丰刚要赞美抗战，又很快地改了主意，因为太太的口气"与众不同"。

瑞丰太太，往好里说，是长得很富态；往坏里说呢，干脆是一块肉。身量本就不高，又没有脖子，猛一看，她很像一个啤酒桶。脸上呢，本就长得蠢，又尽量地往上涂抹颜色，头发烫得像鸡窝，便更显得蠢而可怕。瑞丰干枯，太太丰满，所以瑞全急了的时候就管他们叫"刚柔相济"。瑞丰太太说：

"打上海有什么可乐的？"她的厚嘴唇懒懒地动弹，声音不大，似乎喉眼糊满脂肪。"我还没上过上海呢！炮轰平了它，怎么办？"

"轰不平！"瑞丰满脸赔笑地说："打仗是在中国地界，大洋房都在租界呢，怎能轰平？就是不幸轰平了，也没关系；等到咱们有钱去逛的时候，早就又修起来了；外国人多么阔，说修就修，说拆就拆，快得很！"

"不论怎么说，我不爱听在上海打仗！等我逛过一回再打仗不行吗？"

瑞丰很为难，他没有阻止打仗的势力，又不愿得罪太太，只好不敢再说上海打仗的事。

"有钱去逛上海，"太太并不因瑞丰的沉默而消了气，"你多

咱才能有钱呢？嫁了你才算倒了霉！看这一家子，老少男女都是吝啬鬼，连看回电影都好像犯什么罪似的！一天到晚，没有说，没有笑，没有玩乐，老都噘着嘴像出丧似的！"

"你别忙啊！"瑞丰的小干脸上笑得要裂缝子似的，"你等我事情稍好一点，够咱们花的，再分家搬出去呀！"

"等！等！等！老是等！等到哪一天？"瑞丰太太的胖脸涨红，鼻洼上冒出油来。

2. 李空山讹诈①

老 舍

[提示]

尔虞我诈是某些人的生活准则，李空山与大赤包的一场出色表演，为我们揭示了这些人的"特色"。对这些小丑似的人物，朗诵时要把他们的"丑"淋漓尽致地展现在听众面前。

现在，李空山丢了官与钱财，但是还没丢失了自信与希望。他很糊涂、愚蠢，但是在糊涂愚蠢之中，他却看见了聪明人所没看到的。正因为他糊涂，他才有糊涂的眼光，正因为他愚蠢，所以他才有愚蠢的办法。

他戴着貂皮帽子，穿着有水獭领子的大衣，他到冠家来看"亲戚"。他带着一个随从，随从手里拿着七八包礼物。

晓荷看看空山的衣帽，看看礼物上的字号，再看看那个随从，（身上有枪！）他不知怎么好了。晓荷的胆子小，爱文雅，怕打架。从空山一进门，他便感到"大事不好了"，而想能让步就让步。他没敢叫"姑爷"，可也不敢不显出亲热来，他怕那支

---

① 本文节选自《四世同堂》。

手枪。

脱去大衣，李空山一下子把自己扔在沙发上，好像是疲乏得不得了的样子。随从打过热手巾把来，李空山用它紧捂着脸，好大半天才拿下来；顺手在毛巾上净了一下鼻子。擦了这把脸，他活泼了一些，半笑地说：

"把个官儿也丢咧，哼！也好，该结婚吧！老丈人，定个日子吧！"

晓荷回不出话来，只咧了一下嘴。

大赤包极沉着地问："跟谁结婚？"

"跟谁？跟招弟呀！还有错儿吗？"

"是有点错儿！告诉你，空山，拣干脆的说，你引诱了招弟，我还没有惩治你呢！结婚，休想！两个山字落在一块儿，你请出！"

晓荷的脸白了，搭讪着往屋门那溜儿凑，准备着到必要时好往外跑。

可是，空山并没发怒，流氓也有流氓的涵养。他向随从一挤眼。随从凑过去，立在李空山的身旁。

大赤包冷笑了一下："空山，别的我都怕，就是不怕手枪！手枪办不了事！你已经不是特高科的科长了，横是不敢再拿人！"

"不过，弄十几个盒子来还不费事，死马也比狗大点！"空山慢慢地说。

"论打手，我也会调十几二十几个来；打起来，不定谁头朝下呢！你要是想和平了结呢，自然我也没有打架的瘾。"

"是，和平了结好！"晓荷给太太的话加上个尾巴。

大赤包瞪了晓荷一眼，而后把眼中的余威送给空山："我虽是个老娘们，办事可喜欢麻利脆！婚事不许再提，礼物你拿走，我再送你二百块钱，从此咱们一刀两断，谁也别麻烦谁。你愿意上

这儿来呢，咱们是朋友，热茶香烟少不了你的。你不愿意再来呢，我也不下帖子请你去。怎样？说干脆的！"

"两百块？一个老婆就值那么点钱？"

"再添一百，行呢，拿走！不行，拉倒！"

李空山哈哈地笑起来，"你真有两下子，老丈母娘！"这样，李空山占了大赤包一个便宜，他觉得应当赶紧下台，等到再做了官的时候，再和冠家重新算账。披上大衣，他把桌上的钱抓起来，随便地塞在口袋里。随从拿起那些礼物。主仆二人吊儿郎当地走了出去。

3. 雾 茫 茫①

周克芹

[提示]

葫芦坝有着各种不同年龄、不同个性，但却都是有着一颗善良之心的妇女，她们凑在一起对那些不合理的现象议论着、笑骂着……朗诵者，如果能用你的有声语言区分出四位以上的人物，那么这篇朗诵就获得了很大的成绩。但是你还不要忘记文中的"雾"，让这"雾"既有"形"又有"情"，还能使人悟出其中的"意"。

在冬季里，偏僻的葫芦坝上的庄稼人，当黎明还没有到来的时候，一天的日子就开始了。

晨曦姗姗来迟，星星不肯离去。然而，乳白色的蒸汽已从河面上冉冉升起来。这环绕着葫芦坝的柳溪河啊，不知哪儿来的这么多缥缈透明的白纱。霎时里，就组成了一笼巨大的白帐子，把个方圆十里的葫芦坝给严严实实地罩了起来。这，就是沱江流域

---

① 本文节选自《许茂和他的女儿们》。

的河谷地带有名的大雾了。

在这漫天的雾霭中，几个提着箢篼拣野粪的老汉出现在铺了霜花的田埂上和草垛旁，他们的眉毛胡子上挂满了晶莹的水珠。不一会，男女社员们，各自关好院子门，走向田野。生产队平凡的日常劳动就这样开始了。

妇女们凑在一起做活儿，没有不说话的，葫芦坝上的新闻总是最先从她们干活的地里传出来。这一天也就是一九七五年冬季的这个茫茫迷雾的早晨，在坝子南端靠近梨树坪的油菜地里，她们先是漫无边际地谈着关于孩子尿床这样一个令人烦恼的老题目；不一会，雾霭中不知是哪一个女人"哎"了一声，说道：

"真是，山不留人水留人哪！……你们听说了没有啊？许四姑娘决定不走了。"

她的消息，可以说是当天的特大新闻了。闹喳喳的妇女们一下子不开腔了，大家都愣愣地互相对望一眼，似乎那个"许四姑娘"走与不走的问题是一件什么大事一样。经过短暂的沉默之后，脑子反应最快的几个女人开始发表评论：

"为啥子嘛，跟自己那个离了婚的男人在一个大队住着，每日里低头不见抬头见，多难堪呀！何苦呢？"

"葫芦坝这块背时的地方，她还留恋个啥子……走得远远的，也免得触景伤情！"

"说得是！她手上又没有娃儿，未必就守一辈子寡么？"

人多嘴多，说啥的都有。自由发言的讨论会在深入下去。有的说，四姑娘许秀云生来性情温厚，心肠又软，准是在等待着郑百如回心转意，来个"破镜重圆"。但这个判断马上有人给推翻了，说是郑百如的老姐儿郑百香已经透露过：她那个正走红运的老弟已在二十里外的严家坝"对上了一个象"，严家坝那位老姑娘可比"这个"漂亮得多。又有的人猜测说，许秀云一定不会在

娘家久住，迟早都是要走的，原因是许茂老汉脾气古怪。

从梨树坪那边的场外面，有一个女人长声呼唤着："猪儿溜——溜、溜、溜……"走过来了。

地里的妇女们听见声音便有人提议："三辣子来了，问问她究竟是真是假啊！"

"猪儿溜——溜、溜、溜……"一个高大结实的中年妇女一阵风似的从大雾中走了出来，她边走边问："喂，你们看见小猪儿跑过来没有啊？"

"三姐，没有看见猪儿。过来一下，我们问你个事儿嘛。"

"老娘这阵不得空呢！猪儿溜——"

"许秋云，站一下嘛，问你正经事呢！……别着急，等会儿我们大家帮你找猪儿。"

三姑娘许秋云站住，侧过脸对着地里的妇女们，笑骂道："理骚婆！你们一天到晚嘴不空！"

"又骂人！……呃，听说你那个四妹子又不走啦？"

"放屁！哪个嚼牙巴乱说的？"三姑娘脸色一沉。

"怎么，你还不晓得呀？"

善良的邻居大嫂们怪许秋云太粗心大意了，既是亲姐姐，一向就像母亲那般爱护和照看着她那走厄运的四妹的，竟然连这样一个重大的事变都还不晓得。于是，她们向许秋云建议道：

"你不信，亲自去问问嘛！"

"三姐，帮忙可要帮到底啊！"

许秋云说："好啦好啦，收工以后我过去看看。"说完，便挪开她粗壮的腿脚走了，清晨的田野上，留下她高亢的声音：

"猪儿溜……背时的雾，还不散！……猪儿……"

地里干活的妇女们的话题又拉到更广泛的范围了。她们说："好个三辣子！要不是她呀，四姐儿早没命啰！……这两姊妹，一个强一个弱，真是，一个妈生的，性情儿这样的不同。"

"她们许家那么多姐儿妹子，哪一个和哪一个相同？不都各人有各人的性情，你算一算看……"

"是哪，没有一个像她们爹！"

"就是嘛，要不是他独断专行，四姐也不会给误了这么多年……从前秀云不是像花朵儿一般么？谁不说她好啊！可如今啦，才过三十岁的人，倒变得跟老太婆差不多了，谁见了不心痛啊！"

"哎，四姐儿就是性子太软弱了一点。"

"哼！老娘们想不通，为啥好人要受气，恶人该享福？这如今葫芦坝上的事情，真能叫人气破肚皮！真叫人想不通。"

"算啰，莫扯远了！这雾茫茫的天气，有谁走来也看不见，叫人家听了去，又该惹下一场祸事！如今有些话，难说！"

"是啊，好大的雾！许茂大爷每天一早出来拣狗粪，别叫他听见，要不然，又要骂人家'干涉内政了'！"

"哈哈哈……"。

"嘻嘻嘻……"。

4. 孔 乙 己

鲁 迅

[提示]

科举制度的牺牲品，咸亨酒店的笑料。笑他相貌，笑他动作，笑他说话。"多乎哉，不多也"，但务必点染得体，起到画龙点睛的作用。特别是两次出场，更要色彩分明。

鲁镇的酒店的格局，是和别处不同的：都是当街一个曲尺形的大柜台，柜里面预备着热水，可以随时温酒。做工的人，傍午傍晚散了工，每每花四文铜钱，买一碗酒——这是二十多年前的事，现在每碗要涨到十文——靠柜外站着，热热的喝了休息；倘肯多花一文，便可以买一碟盐煮笋，或者茴香豆，做下酒物了，如果出到十几文，那就能买一样荤菜，但这些顾客，多是短衣帮，大抵没有这样阔绰。只有穿长衫的，才踱进店面隔壁的房子里，要酒要菜，慢慢地坐喝。

我从十二岁起，便在镇口的咸亨酒店里当伙计，掌柜说，样子太傻，怕侍候不了长衫主顾，就在外面做点事罢。外面的短衣主顾，虽然容易说话，但唠唠叨叨缠夹不清的也很不少。他们往往要亲眼看着黄酒从坛子里舀出，看过壶子底里有水没有，又亲看将壶子放在热水里，然后放心：在这严重监督之下，羼水也很为难。所以过了几天，掌柜又说我干不了这事。幸亏荐头的情面大，辞退不得，便改为专管温酒的一种无聊职务了。

我从此便整天地站在柜台里，专管我的职务。虽然没有什么失职，但总觉有些单调，有些无聊。掌柜是一副凶脸孔，主顾也没有好声气，教人活泼不得；只有孔乙己到店，才可以笑几声，所以至今还记得。

孔乙己是站着喝酒而穿长衫的唯一的人。他身材很高大；青白脸色，皱纹间时常夹些伤痕；一部乱蓬蓬的花白的胡子。穿的虽然是长衫，可是又脏又破，似乎十多年没有补，也没有洗。他对人说话，总是满口之乎者也，教人半懂不懂的。因为他姓孔，别人便从描红纸上的"上大人孔乙己"这半懂不懂的话里，替他取下一个绰号，叫作孔乙己。孔乙己一到店，所有喝酒的人便都看着他笑，有的叫道，"孔乙己，你脸上又添上新的伤疤了！"他不回答，对柜里说，"温两碗酒，要一碟茴香豆。"便排出九文大钱。他们又故意的高声嚷道，"你一定又偷了人家的东西了！"孔乙己睁大眼睛说，"你怎么这样凭空污人清白……""什么清白？我前天亲眼见你偷了何家的书，吊着打。"孔乙己便涨红了脸，额上的青筋条条绽出，争辩道，"窃书不能算偷……窃书！……读书人的事，能算偷么？"接连便是难懂的话，什么"君子固穷"，什么"者乎"之类，引得众人都哄笑起来：店内外充满了快活的空气。

听人家背地里谈论，孔乙己原来也读过书，但终于没有进学，又不会营生；于是愈过愈穷，弄到将要讨饭了。幸而写得一笔好字，便替人家抄抄书，换一碗饭吃。可惜他又有一样坏脾气，便是好喝懒做。坐不到几天，便连人和书籍纸张笔砚，一齐失踪。如是几次，叫他抄书的人也没有了。孔乙己没有办法，便免不了偶然做些偷窃的事。但他在我们店里，品行却比别人都好，就是从不拖欠；虽然间或没有现钱，暂时记在粉板上，但不出一月，定然还清，从粉板上拭去了孔乙己的名字。

孔乙己喝过半碗酒，涨红的脸色渐渐复了原，旁人便又问道，"孔乙己，你当真认识字么？"孔乙己看着问他的人，显出不屑置辩的神气。他们便接着说道，"你怎的连半个秀才也捞不到呢？"孔乙己立刻显出颓唐不安模样，脸上笼上了一层灰色，嘴里说些话；这回可是全是之乎者也之类，一些不懂了。在这时候，众人也都哄笑起来：店内外充满了快活的空气。

在这些时候，我可以附和着笑，掌柜是决不责备的。而且掌柜见了孔乙己，也每每这样问他，引人发笑。孔乙己自己知道不能和他们谈天，便只好向孩子说话。有一回对我说道，"你读过书么？"我略略点一点头。他说，"读过书……我便考你一考。茴香豆的茴字，怎样写的？"我想，讨饭一样的人，也配考我么？便回过脸去，不再理会。孔乙己等了许久，很恳切的说道，"不能写罢？……我教给你，记着！这些字应该记着。将来做掌柜的时候，写账要用。"我暗想我和掌柜的等级还很远呢，而且我们掌柜也从不将茴香豆上账；又好笑，又不耐烦，懒懒地答他道，"谁要你教，不是草头底下一个来回的回字么？"孔乙己显出极高兴的样子，将两个指头的长指甲敲着柜台，点头说，"对呀对呀！……茴字有四样写法，你知道么？"我愈不耐烦了，努着嘴走远。孔乙己刚用指甲蘸了酒，想在柜上写字，见我毫不热心，便又叹一口气，显出极惋惜的样子。

有几回，邻居孩子听得笑声，也赶热闹，围住了孔乙己。他便给他们茴香豆吃，一人一颗。孩子吃完豆，仍然不散，眼睛都望着碟子。孔乙己着了慌，伸开五指将碟子罩住，弯腰下去说道，"不多了，我已经不多了。"直起身又看一看豆，自己摇头说，"不多不多！多乎哉？不多也。"于是这一群孩子都在笑声里走散了。

孔乙己是这样的使人快活，可是没有他，别人也便这么过。

有一天，大约是中秋前的两三天，掌柜正在慢慢的结账，取下粉板忽然说，"孔乙己长久没有来了。还欠十九个钱呢！"我才也觉得他的确长久没有来了。一个喝酒的人说道，"他怎么会来？……他打折了腿了。"掌柜说，"哦！""他总仍旧是偷。这一回，是自己发昏，竟偷到丁举人家里去了。他家的东西，偷得的么？""后来怎么样？""怎么样？先写服辩，后来是打，打了大半夜，再打折了腿。""后来呢？""后来打折了腿了。""打折了怎样呢？""怎样？……谁晓得？许是死了。"掌柜也不再问，仍然慢慢地算他的账。

中秋过后，秋风是一天凉比一天，看看将近初冬；我整天的靠着火，也须穿上棉袄了。一天的下半天，没有一个顾客，我正合了眼坐着。忽然间听得一个声音，"温一碗酒"。这声音虽然极低，却很耳熟。看时又全没有人。站起来向外一望，那孔乙己便在柜台下对了门槛坐着。他脸上黑而且瘦，已经不成样子；穿一件破夹袄，盘着两腿，下面垫一个蒲包，用草绳在肩上挂住；见了我，又说道，"温一碗酒。"掌柜也伸出头去，一面说，"孔乙己么？你还欠十九个钱呢！"孔乙己很颓唐的仰面答道，"这……下回还清罢。这一回是现钱，酒要好。"掌柜仍然同平常一样，笑着对他说，"孔乙己，你又偷了东西了！"但他这回却不十分分辩，单说了一句"不要取笑！""取笑？要是不偷，怎么会打断腿？"孔乙己低声说道，"跌断，跌，跌……"他的眼色，很像恳求掌柜，不要再提。此时已经聚集了几个人，便和掌柜都笑了。我温了酒，端出去，放在门槛上。他从破衣袋里摸出四文大钱，放在我手里，见他满手是泥，原来他便用这手走来的。不一会，他喝完酒，便又在旁人的说笑声中，坐着用这手慢慢走去了。

自此以后，又长久没有看见孔乙己。到了年关，掌柜取下粉板说，"孔乙己还欠十九个钱呢！"到第二年的端午，又说"孔乙己还欠十九个钱呢！"到中秋可是没有说，再到年关也没有看见他。

我到现在终于没有见——大约孔乙己的确死了。

一九一九年三月

5. 最佳演讲

凌　光

[提示]

奇，人物行为奇，情节结局更奇。请处理好停顿，转换好情绪，从奇中取胜。

某厂"振兴中华"读书演讲比赛进入高潮。

"我给大家演讲的题目是《论坚守岗位》。"演讲员方婷婷嗓

音甜润，吐字清晰。突然，她下了讲台，径直朝会场外走去。

台下的听众面面相觑，先是小声议论，彼此猜测；继而喧声四起，怒不可遏。

难堪的5分钟过去，方婷婷慢腾腾地回到讲台上。面对激怒的听众，充满激情地说："如果我在演讲时离开是不能容忍的话，那么，工作时间纪律松弛，玩忽职守，擅离生产岗位，难道不应该谴责吗？我的演讲完了。"

人们沉默了片刻，随即爆发出炸雷般的掌声。

6. 严监生之死 [1]

（清）吴敬梓

［提示］

在吝啬鬼的同义词里有阿巴公，有葛朗台，也有严监生。要将严监生为了一根灯草而死不瞑目的心理状态刻画出来，就要把他那伸出两个手指的手，有如电影的特写镜头一般突出在听众眼前。那三次"指"，三次摇头，要朗诵得有层次、有发展、有动感。

　　过了灯节后，严监生就叫心口疼痛。初时撑着，每晚算账，直算到三更鼓。后来就渐渐饮食少进，骨瘦如柴。又舍不得银子吃人参。赵氏劝他道："你心里不自在，这家务事就丢开了吧。"他说道："我儿子又小，你叫我托哪个？我在一日，少不得料理一日。"不想春气渐深，肝木克了脾土，每日只吃两碗米汤，卧床不起。及到天气和暖，又强勉进些饮食，挣起来家前屋后走走。挨过长夏，立秋以后病又重了，睡在床上想着田上要收早稻，打发了管庄的仆人下乡去，又不放心，心里只是急躁。

---

① 本文节选自《儒林外史》。

自此，严监生的病一日重似一日，再不回头。诸亲六眷都来问候。五个侄子穿梭的过来陪郎中弄药。到中秋以后，医家都不下药了。把管庄的家人都从乡里叫了上来。病重得一连三天不能说话。晚间挤了一屋的人，桌上点着一盏灯。严监生喉咙里痰响一进一出，一声不倒一声的，总不得断气，还把手从被单里拿出来，伸着两个指头。大侄子走上前问道："二叔，你莫不是还有两个亲人不曾见面？"他就把头摇了两三摇。二侄子走上前来问道："二叔，莫不是还有两笔银子在哪里，不曾吩咐明白？"他把两眼睁得滴溜圆，把头又狠狠摇了两摇，越发指得紧了。奶妈抱着哥子插口道："老爷想是因两位舅爷不在跟前，故此记念。"他听了这话，把眼闭着摇头，那手只是指着不动。赵氏慌忙揩揩眼泪，分开众人，走上前道："爷，别人都说的不相干，只有我能知道你的心事。你是为那盏灯里点的两茎灯草，不放心，恐费了油。我如今挑掉一茎就是了。"说罢，忙去挑掉一茎。众人看严监生时，点一点头，把手垂下，登时就没了气。合家大小号哭起来，准备入殓，将灵柩停在第三层中堂内。

7. 明湖居听书 [①]

（清）刘　鹗

［提示］

　　白妞的歌声余音绕梁。你的朗诵能否也能设计得如登峰入险境，"愈险愈奇"；如飞蛇盘山，"回环转折"；如五色烟花，"纵横散乱"？请充分运用偷气、取气、叹气、托气等技巧，设计好完整的语调总谱，让听众能在你的朗诵中仿佛见到白妞的神韵，听到她那迷人的嗓音，享受一番那美妙的歌声吧！

---

① 本文节选自《老残游记》。

到了十二点半钟，看那台上，从后台帘子里面，出来一男人，穿了一件蓝布长衫，长长的脸儿，一面疙瘩，仿佛风干福橘皮似的，甚为丑陋。但觉得那人气味倒还沉静，出得台来并无一语，就往半桌后面左手一张椅子上坐下，慢慢的将三弦取来，随便和了和弦，弹了一两个小调，人也不甚留神去听。后来弹了一支大调，也不知道叫什么牌子；只是到后来，全用轮指，那抑扬顿挫，入耳动心，恍若有几十根弦，几百个指头，在那里弹似的。这时台下叫好的声音不绝于耳，却也压不下那弦子去。这曲弹罢，就歇了手，旁边有人送上茶来。

停了数分钟时，帘子里面出来一个姑娘，约有十六七岁，长长鸭蛋脸儿，梳了一个抓髻，戴了一副银耳环，穿了一件蓝布外褂儿，一条蓝布裤子，都是黑布镶边滚的。虽是粗布衣裳，倒十分洁净。来到半桌后面右手椅子上坐下。那弹弦子的便取了弦子，铮铮鈜鈜弹起。这姑娘便立起身来，左手取了梨花简，夹在指头缝里，便丁丁当当地敲，与那弦子声音相应；右手持了鼓棰子，凝神听那弦子的节奏。忽羯鼓一声，歌喉遽发，字字清脆，声声宛转，如新莺出谷，乳燕归巢。每句七字，每段数十句，或缓或急，忽高忽低；其中转腔换调之处，百变不穷，觉一切歌曲腔调俱出其下，以为观止矣。

旁坐有两人，其一人低声问那人道："此想必是白妞了罢？"其人道："不是。这人叫黑妞，是白妞的妹子。她的调门儿都是白妞儿教的，若比白妞，还不晓得差多远呢！她的好处人说得出，白妞的好处人说不出。她的好处人学得到，白妞的好处人学不到。你想，这几年来，好玩耍的谁不学她们的调儿呢？就是窑子里的姑娘，也人人都学，只是顶多有一两句到黑妞的地步，若白妞的好处，从没有一人能及她十分里的一分的！"说着的时候，黑妞早唱完，后面去了。这时满园子里的人，谈心的谈心，说笑的说笑；卖瓜子、落花生、山里红、核桃仁的，高声喊叫着卖，满园子里听来都是人声。

正在热闹哄哄的时节，只见那后台里，又出来了一位姑娘，年纪约十八九岁，装束与前一个毫无分别，瓜子脸儿，白净面皮，相貌不过中人以上之姿，只觉得秀而不媚，清而不寒，半低着头出来，立在半桌后面，把梨花简丁当了几声，煞是奇怪；只是两片顽铁，到她手里，便有了五音十二律似的，又将鼓棰子轻轻地点了两下，方抬起头来，向台下一盼。那双眼睛，如秋水，如寒星，如宝珠，如白水银里头养着两丸黑水银，左右一顾一看，连那坐在远远墙角子里的人，都觉得王小玉看见我了。那坐在近的，更不必说。就这一眼，满园子里便鸦雀无声，比皇帝出来还要静悄得多呢，连一根针掉在地下都听得见响！

王小玉便启朱唇发皓齿，唱了几句书儿。声音初不甚大，只觉入耳有说不出的妙境：五脏六腑里，像熨斗熨过，无一处不伏贴，三万六千个毛孔，像吃了人参果，无一个毛孔不畅快。唱了十数句之后，渐渐地越唱越高，忽然拔了一个尖儿，像一线钢丝抛入天际，不禁暗暗叫绝。哪知她于那极高的地方，尚能回环转折；几啭之后，又高一层，接连有三四叠，节节高起。恍如由傲来峰西面，攀登泰山的景象：初看傲来峰削壁千仞，以为上与天通；及至翻到傲来峰顶，才见扇子崖更在傲来峰上；及至翻到扇子崖，又见南天门更在扇子崖上：愈翻愈险，愈险愈奇！

那王小玉唱到极高的三四叠后，陡然一落，又极力骋其千回百折的精神，如一条飞蛇在黄山三十六峰半中腰里盘旋穿插，顷刻之间，周匝数遍。从此以后，愈唱愈低，愈低愈细，那声音渐渐的就听不见了。满园子的人都屏气凝神，不敢少动。约有两三分钟之久，仿佛有一点声音从地底下发出。这一出之后，忽又扬起，像放那东洋烟火，一个弹子上天，随化作千百道五色火光，纵横散乱。这一声飞起，即有无限声音俱来并发。那弹弦子的亦全用轮指，忽大忽小，同她那声音相和相合，有如花坞春晓，好鸟乱鸣。耳朵忙不过来，不晓得听哪一声为是。正在撩乱之际，忽然霍然一声，人弦俱寂。这时台下叫好之声，轰然雷动。

停了一会，闹声稍定，只听那台下正座上，有一个少年，不到三十岁光景，是湖南口音，说道："当年读书，见古人形容歌声的好处，有那'余音绕梁，三日不绝'的话，我总不懂。空中设想，余音怎样会得绕梁呢？又怎会三日不绝呢？及至听了小玉先生说书，才知古人措辞之妙。每次听她说书之后，总有好几天耳朵里无非都是她的书，无论做什么，总不入神，反觉得"三日不绝'，这'三日'二字下得太少，还是孔子'三月不知肉味'，'三月'二字形容得透彻些！"旁边人都说道："梦湘先生论得透辟极了！于我心有戚戚焉！"

8.口 技①

（清）林嗣环

[提示]

善口技者，一张嘴能模拟人、犬、风、火、水等各种大小、远近、多少的声音，众妙毕备，功在口中也；善朗诵者，若能令听者分辨出文中对口技者发出的各种声音的描述，以免千声一调，功亦在口中也。

京中有善口技者。会宾客大宴，于厅事之东北角，施八尺屏幛，口技人坐屏障中，一桌、一椅、一扇、一抚尺而已。众宾团坐。少顷，但闻屏障中抚尺一下，满座寂然，无敢哗者。

---

① 本文节选自《秋声诗自序》。

遥闻深巷中犬吠，便有妇人惊觉欠伸，其夫呓语。既而儿醒，大啼。夫亦醒。妇抚儿乳，儿含乳啼，妇拍而呜之。又一大儿醒，絮絮不止。当是时，妇手拍儿声，口中呜声，儿含乳啼声，大儿初醒声，夫叱大儿声，一时齐发，众妙毕备。满座宾客无不伸颈，侧目，微笑，默叹，以为妙绝。

未几，夫齁声起，妇拍儿亦渐拍渐止。微闻有鼠作作索索，盆器倾侧，妇梦中咳嗽。宾客意少舒，稍稍正坐。

忽一人大呼"火起"，夫起大呼，妇亦起大呼。两儿齐哭。俄而百千人大呼，百千儿哭，百千犬吠。中间力拉崩倒之声，火爆声，呼呼风声，百千齐作；又夹百千求救声，曳屋许许声，抢夺声，泼水声。凡所应有，无所不有。虽人有百手，手有百指，不能指其一端；人有百口，口有百舌，不能名其一处也。于是宾客无不变色离席，奋袖出臂，两股战战，几欲先走。

忽然抚尺一下，群响毕绝。撤屏视之，一人、一桌、一椅、一扇、一抚尺而已。

9. 变 色 龙

[俄] 契诃夫

[提示]

见本书第五章第二节中分析。

警官奥楚蔑洛夫穿着新的军大衣，提着小包，穿过市场的广场。他身后跟着一个火红色头发的巡警，端着一个筛子，盛满了没收来的醋栗。四下里一片沉静。广场上一个人也没有。商店和饭馆的门无精打采地敞着，面对着上帝创造的这个世界，就跟许多饥饿的嘴巴一样；门口连一个乞丐也没有。

"好哇，你咬人？该死的东西！"奥楚蔑洛夫忽然听见叫喊声，"伙计们，别放走它！这年月，咬人可不行！逮住它！哎哟……哎哟！"

传来了狗的尖叫声。奥楚蔑洛夫向那边一瞧，看见从商人彼楚金的木柴厂里跑出来一条狗，用三条腿一颠一颠地跑着，不住地回头瞧。它后边跟着追来一个人，穿着浆硬的花布衬衫和敞着怀的坎肩。他追上狗，身子往前一探，扑倒在地下，抓住了狗的后腿。又传来了狗的叫声，还有人的叫喊："别放走它！"有人从商店里探出头来，脸上还带着睡意。木柴厂四周很快就聚了一群人，仿佛一下子从地底下钻出来的。

"好像出乱子了，长官！"巡警说。

奥楚蔑洛夫微微向左一转，往人群那里走去。在木柴厂门口，他看见那个敞开了坎肩的人举起右手，把一个血淋淋的手指头伸给人们看。他那半醉的脸上现出这样的神气："我要揭你的皮，坏蛋！"就连那手指头也像是一面胜利的旗帜。奥楚蔑洛夫认出这人是首饰匠赫留金。这个案子的"罪犯"呢，坐在人群中央的地上，前腿劈开，浑身发抖——原来是一条白毛的小猎狗，脸尖尖的，背上有块黄斑。它那含泪的眼睛流露出悲苦和恐怖的神情。

"这儿到底出了什么事？"奥楚蔑洛夫挤进人群里去，问道，"你在这儿干什么？你究竟为什么举着那个手指头？……谁在嚷？"

"长官，我好好地走我的路，没招谁没惹谁……"赫留金开口了，拿手罩在嘴上，咳嗽一下，"我正在跟密特里·密特里奇谈木柴的事，忽然，这个贱畜生无缘无故就把这手指头咬了一口……您得原谅我，我是做工的人，我做的是细致的活儿。这得叫他们赔我一笔钱才成，因为也许我要有一个礼拜不能用这个手指头啦……长官，就连法律上也没有那么一条，说是人受了畜生的害就该忍着。要是人人都这么让畜生乱咬一阵，那在这世界上也没个活头了。"

"嗯！不错……"奥楚蔑洛夫严厉地说，咳了一声，拧起眉头，"不错……这是谁家的狗？我绝不轻易放过这件事！我要拿点颜色出来给那些放出狗来到处乱跑的人看看。那些老爷既然不愿意遵守法令，现在就得管管他们。等到他，那个混蛋，受了罚，拿出钱来，他才会知道放出这种狗来，放出这种野畜生来，会有什么下场。我要好好地教训他一顿！叶尔德林，"警官对巡警说，"去调查一下，这是谁的狗，打个报告上来，这条狗呢，把它弄死好了。马上去办，别拖，这多半是条疯狗……请问，这到底是谁家的狗？"

"这好像是席加洛夫将军家的狗。"人群里有人说。

"席加洛夫将军？哦！……叶尔德林，帮我把大衣脱下来……真要命，天这么热，看样子多半要下雨了……只是有一件事我还不懂：它怎么会咬着你的？"奥楚蔑洛夫对赫留金说，"难道它够得着你的手指头？它是那么小；你呢，却长得这么魁梧！你那手指头一定是给小钉子弄破的，后来却异想天开，想得到一笔什么赔偿费了。你这种人啊……是出了名的！我可知道你们这些鬼东西是什么玩意儿！"

"长官，他本来是开玩笑，把烟卷戳到狗的脸上去；狗呢——可不肯做傻瓜，就咬了他一口……他是个荒唐的家伙，长官！"

"胡说，独眼鬼！你什么也没看见，你为什么胡说？他老人家是明白人，看得出来到底谁胡说，谁像当着上帝的面一样凭良心说话；要是我说了谎，那就让调解法官审问我好了。他的法律上说得明白，现在大家都平等啦。不瞒您说，我的兄弟就在当宪兵……"

"少说废话！"

"不对，这不是将军家里的狗……"巡警深思地说，"将军家

里没有这样的狗。他家的狗，全是大猎狗。"

"你拿得准吗？"

"拿得准，长官……"

"我也知道。将军家里都是些名贵的、纯种的狗；这条狗呢，鬼才知道是什么玩意儿！毛色既不好，模样也不中看，完全是个下贱胚子。居然有人养这种狗！这人的脑子上哪儿去啦？要是这样的狗在彼得堡或者莫斯科让人碰见，你们猜猜看，结果会怎样？那儿的人可不管什么法律不法律，一眨眼的工夫就叫它断了气！你呢赫留金，受了害，我们绝不能不管。得好好教训他们一下；是时候了。"

"不过也说不定就是将军家的狗……"巡警把他的想法说出来，"它的脸上又没写着……前几天我在将军家院子里看见过这样的一条狗。"

"没错儿，将军家的！"人群里有人说。

"哦！……叶尔德林老弟，给我穿上大衣吧……好像起风了，挺冷……你把这条狗带到将军家里去，问问清楚。就说这狗是我找着，派人送上的。告诉他们别再把狗放到街上来了。说不定这是条名贵的狗；可要是每个猪崽子都拿烟卷戳到它的鼻子上去，那它早就毁了。狗是娇贵的动物……你这混蛋，把手放下来！不用把你那蠢手指头伸出来！怪你自己不好！……"

"将军家的厨师来了，问他好了——喂，普洛诃尔！过来吧，老兄，上这儿来！瞧瞧这条狗，是你们家的吗？"

"瞎猜！我们那儿从来没有这样的狗！"

"那就用不着白费工夫再上那儿去问了，"奥楚蔑洛夫说，"这是条野狗，用不着白费工夫说空话了。既然普洛诃尔说这是野狗，那它就是野狗。弄死它算了。"

"这不是我们的狗，"普洛诃尔接着说，"这是将军的哥哥的狗。他哥哥是前几天才到这儿来的。我们将军不喜欢这种小猎狗，他哥哥却喜欢。"

"他哥哥来啦？是乌拉吉米尔·伊凡尼奇吗？"奥楚蔑洛夫问，整个脸上洋溢着含笑的温情，"哎呀，天！我还不知道呢！他是上这儿来住一阵就走吗？"

"是来住一阵的。"

"哎呀，天！他是惦记他的兄弟了……可我还不知道呢！这么说，这是他老人家的狗？高兴得很……把它带走吧。这小狗还不赖，怪伶俐的，一口就咬破了这家伙的手指头！哈哈哈……得了，你干什么发抖呀？呜呜……呜呜……这小坏包生气了……多好的一条小狗崽子啊……"

普洛诃尔喊一声那条狗的名字，带着它从木柴厂走了。那群人就对着赫留金哈哈大笑。

"我早晚要收拾你！"奥楚蔑洛夫向他恐吓说，裹紧大衣，接着穿过市场的广场径自走了。

10. 简·爱（节选）

[英] 夏洛蒂·勃朗特

[提示]

那被人为割断的情丝，一旦重又相接时，爱情的火花会放射出更耀眼的光芒。深入体验一下两位主人公的心境吧，注意不要毫无心理根据地大喊大叫，因为那样的喊叫并不能体现罗切斯特和简·爱的真情实感。另外，人物言语的转换要自然，为了朗诵得流畅，可考虑删节"我说""他说"这些对话中间插入的文字。

……我端着托盘，托盘晃动着；水从玻璃杯里泼了出来；我的心又响又急地撞着我的肋骨。玛丽给我开了门，等我走进去以

后，又关上。

客厅看上去阴惨惨的；一小堆没人照料的火在炉栅里低低地燃烧着。屋子的瞎主人头靠在高高的老式壁炉架上，俯身对着火。他那条老狗派洛特躺在一边，没挡着他的路，蜷缩着，仿佛怕被意外地踩着似的。我一进去，派洛特就竖起耳朵，接着就吠叫着，呜咽着，跳起身，朝我蹦过来，差点儿把我手里的托盘都撞掉了。我把托盘放在桌上；然后拍拍派洛特，轻轻地说，"躺下！"罗切斯特先生机械地转过身，看看这阵骚乱是怎么回事；可是，他什么也没看见，于是便转过身去，叹了口气。

"把水给我吧，玛丽。"他说。

我拿了只剩半杯水的玻璃杯走近他。派洛特跟着我，还是十分兴奋。

"什么事？"他问。

"躺下，派洛特！"我又说了一遍。他还没把水拿到嘴唇边，就停了下来，似乎在听；他喝了水，放下杯子。"是你吗，玛丽，是不是？"

"玛丽在厨房里。"我回答。

他用一个很快的姿势伸出手来，可是看不见我站在哪儿，他没碰到我。"这是谁？这是谁？"他问，似乎在竭力用那双失明的眼睛看看——无效的、痛苦的尝试啊！"回答我——再说话！"他专横地大声命令道。

"你再要一点儿水吗，先生？杯子里的水让我泼掉了一半。"我说。

"是谁？谁在说话？"

"派洛特认识我，约翰和玛丽知道我在这儿。我今天晚上刚到。"我回答。

"天啊——我面前出现了什么幻觉啊？我让什么甜蜜的疯狂

控制住了啊？"

"不是幻觉——不是疯狂；你的心灵很坚强，不会出现幻觉，你的身体很健康，不会发疯。"

"说话的人在哪儿呢？只有个声音吗？哦！我看不见，可是我得摸摸，不然，我的心要停止跳动，我的脑子要爆炸了。不管你是什么——不管你是谁——让我摸摸吧，不然我活不下去了！"

他摸索着；我一把抓住他那只在瞎摸的手，用双手握住它。

"正是她的手指！"他嚷了起来；"正是她那又小又细的手指！如果是的话，那就不止这一双手。"

这只男人的手挣脱了我的束缚；我的胳臂给抓住了，我的肩膀、脖子、腰，我整个儿给搂住了，靠拢他。

"是简吗？那是什么？这是她的模样——这是她的身材——"

"这是她的声音，"我加上说，"她整个儿在这儿；她的心也在这儿。上帝保佑你，先生！我真高兴，又这样靠近你了。"

"简·爱！——简·爱！"这是他所说的一切。

"我亲爱的主人，"我回答，"我是简·爱；我已经找到了你——我回到你这儿来啦。"

"真的？——活着？我的活着的简？"

"你摸到了我，先生——你抓住了我，抓得够紧的；我可不是冷得像尸体，也不是空得像空气，是不是？"

"我的活着的亲人！这的确是她的四肢，这的确是她的五官；可是在我遭到了那么多不幸以后，我不可能这样幸福。这是梦；是我夜里曾经做过的那种梦，我梦见过像现在这样再把她搂在怀里，像这样吻她——觉得她爱我，相信她不会离开我。"

"我永远也不愿离开你，先生，从今天起。"

"永远不，幻觉是这么说的吗？可是我总是一觉醒来，发现那是个空幻的嘲笑；我孤独，被遗弃——我的生活黑暗、寂寞、毫无希望——我的灵魂干渴，却给禁止喝水——我的心饥饿，却一直得不到食物。温存柔和的梦啊，偎依在我的怀里吧，你也会飞走的，像你的那些姐姐在你以前飞走一样；可是在你离开以前，吻吻我吧——拥抱我吧，简。"

"哪，先生——哪！"

我把嘴唇放到他那一度明亮而现在无光的眼睛上——我把他额头上的头发拂开，也吻了他的额头。他突然似乎惊醒过来；他相信这一切都是真的了。

11. 项　链（节选）

[法]莫泊桑

[提示]

以下只是根据路瓦栽夫人"借链——丢链——赔链"的主要情节节选的几个片段，朗诵时可加些衔接语，使之连贯。"借链"，特别是晚会中的成功令她兴奋、满足、陶醉；可"丢链"，使她惶恐、焦急、痛苦，一落千丈；而"赔链"，不仅赔的是钱，还赔去了她的青春和美貌，尤其意料之外的是"假项链"的"揭晓"，更充满嘲讽和奚落。本作品心理描写细腻入微，情节结构跌宕多姿，它会使你的朗诵技巧得到充分发挥。

有一天傍晚，她丈夫得意扬扬地回家来，手里拿着一个大信封。

"看呀，"他说，"这里有点东西给你。"

她高高兴兴地拆开信封，抽出一张请柬，上面印着这些字：

"教育部部长乔治·朗蓬诺暨夫人，恭请路瓦栽先生及夫人于一月十八日（星期一）光临教育部礼堂，参加晚会。"

她不像她丈夫预料的那样高兴，她懊恼地把请柬丢在桌上，咕哝着：

"你叫我拿着这东西怎么办呢？"

"但是，亲爱的，我原以为你一定很欢喜的。你从来不出门，这是一个机会，这个，一个好机会！我费了多大力气才弄到手。大家都希望得到，可是很难得到，一向很少发给职员。你在那儿可以看见所有的官员。"

她用恼怒的眼睛瞧着他，不耐烦地大声说：

"你打算让我穿什么去呢？"

他没有料到这个，结结巴巴地说：

"你上戏园子穿的那件衣裳，我觉得就很好，依我……"

他住了口，惊惶失措，因为看见妻子哭起来了，两颗大大的泪珠慢慢地顺着眼角流到嘴角来了。他吃吃地说：

"你怎么了？你怎么了？"

她费了很大的力，才抑制住悲痛，擦干她那润湿的两腮，用平静的声音回答：

"没有什么。只是，没有件像样的衣服，我不能去参加这个晚会。你的同事，谁的妻子打扮得比我好，就把这请柬送给谁去吧。"

他难受了，接着说：

"好吧，玛蒂尔德。做一身合适的衣服，你在别的场合也能穿，很朴素的，得多少钱呢？"

她想了几秒钟，合计出一个数目，考虑到这个数目可以提出来，不会招到这个俭省的书记立刻的拒绝和惊骇的叫声。

末了，她迟疑地答道：

"准数呢，我不知道，不过我想，有四百法郎就可以办到。"

他脸色有点发白了，他恰好存着这么一笔款子，预备买一杆

猎枪，好加入打猎的团体，夏季的星期天，跟几个朋友到南代尔平原去打云雀。

然而他说：

"就这样吧，我给你四百法郎。不过你得把这件长袍做得好看些。"

晚会的日子近了，但是路瓦栽夫人显得郁闷、不安、忧愁。她的衣服却做好了。她丈夫有一天晚上对她说：

"你怎么了？看看，这三天来你非常奇怪。"

她回答说：

"叫我发愁的是一颗珍珠、一块宝石都没有，没有什么戴的。我处处带着穷酸气。很想不去参加这个晚会。"

他说：

"戴上几朵鲜花吧。在这个季节里，这是很时新的。花十个法郎，就能买两三朵富丽的玫瑰。"

她还是不依。

"不成……在阔太太中间露穷酸相，再难堪也没有了。"

她丈夫大声说：

"你多么傻呀！去找你的朋友弗莱思节夫人，向她借几样珠宝。你跟她很有交情，这点事准可以办到。"

她发出惊喜的叫声。

"真的，我倒没想到这个。"

……

晚会的日子到了，路瓦栽夫人得到成功。她比所有的女宾都漂亮、高雅、迷人，她满脸笑容，兴高采烈。所有的男宾都注视她，打听她的姓名，求人给介绍；部里机要处的人员都想跟她跳舞，部长也注意她了。

她狂热地兴奋地跳舞，沉迷在欢乐里，什么都不想了。她陶醉于自己的美貌胜过一切女宾，陶醉于成功的光荣，陶醉在人们对她的赞美和羡妒所形成的幸福的云雾里，陶醉在妇女们所认为最美满最甜蜜的胜利里。

……

她脱下披在肩膀上的衣服，站在镜子前边，为的是趁这荣耀的打扮还在身上，再端详一下自己。但是，她猛然喊了一声。脖子上的宝石项链没有了。

她丈夫已经脱了一半衣服，就问：

"什么事情？"

她吓昏了，转身向着他说：

"我……我……我丢了弗莱思节夫人的项链了。"

他惊惶失措地直着身子，说：

"什么！……怎么啦！……哪儿会有这样的事！"

他们在长袍褶里、大衣褶里寻找，在所有口袋里寻找，竟没有找到。

他问：

"你确实相信离开舞会的时候它还在吗？"

"是的，在教育部走廊上我还摸过它呢。"

"但是，如果是在街上丢的，我们总听得见声响。一定是丢在车里了。"

"是的，很可能。你记得车的号码吗？"

"不记得。你呢，你没注意吗？"

"没有。"

他们惊惶地面面相觑。末后，路瓦栽重新穿好衣服。

"我去，"他说，"把我们走过的路再走一遍，看看会不会找着。"

他出去了。她穿着那件参加舞会的衣服，连上床睡觉的力气

也没有，只是倒在一把椅子里发呆，精神一点也提不起来，什么也不想。

七点钟光景，她丈夫回来了。什么也没找着。

后来，他到警察厅去，到各报馆去，悬赏招寻，也到所有车行去找。总之，凡有一线希望的地方，他都去过了。

她面对着这不幸的灾祸，整天等候着，整天在惊恐的状态里。

晚上，路瓦栽带着瘦削苍白的脸回来了，一无所得。

"应该给你的朋友写信，"他说，"说你把项链的搭钩弄坏了，正在修理。这样，我们才有周转的时间。"

她照他说的写了封信。

过了一个星期，他们所有的希望都断绝了。

路瓦栽好像老了五年，他决然说：

"应该想法赔偿这件首饰了。"

......

他开始借钱了。向这个借一千法郎，向那个借五百法郎，从这儿借五个路易，从那儿借三个路易。他签了好些债券，订了好些使他破产的契约。他跟许多放高利贷的人和各种不同国籍的放债人打交道。他顾不得下半世的生活了，冒险到处签着名，却不知道能保持信用不能。未来的苦恼，将要压在身上的残酷的贫困，肉体的苦楚，精神的折磨，在这一切的威胁之下，他把三万六千法郎放在商店的柜台上，取来那挂新的项链。

......

第十年年底，债都还清了，连那高额的利息和利上加利滚成的数目都还清了。

路瓦栽夫人现在显得老了。她成了一个穷苦人家的粗壮耐劳的妇女了。她胡乱地挽着头发，歪斜地系着围裙，露着一双通红的手，高声大气地说着话，用大桶的水刷洗地板。但是有时候，她丈夫办公去了，她一个人坐在窗前，就回想起当年那个舞会来，那个晚上，她多么美丽，多么使人倾倒啊！

要是那时候没有丢掉那挂项链，她现在是怎样一个境况呢？谁知道呢？谁知道呢？人生是多么奇怪，多么变幻无常啊，极细小的一件事可以败坏你，也可以成全你！

有一个星期天，她到极乐公园去走走，舒散一星期来的疲劳。这时候，她忽然看见一个妇人领着一个孩子在散步。原来就是佛来思节夫人，她依旧年轻，依旧美丽动人。

路瓦栽夫人无限感慨。她要上前去跟弗莱思节夫人说话吗？当然，一定得去。而且现在她把债都还清，她可以完全告诉她了。为什么不呢？

她走上前去。"你好，珍妮。"

那一个竟一点也不认识她了。一个平民妇人这样亲昵地叫她，她非常惊讶。她磕磕巴巴地说：

"可是……太太……我不知道……你一定是认错了。"

"没有错。我是玛蒂尔德·路瓦栽。"

她的朋友叫了一声：

"啊！……我可怜的玛蒂尔德，你怎么变成这样了！……"

"是的，多年不见面了，这些年来我忍受着许多苦楚……而且都是因为你！……"

"因为我？……这是怎么讲的？"

"你一定记得你借给我的那挂项链吧，我戴了去参加教育部夜会的那挂。"

"记得。怎么样呢？"

"怎么样？我把它丢了。"

"哪儿的话，你已经还给我了。"

"我还给你的是另一挂，跟你那挂完全相同。你瞧，我们花

了十年工夫，才付清它的代价。你知道，对于我们这样什么也没有的人，这可不是容易的啊！……不过事情到底了结了，我倒很高兴了。"

佛来思节夫人停下脚步，说：

"你是说你买了一挂宝石项链赔我吗？"

"对呀，你当时没有看出来？简直是一模一样的呢。"

于是她带着天真的得意的神情笑了。

佛来思节夫人感动极了，抓住她的双手，说：

"唉！我可怜的玛蒂尔德！可是我那一挂是假的，至多值五百法郎！……"

12. 麦琪的礼物（节选）

[美] 欧·亨利

[提示]

一对感情深笃的夫妇，圣诞节互赠礼品本是正常之事，可丈夫杰姆的表情、行动却有些怪异，这里到底有些什么蹊跷，朗诵者要安排好你的语调，卖上几个"关子"，让听众被你对情节的推进所吸引吧！

到了七点钟，咖啡已经煮好，煎锅也放在炉子后面热着，准备炸肉排。

杰姆从没有晚回来过。德拉把表链对折了握在手里，在他进来必经的门口那张桌子角上坐下来。跟着，她听到楼下梯级上有他的脚步声，她的脸白了一忽儿。她有一个为了日常最简单的事情说几句默祷的习惯，现在她悄声说："求求上帝，让他认为我还是美丽的。"

门打开了，杰姆走进来，随手关上。他的外表很瘦削，非常严肃。可怜的人，他只有二十二岁——就负起了家庭的担子！他需要一件新大衣，手套也没有。

杰姆在门内站住了，像一条猎狗嗅到鹌鹑似的纹丝不动。他的眼睛盯着德拉，所含的神情是她不能理解的，这使她大为惊慌。那既不是愤怒，也不是惊讶，更不是不满，又不是嫌恶，不是她所预料的任何一种神情。他只带着那种奇特的表情凝视着她。

德拉挪动身子从桌上跳了下来，走近他身旁。

"杰姆，亲爱的，"她喊道，"别那样盯着我看。我把头发剪掉卖了，因为不送你一些礼物，我过不了圣诞节。头发会再长出来的——你不会在意吧，是不是？我非这么不可。我的头发长得快极啦。说句'恭贺圣诞'吧！杰姆，让我们快快乐乐。我给你买了一件多么好——多么美丽的好东西，你怎么猜也猜不到的。"

"你真把头发剪掉了吗？"杰姆吃力地问了一句，仿佛他经过最艰苦的思索之后，还没有把显而易见的事实弄明白似的。

"不但剪掉，而且卖掉了，"德拉说，"不管怎样，你还是一样地喜欢我吗？虽然没有了头发，我还是我，不是吗？"

杰姆好奇地向房里四下张望。

"你说你的头发没有了吗？"他带着几乎像是白痴般的神情问道。

"你不用找它了。"德拉说，"我告诉你，已经卖了——卖掉，没有了。今天是圣诞节前夜，孩子。好好地待我，头发剪掉是为你呀。我的头发可能数得清，"她突然非常温柔地接下去说，"但是我对你的情爱谁也数不清。我把肉排烧上好吗？杰姆？"

杰姆好像忽然从恍惚中醒过来。他把德拉搂在怀里。为了不要冒昧，让我们花十秒钟工夫瞧瞧另一方面无关紧要的东西吧。每礼拜八块钱的房租，或者每年一百万块钱的房租——那有什么

区别呢？一位数学家或是一位滑稽家会给你错误的回答。麦琪带来了宝贵的礼物，但是其中没有那件东西。这句晦涩的话，下文将有说明。

杰姆从大衣口袋里掏出一包东西，扔在桌上。

"别误会，德儿，"他说，"不管它是头发，刮脸、洗头，我对我的姑娘的爱情是决不会减低的。但是你只消打开那包东西，你就会明白，先前你为什么叫我愣住了。"

敏捷白皙的手指匆匆撕开了绳索和纸张。接着是一声狂欢的呼喊；紧接着，哎呀！突然变成了女性神经质的眼泪和嚎哭，立刻需要房间的主人翁用尽方法来安慰她。

因为摆在眼前的是那套插在头发上的梳子——全套的发梳，两鬓用的，后面用的，应有尽有，那是百老汇路一个橱窗里的，德拉渴望了好久的东西。纯玳瑁做的，边上镶着珠子的美丽发梳——配那已经失去的美发，颜色恰恰合适。她知道这套发梳是很贵重的，是她心向神往而认为绝没有希望据为己有的东西。现在居然为她所有了，可是用来装饰那念念不忘的装饰品的头发却没有了。

但她还是把这套发梳搂在怀里不放，隔了好久她才能抬起迷蒙的泪眼含笑对杰姆说："我的头发长得多快呀，杰姆！"

跟着，德拉像一只给火烫着的小猫似的跳了起来叫道："喔！喔！"

杰姆还没有看到他的美丽的礼物。她热切地伸出摊开的手掌递给他。那无知无觉的宝贵金属仿佛闪闪反映着她快活和热诚的神情。

"漂亮吗，杰姆？我走遍了全市才找到的。现在你每天要把表看上百来遍了。把你的表给我。我要看看它配在表上的样子。"

杰姆并没有照她的话做，却倒在榻上，用手枕着头笑了起来。

"德儿，"他说，"让我们把圣诞节的礼物放在一边，暂时保存起来。它们实在太好了。现在用了未免可惜。我是卖掉了金表才有钱去买你的发梳的。现在请你炸肉排吧。"

那三位麦琪,诸位知道,都是有智慧的贤人——非常有智慧的——他们带来礼物送给生在马槽里的圣子耶稣。他们首创了圣诞节馈赠礼物的风俗。他们既然有智慧,他们的礼物无疑也是贤明的,可能附带一种碰上收到同样的东西可以交换的权利。我的拙笔在这儿告诉了诸位一个没有曲折、不足为奇的故事,那两个住在一间公寓的笨孩子,极不聪明地为了对方而牺牲了他们一家最大的宝贝。但是让我对目前一般聪明人最后说一句话,在所有馈赠礼物的人当中,那两个人是最聪明的。在一切授受礼物的人当中,像他们这样的人也是最聪明的。无论在什么地方,他们都是最聪明的。他们就是麦琪。

13. 最后一课

[法]都 德

[提示]

只是一堂课的时间,可小弗朗士仿佛成了大弗朗士了。只是二十分钟左右的时间,你能让听众通过你的朗诵,辨别出小弗朗士的思想变化和发展吗?你能像小弗朗士那样,从韩麦尔先生的神情、服饰、语言和动作着手,刻画出他的伟大爱国主义精神吗?你能像小弗朗士那样,将周围的环境都注入感情色彩,起到渲染烘托作用吗?

那天早晨,上学,我去得很晚,心里很怕韩麦尔先生骂我,况且他说过要问我们分词,可是我连一个字也说不上来。我想就别上学了,到野外去玩玩吧。

天气那么暖和,那么晴朗!

画眉在树林边婉转地唱歌;锯木厂后边草地上,普鲁士兵正

在操练。这些景象，比分词用法有趣多了；可是我还能管住自己，急忙向学校跑去。

我走过镇公所的时候，看见许多人站在布告牌前边。最近两年来，我们的一切坏消息都是从那里传出来的：败仗啦，征令啦，司令部的各种命令啦。我——也不停步，只在心里思量："又出了什么事啦？"

铁匠华希特带着他的徒弟也挤在那里看布告，他看见我在广场上跑过，就向我喊："用不着那么快呀，孩子，反正你到学校总是挺早的！"

我想他在拿我开玩笑，就上气不接下气地赶到韩麦尔先生的小院子里。

平常日子，学校开始上课的时候，总有一阵喧闹，就是在街上也能听到。开课桌啦，关课桌啦，大家怕吵捂着耳朵大声背书啦……还有老师拿着大铁戒尺在桌子上紧敲着，"静一点，静一点……"

我本来打算趁那一阵喧闹偷偷地溜到我的座位上去；可是那一天，一切偏安安静静的，跟星期日的早晨一样。我从开着的窗子望进去，看见同学们都在自己的座位上了；韩麦尔先生呢，踱来踱去，胳膊底下挟着那怕人的铁戒尺。我只好推开门，当着大家的面走进静悄悄的教室。

你们可以想象，我那时脸多么红，心多么慌！

可是一点儿也没有什么。韩麦尔先生见了我，很温和地说："快坐好，小弗朗士，我们就要开始上课，不等你了。"

我一纵身跨过板凳就坐下。我的心稍微平静了一点儿，我才注意到，我们的老师今天穿上了他那件挺漂亮的绿色礼服，打着皱边的领结，戴着那顶绣边的小黑丝帽。这套衣帽，他只在督学来视察或者发奖的日子才穿戴。而且整个教室有一种不平常的严肃的气氛。最使我吃惊的，后边几排一向空着的板凳上坐着好些镇上的人，他们也跟我们一样肃静。其中有郝叟老头儿，戴着他那顶三角帽，有从前的镇长，从前的邮递员，还有些旁的人。个个看来都很忧愁。郝叟还带着一本书边破了的初级读本，他把书翻开，摊在膝头上，书上横放着他那副大眼镜。

我看见这些情形，正在诧异，韩麦尔先生已经坐上椅子，像刚才对我说话那样，又柔和又严肃地对我们说："我的孩子们，这是我最后一次给你们上课了。柏林已经来了命令，阿尔萨斯和洛林的学校只许教德语了，新老师明天就到。今天是你们最后一堂法语课，我希望你们多多用心学习。"

我听了这几句话，心里万分难过。啊，那些坏家伙，他们贴在镇公所布告牌上的，原来就是这么一回事！

我的最后一堂法语课！

我几乎还不会作文呢！我再也不能学法语了！难道这样就算了吗？我从前没好好学习，旷了课去找鸟窝，到萨尔河上去溜冰……想起这些，我多么懊悔！我这些课本，语法啦，历史啦，刚才我还觉得那么讨厌，带着又那么重，现在都好像是我的老朋友，舍不得跟它们分手了。还有韩麦尔先生也一样。他就要离开了，我再也不能看见他了！想起这些，我忘了他给我的惩罚，忘了我挨的戒尺。

可怜的人！

他穿上那套漂亮的礼服，原来是为了纪念这最后一课！现在我明白了，镇上那些老年人为什么来坐在教室里。这好像告诉我，他们也懊悔当初没常到学校里来。他们像是用这种方式来感谢我们老师四十年来忠诚的服务，来表示对就要失去的国土的敬意。

我正想着这些的时候，忽然听见老师叫我的名字。轮到我背书了，天啊，如果我能把那条出名难学的分词用法从头到尾说出来，声音响亮，口齿清楚，又没有一点儿错误，那么任何代价我都愿意拿出来的，可是开头几个字我就弄糊涂了，我只好站在那里摇摇晃晃，心里挺难受，头也不敢抬起来。我听见韩麦尔先生对我说：

"我也不责备你，小弗朗士，你自己一定够难受的了。这就是了，大家天天都这么想：'算了吧，时间有的是，明天再学也不迟。'现在看看我们的结果吧。唉，总要把学习拖到明天，这正是阿尔萨斯人最大的不幸。现在那些家伙就有理由对我们说了：'怎么？你们还说自己是法国人呢，你们连自己的语言都不会说，不会写！……'不过，可怜的小弗朗士，也并不是你一个人的过错，我们大家都有许多地方应该责备自己呢。"

"你们的爹妈对你们的学习不够关心。他们为了多赚一点钱，宁可叫你们丢下书本到地里、到纱厂里去干活儿。我呢，我难道没有应该责备自己的地方吗？我不是常常让你们丢下功课替我浇花吗？我去钓鱼的时候，不是干脆就放你们一天假吗？……"

接着，韩麦尔先生从这一件事谈到那一件事，谈到法国语言上来了。他说，法国语言是世界上最美的语言——最明白，最精确；又说，我们必须把它记在心里，永远别忘了它，亡了国当了奴隶的人民，只要牢牢记住他们的语言，就好像拿着一把打开监狱大门的钥匙。说到这里，他就翻开书讲语法。真奇怪，今天听讲，我全都懂。他讲的似乎挺容易。我觉得我从来没有这样细心听讲过，他也从来没有这样耐心讲解过。这可怜的人好像恨不得把自己知道的东西在他离开之前全教给我们，一下子塞进我们的脑子里去。

语法课完了，我们又上习字课。那一天，韩麦尔先生发给我们新的字帖，帖上都是美丽的圆体字："法兰西""阿尔萨斯""法兰西""阿尔萨斯"。这些字帖挂在我们课桌的铁杆上,就好像许多面小国旗在教室里飘扬。个个人那么专心,教室里那么安静!只听见钢笔在纸上沙沙地响。有时候一些金甲虫飞进来,但是谁都不注意,连最小的孩子也不分心,他们正在专心画"杠子",好像那也算是法国字。屋顶上鸽子咕咕咕咕地低声叫着,我心里想:"他们该不会强迫这些鸽子也用德国话唱歌吧!"

我每次抬起头来,总看见韩麦尔先生坐在椅子里,一动也不动,瞪着眼看周围的东西,好像要把这小教室里的东西都装在眼睛里带走似的。只要想想:四十年来,他一直在这里,窗外是他的小院子,面前是他的学生;用了多年的课桌和椅子,擦光了,磨损了;院子里的胡桃树长高了;他亲手栽的紫藤,如今也绕着窗口一直爬到屋顶了。可怜的人啊,现在要他跟这一切分手,叫他怎么不伤心呢?何况又听见他的妹妹在楼上走来走去收拾行李!——他们明天就要永远离开这个地方了。

可是他有足够的勇气把今天的功课坚持到底。习字课完了,他又教了一堂历史。接着又教初级班拼他们的 ba,be,bi,bo,bu。在教室后排座位上,郝叟老头儿已经戴上眼镜,两手捧着他那本初级读本,跟他们一起拼这些字母。他感情激动,连声音都发抖了。听到他古怪的声音,我们又想笑,又难过。啊!这最后一课,我真永远忘不了!

忽然教堂的钟敲了十二下。祈祷的钟声也响了。窗外又传来普鲁士兵的号声——他们已经收操了。韩麦尔先生站起来,脸色惨白,我觉得他从来没有这么高大。

"我的朋友们啊,"他说,"我——我——"

但是他哽住了,他说不下去了。

他转身朝着黑板,拿起一支粉笔,使出全身的力量,写了几个大字:

"法兰西万岁！"

然后他呆在那儿，头靠着墙壁，话也不说，只向我们做了一个手势："放学了——你们走吧。"

三、散文朗诵技巧练习

1. 心海浮藻

高　低

[提示]

作者所议论的一个个问题，你肯定不会感到陌生，作者所阐发的一个个道理，你肯定也不会觉得深奥，但未必你已深刻理解，深切体会。即使你已理解了，体会了，朗诵也不必板着面孔，直着嗓门。请你亲切些，再亲切些。

镇定：胜利的影子

遇事不慌，情急不乱，处惊不变，临危不惧。没错，这正是镇定的形象。

面对一条出人意料的消息，一副处于劣势的棋局，一次突如其来的事变，一场敌众我寡的战役，脸不改色心不跳，它的病历卡上绝无"血压升高，出一身冷汗！"之类的症状。它冷静地思谋沉着地应付，最终漂亮地解决问题或打败对手。胜利，永远是镇定的影子。

谁握有镇定，谁就握有镇难石、定心丸。

镇定的父母是理智和冷静的，感谢你们生养、培育了这么一个好孩子。

距离：魅力制造者

距离，两点之间的那一段长度。

空间与空间的相隔，时间与时间的相隔，心髓与心髓的相隔，都造成了距离。

缩短空间的距离，用火箭、飞机、列车、轮船；缩短时间的距离，用考古、温史、读书、回忆；缩短心髓的距离，用了解、对话、接触、相处。

距离一旦缩短或消失，陌生和隔膜自然跟着消失。这时候，由距离派生出来的神秘感和朦胧美很可能也随之消失。

距离竟是一位制造魅力的魔法师。

一段距离缩短或消失了，新的距离又在诱惑世人的意志。从一定的意义上理解，人类社会发展的过程，也就是缩短或消弭、又产生距离的过程。

当然，世界上有一些事物是需要永远保持距离的，但这个视角同本文的宗旨业已有一段距离了。

宽　容

宽容，得有大海一样的胸怀。宽容，意味着具有雍容豁达的气度，不计较，不追究……

当一个人为究竟要不要宽恕对方而苦恼时，他的心正经受一回煎熬，一场考验。难怪一个人宽容了一次，就成熟了一分。

宽容，它不叫别人流血而自己流血。

宽容，无异于亮出真善美的旗号招纳另一颗或几颗损伤过自己的心，这是一种心灵上的招兵买马。它跟屈膝投降、软弱可欺和无原则的迁就，是两股道上跑的车。

宽容只要用的是地方，准能起到百川归海的作用。

好些人的失误与吃亏，就在于他们未学会宽容。

宽容是很难的，唯其难，在人生的天平上才显出其分量。

放宽肚量，容纳世界吧！

激　动

激动，一个不安分不听话的孩子。哪儿动怒，哪儿快乐，它便往哪儿凑热闹，并且又嚷又跳，兴致越来越高。

激动闯到哪里，哪里就气氛活跃而充满生机，当然也少不了惹事，因为它毕竟是个孩子。理智出门的时候，总是将它锁在家里，而情绪一上场，却偏偏爱把激动带在身边。

这个靠肝火熏大的孩子，有时可爱，有时叫人头疼。它有很多缺点，或许一辈子也难以成熟，要是你收养它的话，将来等你上了年纪它还可能远离你。但它依然得到人们的抚育。谁都知道，它诚实、直爽、活泼，鲜灵灵一个有个性的孩子。

放逐"激动"的世界，是一个死气沉沉的世界。

沉　默

提及沉默，我沉默了。

沉默中诞生和谐，沉默中诞生觉悟，沉默中诞生生命，沉默中诞生奇迹，沉默中诞生雷霆，沉默中诞生真理。即使是那些打破沉默的宣言、创举，也无一不是在沉默中诞生的。

在某些场合，沉默比客套更现尊严。

在某些地方，沉默比出击更有力量。

你不要以为沉默仅仅是一种思索，一种不发出任何声响的缄默。

有时，它还是万事万物的主宰呢。

至于因胆怯而沉默，抑或用沉默来掩饰自己的无能，那只是"沉默"这支队伍里的弱者。

感　激

感激也分档次哩。

天才对于发现自己的伯乐，其感激渗进了一个个巨大的成功之中。

儿女对于养育自己的父母，其感激表现为毕生尽其孝道。

壮士对于援助自己的贤人，其感激是到关键时刻挺身而出。

市民对于馈赠自己的亲友，其感激注重于"你送我半斤咸鸭，我回你四两腊肉"。

傻瓜对于点拨自己的智者，其感激落实在肩膀上扛别人的脑袋。

"轿夫"对于提携自己的上司，其感激早化作一副媚态和更大的抬轿子的劲头。

……

感激各具形态。它可以是一份礼品，一桌酒席，一番言辞，一道目光，也可以什么都不是，某些感激是埋在心底，深藏不露的！

在感激这块土地上，尤其适宜于生长友谊和爱情。

无论观念如何更新，感激作为一种情感的反馈，其内涵一万年以后也改变不了。

关　照

关照，生活中的盐。

关照，并非仅仅是关怀照顾的简称。这是一种由责任、义务、友善、同情、钟爱组成的多元素的混合体，它的核心是良知。关照，会教你联想到隆冬田野里的暖房，盛夏烈日下的草帽，夜行途中的一束手电光……

人类的历史有多久，关照的历史就有多久。关照呵，你这人类最古老的礼品，时至今日，不论是赠者还是受者，心里都会觉

得舒坦欣幸。

关照，爱跟扶助相约而行；

关照，总与培养联袂而至；

关照，好同帮衬结伴而往。

间或，"关照"成了伪善者嘴上的口红。

间或，"关照"成了生意人牟利的手腕。

但这些绝非关照本身的过错，它们丝毫也无损于关照的形象。人与人之间依旧互相关心，彼此照应。人类社会能不断向前发展，真是多蒙"关照"啊！

理　解

理解，在哪儿？

它无形无色，抽象得不可捉摸。然而，理解对于人生又是那么至关重要。无怪乎人人都渴望理解，人人都觉得自己被人理解得太少，而更多的是误解、曲解、费解，乃至大惑不解。人世间有好多事之所以隔靴搔痒，格格不入，就是由于缺乏理解呵。

理解尽管玄妙，但它却渗透在我们的生活之中——

音乐会上的掌声；雪天送至的炭火；鞭辟入里的眉批；献给败者的花束；相见恨晚的碰杯；风雨同舟的伴侣……还有，未知你可曾留意：

小辈为了孤父寡母的晚晴，走进了婚姻介绍所；

来自对手的佩服，比同伴的喝彩更令人激奋；

世界上因为有了男人，女人才着意打扮。

有些人相处了一辈子，彼此仍不甚了解；有些人只需一个眼波，双方便心心相印。

有些人宁可要一个聪明的敌人，也不愿意要一个愚蠢的朋友。

有些人一副铁石心肠，却被一声问候叩开了泪的闸门。

这些，不正是理解在起作用吗？

理解事物是困难的，理解人更难——你得忍耐，探求，磨砺，斗争，甚至做出牺牲。

理解——心的感应。

这，便是我对理解的理解。

安　慰

谁没有安慰过别人或承受过别人的安慰呢？

安慰——关怀的嫡亲兄弟，鼓励的孪生姐妹。

失望者的心灵滴血了，它是止血的红汞；悲观者的灵魂淌泪了，它是拭泪的毛巾；颓丧者的思想泄气了，它是打气的气筒。有人在抚慰对方的同时，自己也求得了安慰。有人处在失意之中无人抚慰，于是就自我安慰。凡是在有人忧伤、烦恼、愁闷和痛苦的地方，就会有安慰。它是生活的盐碱地上冒出的庄稼，是社会的沙漠地带闪现的绿洲，情感的砂轮上爆出的火花。

有时，安慰可能成为隔靴搔痒，但它多少使人感受到别人的关切。

有时，安慰仅仅是一种好心的哄骗，但这也聊胜于无。

有时，安慰会来得不合时宜，人家的伤痛已趋于平复，你再去安慰，这不光于人无补，恐怕还要起副作用。

有时，安慰纯粹出于应付和搪塞，甚至出于一种心计，但这已经不是真正的安慰，而是安慰跟某种怪物结亲后生出的畸形儿了！

总之，任何人离不开安慰。不会或不愿宽慰别人的人，既得不到别人的慰藉，也享受不到人生的种种快慰。

给人安慰吧，在他或她不幸的时候。

我对于安慰津津乐道，自己也从中获得了某种心理上的安慰……

2. 桂林山水

陈　淼

［提示］

短短三百来字的文章，不消几分钟的时间，让人饱览了桂林山水的全景：天上、地下、水中，色彩、形态、声音。请你以漓江水那样舒缓、那样流畅、那样富有色彩的语调，让听众随着你的朗诵，如"荡舟漓江"，"走进这连绵不断的画卷"。

人们都说："桂林山水甲天下。"我们乘着木船，荡舟漓江，来观赏桂林的山水。

我看见过波澜壮阔的大海，欣赏过水平如镜的西湖，却从没看见过漓江这样的水。漓江的水真静啊，静得让你感觉不到它在流动；漓江的水真清啊，清得可以看见江底的沙石；漓江的水真绿啊，绿得仿佛那是一块无瑕的翡翠。船桨激起的微波，扩散出一道道水纹，才让你感觉到船在前进，岸在后移。

我攀登过峰峦雄伟的泰山，游览过红叶似火的香山，却从没看见过桂林这一带的山。桂林的山真奇啊，一座座拔地而起，各不相连，像老人，像巨象，像骆驼，奇峰罗列，形态万千；桂林的山真秀啊，像翠绿的屏障，像新生的竹笋，色彩明丽，倒映水中；桂林的山真险啊，危峰兀立，怪石嶙峋，好像一不小心就会栽倒下来。

这样的山围绕着这样的水，这样的水倒映着这样的山，再加上空中云雾迷蒙，山间绿树红花，江上竹筏小舟，让你感到像是走进了连绵不断的画卷，真是"舟行碧波上，人在画中游"。

3. 海行杂记

巴　金

[提示]

如果你能像作者一样，把星星比作"母亲""朋友""天上的巨人"，仿佛它们在"和我谈话""对我眨眼"，不仅心目中饱含着作者对大自然的情感，而且能充分表达出这种情感，那你的朗诵就可能成功。如果你能展开神奇的想象，仿佛看到并形象地描绘出文中的两幅海上月出图，一幅是"宝镜出东海"，一幅是"红灯挂石壁"，那你的朗诵就可能成功。

繁　星

我爱月夜，但我也爱星天。从前在家乡七八月的夜晚在庭院纳凉的时候，我最爱看天上密密麻麻的繁星。望着星天，我就会忘记一切，仿佛回到了母亲的怀里似的。

三年前在南京我住的地方有一道后门，每晚我打开后门，便看见一个静寂的夜。下面是一片菜园，上面是星群密布的蓝天。星光在我们的肉眼里虽然微小，然而它使我们觉得光明无处不在。那时候我正在读一些关于天文学的书，也认得一些星星，好像它们就是我的朋友，它们常常在和我谈话一样。

如今在海上，每晚和繁星相对，我把它们认得很熟了。我躺在舱面上，仰望天空。深蓝色的天空里悬着无数半明半昧的星。船在动，星也在动，它们是这样低，真是摇摇欲坠呢！渐渐地我的眼睛模糊了，我好像看见无数萤火虫在我的周围飞舞。海上的夜是柔和的，是静寂的，是梦幻的。我望着那许多认识的星，我仿佛看见它们在对我眨眼，我仿佛听见它们在小声说话。这时我忘记了一切。在星的怀抱中我微笑着，我沉睡着，我觉得自己是一个小孩子，现在睡在母亲的怀里了。

【附三】 朗诵艺术技巧和文体练习

有一夜，那个在哥伦波上船的英国人指给我看天上的巨人。他用手指着：那四颗明亮的星是头，下面的几颗是身子，这几颗是手，那几颗是腿和脚，还有三颗星算是腰带。经他这一番指点，我果然看清楚了那个天上的巨人。看，那个巨人还在跑呢！

海上生明月

四围都静寂了。太阳也收敛了最后的光芒。炎热的空气中开始有了凉意。微风掠过了万顷烟波。船像一只大鱼在这汪洋的海上游泳。突然间，一轮红黄色大圆饼似的满月从海上升了起来。这时并没有万丈光芒来护持它。它只是一面明亮的宝镜，而且并没有夺目的光辉。但是青天的一角却被它染成了杏红的颜色。看！天公画出一幅何等优美的图画！它给人们的印象，要超过所有的人间名作。

这面大圆镜愈往上升便愈缩小，红色也愈淡，不久它到了半天，就成了一轮皓月。这时上面有无际的青天，下面有无涯的碧海，我们这小小的孤舟真可以比作沧海的一粟。不消说，悬挂在天空的月轮月月依然，年年如此，而我们这些旅客，在这海上却只是暂时的过客罢了。

与晚风、明月为友，这种趣味是不能用文字描写的。可是真正能够做到与晚风、明月为友的，就只有那些以海为家的人！我虽不能以海为家，但做了一个海上的过客，也是幸事。

上船以来见过几次海上的明月。最难忘的就是最近的一夜。我们吃过午餐后在舱面散步，忽然看见远远的一盏红灯挂在一个石壁上面。这红灯并不亮。后来船走了许久，这盏石壁上的灯还是在原处。难道船没有走么？但是我们明明看见船在走。后来这个闷葫芦终于给打破了。红灯渐渐地大起来，成了一面圆镜，腰间绕着一根黑带。它不断地向上升，突破了黑云，到了半天，我才知道这是一轮明月，先前被我认为石壁的，乃是层层的黑云。

4.落 花 生

许地山

[提示]

作品写了人、记了事，然而"意"在"人要做有用的人，不要做只讲体面而无用的人"。作品写了老、少、男、女的对话，然而整篇语言平易、朴素。作者用了白描的笔法，写就了这篇意味浓郁的《落花生》，我们应该用"白描"的语调，朗诵出《落花生》的浓郁意味，切忌走向"落花生"的反面——华而不实。

我们家的后园有半亩空地，母亲说："让它荒着怪可惜的。你们那么爱吃花生，就开辟出来种花生吧。"我们姐弟几个都很高兴，买种，翻地，播种，浇水，没过几个月，居然收获了。

母亲说："今晚我们过一个收获节，请你们父亲也来尝尝我们的新花生，好不好？"我们都说好。母亲把花生做成了好几样食品，还吩咐就在后园的茅亭里过这个节。

晚上天色不太好，可是父亲也来了，实在很难得。

父亲说："你们爱吃花生吗？"

我们争着答应："爱！"

"谁能把花生的好处说出来？"

姐姐说："花生的味美。"

哥哥说："花生可以榨油。"

我说："花生的价钱便宜，谁都可以买来吃，都喜欢吃。这就是它的好处。"

父亲说："花生的好处很多，有一样最可贵：它的果实埋在地

325

里，不像桃子、石榴、苹果那样，把鲜红嫩绿的果实高高地挂在枝头上，使人一见就生爱慕之心。你们看它矮矮地长在地上，等到成熟了，也不能立刻分辨出来它有没有果实，必须挖出来才知道。"

我们都说是，母亲也点点头。

父亲接下去说："所以你们要像花生，它虽然不好看，可是很有用，不是外表好看而没有实用的东西。"

我说："那么，人要做有用的人，不要做只讲体面，而对别人没有好处的人了。"

父亲说："对。这是我对你们的希望。"

我们谈到夜深才散。花生做的食品都吃完了，父亲的话却深深地印在我的心上。

5. 在紫色的纪念册上

施雁冰

[提示]

忽而过去，忽而今天；忽而城市，忽而草原；忽而舞台，忽而校园。现实与历史碰撞，时间与空间交叉，苦涩和温馨相融。请定准朗诵的总基调，串起这本"紫色的纪念册"。

我在母校的大楼里寻找，寻找着逝去的梦。

暗红色的楼梯板，曾印满了我青春的足迹。如今楼梯板已不复存在，代替它的是灰色的水门汀。冷漠、凝冻的铅灰掩盖了一切。有谁会想起，三十年前有一群青年，曾在这儿留下了青春的脚步。一阵笑语声从后面传来，是年轻的一群，也是来参加校友会的。拉毛衫，高跟鞋，长波浪——没有熟悉的人。没有人像当年一样亲热地叫我："喂！小林！"也没有人再会这样说："我相信，在我的同学中将会有一位伟大的舞蹈家。"

莫名的惆怅、淡淡的哀愁涌上眉梢。啊！我这个被时间抛弃的人！

　　大礼堂里已做好开会的一切准备。主席台掩映在红白相间的花丛中。雪白的台毯上，摆着一只只奶黄色的瓷杯。背后的天幕是淡蓝色的，显得宽广而深远。蓝色的幕布，使我想起了蓝色的湖。耳边似乎响起了熟悉的旋律，那是《喀什噶尔舞曲》：

　　喀什噶尔天空是蓝的，

　　喀什噶尔湖水是青的，

　　你不答应我要求，

　　我向喀什噶尔跳下去！

　　……

　　三十年前的晚会上，经常有这个舞蹈节目。自己是舞台的中心，扮演"美丽的姑娘"。还记得那个伴舞的小伙子，唱到"我向喀什噶尔跳下去"时，右手向前一甩，做个笨拙的跳河动作，引得哄堂大笑。他本来跳得不怎么样，只是因为没有人，才选上了他。而我的舞姿则是纯熟的。老师和同学几乎一致认为我将是一个出色的舞蹈家。于是，我在想象中编织着美丽的梦。

　　人生的舞台毕竟与戏剧舞台不同，我的幻梦还没实现，一九五七年，成了时代的罪人。不久便离开了这个全国最大的城市，贬到喀什噶尔湖。绿水蓝天，草原上飘来阵阵清香，要比舞台上的布景美千万倍，可我再没有心思也不能跳喀什噶尔舞，倒想"向喀什噶尔跳下去"。可惜的是连个跳河的笨拙动作都没做。

　　喇叭里传来了高亢的音乐，赶散结束了的噩梦。我发现自己还呆立在舞台下面，金色的阳光洒满了一身。人群熙来攘往，有的已坐在位子上了，像当年，来看我的演出。多么想让时光倒流，我将翩翩起舞，我将引吭高歌。啊！我这个不甘心被时间抛弃的人！

随着人流来到教室，来到花园，来到饭厅……

"喂！小——啊！林！"竟然有人叫我。

是个清瘦的中年男子，身上穿着深蓝色哔叽中山装。脸上那颗痣，很是熟悉。他不是我当年的舞伴吗？记得中学毕业前夕，他因迷恋于舞蹈、球赛——而在这方面他是没有任何天才的——致使语文不及格而重考。当时几乎心灰意懒。后来改了"行"，成了稍有名气的人物，这次去北京考特级工程师路经上海。

他侃侃而谈，那么豁达、自信，与过去仿佛是两个人。我无言以对。我有什么可汇报的呢？——向故人？三十年白了少年头，过去的雄心壮志已不复存在了。

他若有所思，拿出一本小册子说："让你看一样东西。"

这是一本褪了色的紫色纪念册，上面写满了老师和同学的临别赠言。有一页是我的，上面写着四个字："来者可追！"当时写小册子时的心情，不过想炫耀一下自己，特意从陶渊明《归去来辞》的两句话"悟已往之不谏，知来者之可追"中摘取了四个字，以示渊博。无心插柳柳成荫，炫耀自己的东西，对他人却起了鼓舞作用。他改变了华而不实的作风，中学毕业后自修了一年，终于考上了一所全国闻名的理工科大学。

三十年，我俩的处境倒了个个儿。

他热情而诚挚地说："我当日最敬重的同学，我将以你过去的赠言赠还给你，我相信你会振作起来。"

于是，我们参观了校舍的每个角落，同享着回忆的欢欣。记得一九五二年除夕，我们几个同学曾在教室里坐到深夜，等待着时钟敲二十四点，迎接第一个五年计划的最早时辰。操场上，白粉画着的跑道闪亮耀眼。为了节约上学时间，当年曾在这儿学骑自行车。尽管手上、腿上摔破了皮，流了血，也没有灰心过。茅草亭里，一个夏日的早晨，曾怯怯地向团支部书记送上自己的入团报告。生活里充满着热力和希望。

我浑身热血沸腾起来，说不出是醒悟、企求还是向往。往日的豪情充满了心胸。像百米赛跑的运动员一样，我热切等待着再次起跑。

广播喇叭响了，校友会即将开始。随着热闹的人流，我迈着轻快的步伐，走向人生的舞台。

"来者可追！"不仅仅是为了炫耀自己的。

在这温暖的春日、熟悉的母校、紫色的纪念册中，我找到了那逝去的梦。

6. 论 求 知

[英]培 根

[提示]

切莫在"论"字上发愣，"求知"固然是一个"重大问题"。可文章的道理都是由此及彼、由浅入深地谈起，没有一点火药味，听不到一点枪炮声，因此，只有用亲切的语气朗诵，人们才会洗耳恭听。

求知可以作为消遣，可以作为装饰，也可以增长才干。

当你孤独寂寞时，阅读可以消遣。当你高谈阔论时，知识可供装饰。当你处世行事时，正确运用知识意味着力量。懂得事物因果的人是幸福的。有实际经验的人虽能够办理个别性的事务，但若要综观整体，运筹全局，却唯有掌握知识方能办到。

求知太慢会弛惰，为装潢而求知是自欺欺人，完全照书本条条办事会变成偏执的书呆子。

求知可以改进人的天性，而实验又可以改进知识本身。人的天性犹如野生的花草，无中生有学习好比修剪移栽。实习尝试则可检验修正知识本身的真伪。

　　狡诈者轻鄙学问，愚鲁者羡慕学问，唯聪明者善于运用学问。知识本身并没有告诉人怎样运用它，运用的方法乃在书本之外。这是一门技艺，不经实验就不能学到。不可专为挑剔辩驳去读书，但也不可轻易相信书本。求知的目的不是为了吹嘘炫耀，而应该是为了寻找真理，启迪智慧。

　　有的知识只需浅尝，有的知识只要粗知。只有少数专门知识需要深入钻研，仔细揣摩。所以，有的书只要读其中一部分，有的书只需知其梗概即可，而对于少数好书，则要精读，细读，反复地读。

　　有的书可以请人代读，然后看他的笔记摘要就行了。但这只限于质量粗劣的书。否则一本好书将像已被蒸馏过的水，变得淡而无味了！

　　读书使人的头脑充实，讨论使人明辨是非，做笔记则能使知识精确。

　　因此，如果一个人不愿做笔记，他的记忆力就必须很可靠。如果一个人只愿孤独探索，他的头脑就必须格外锐利。如果有人不读书又想冒充博学多知，他就必定很狡黠，才能掩饰他的无知。

　　读史使人明智，读诗使人聪慧，演算使人精密，哲理使人深刻，伦理学使人有修养，逻辑修辞使人善辩。总之，"知识能塑造人的性格"。

　　不仅如此，精神上的各种缺陷，都可以通过求知来改善——正如身体上的缺陷，可以通过运动来改善一样。例如打球有利于腰肾，射箭可扩胸利肺，散步则有助于消化，骑术使人反应敏捷，等等。同样，一个思维不集中的人，他可以研习数学，因为数学稍不仔细就会出错。缺乏分析判断力的人，他可以研习经院哲学，因为这门学问最讲究繁琐辩证。不善于推理的人，可以研习法律学。如此等等。这种种头脑上的缺陷，都可以通过求知来疗治。

7. 嫉妒谈片

毛 锜

[提示]

一提起"嫉妒",你也许会怒火中烧;看了《嫉妒谈片》,也许会使你火上浇油。但文中谈古论今广征博引,不是在一味说教,而是在启发你认清"嫉妒"是人类的"天敌"和"腐蚀剂"。请你不必慷慨激昂地朗诵,因为这毕竟不是演讲。

如果说瓢虫是棉蚜的天敌,那么嫉妒就是人才的天敌。

如果说锈斑是利器的腐蚀剂,那么嫉妒就是人才的腐蚀剂。

在中国,有一句俗话,叫作"小人不欲成人之美"。在西方有一句谚语叫作"房侍前无英雄"。你如果仔细去分析,都是嫉妒这个怪物从中作祟。

武大郎开酒店,不要比自己个儿高的。这是漫画家的"演义"。但隋炀帝因司隶大夫薛道衡写了一句比自己高明的诗句,因而杀了他却是真的。临刑时,隋炀帝还妒火中烧地说:"看你还能写'空梁落燕泥'这样的句子吗?"一副被嫉妒扭曲了的嘴脸,活灵活现。

真正有本事的人,敢于和乐于"让贤";怕别人威胁到自己饭碗的,大抵都是庸碌之辈。战国时著名的医学家扁鹊,不就是因为给秦武王看病,表现了非凡的医术,惹起秦太医令李醯的嫉妒,而把他借故杀害了吗?

法国科幻小说家凡尔纳,奇想联翩,饮誉海内,被人称为"科学幻想之父"。但临到死未能跨进法国科学院的大门,何故?

【附三】 朗诵艺术技巧和文体练习

331

只因为有 30 名嫉妒他的科学院士，用流言蜚语的墙挡住了他！

莫里哀本是一个流浪喜剧剧团的普通演员，无人知晓，倒也安生。但忽然大写讽刺世态的剧本，一下子激起了一股嫉妒的旋风，横加指责，群起而攻之。评论家布瓦楼非常气愤，挺身而出为莫里哀辩护道：

尽管一群嫉妒的人，
鄙夷作色，大胆指摘
你最优秀的作品，也是枉然；
莫里哀，其天真的美好
将一代又一代传之永久，
后人看了，会一样开怀。

嫉妒是人类的一种痼疾，它必然要遭到一切明达之士的唾弃和批判。从爱国诗人屈原到古希腊著名哲学家，曾多次痛心疾首地论述嫉妒的危害，"嫉妒实在是纷扰的源泉"，也是嫉妒者"自己的敌人"。

四、寓言朗诵技巧练习

1. 会叫的猫

黄瑞云

[提示]

请吸取"会叫的猫"的教训，不必声嘶力竭地模拟那"会叫的猫"的话。不然会适得其反，离"目的"愈走愈远。

一只会叫的猫对它的朋友诉苦说："真奇怪，你这样闷声不响，人们偏喜欢你。他们对我可非常粗暴，我到哪儿他们都赶我。"

　　"大概是你做了对不起他们的事吧？"它的朋友，一只不大爱叫的猫说。

　　"没有啊。"

　　"那可能是你没有能力？"

　　"说哪儿的话！"会叫的猫说，"我会叫得很。"

　　"对啦，"它的朋友说，"恐怕问题就在这里，你应该从事你的工作，光叫有什么用呢！"

　　"我叫得可好听呢！"会叫的猫争辩说。

　　"再好听也没有用，猫的事业不在于叫啊。"

　　"你要知道，我叫得可认真呢！我通夜地叫，一叫起来，敢教整个村庄都听得见。"

　　"啊呀，"不爱叫的猫说，"我的朋友，你怎么还不明白，我们要做的工作和大嚷大叫是不相容的。你越是要叫，叫得越认真，也就越没有什么用啊！"

　　——如果具备的条件和所做的努力，同达到某个目的所要求的刚好相反，那么，那目的是永远也达不到的。

2. 知音的人

佚　名

[提示]

　　作品的结尾出人意料，更让人捧腹大笑。可这笑声里蕴含着讽刺，充满着幽默。想达到这样的艺术效果吗？请记住"我本无心说笑话，谁知笑话逼人来"这句名言。

从前有一个弹琴的人，自认为是天下少有的名手，可是旁人听了不但不称赞，反而都觉得十分讨厌，真把他气坏了，他决定离家外出，他想："这儿都是些俗人，他们怎么听得懂我美妙的琴声呢？我一定要周游各地，寻访知音的人。"然而走了许多地方，从没有一个人称赞过他一句。

一次，他在一家旅馆过夜，半夜三更，他又弹起琴来了，正当他弹得起劲的时候，忽然听见不远传来一阵女子凄惨的哭声。他连忙把琴停下来想仔细听时，哭声也跟着停止了。等他再弹时，哭声又起，一连几晚都是如此。这时他又奇怪而又高兴起来。他想，这一次可真遇到知音了。

他把旅馆的伙计找来，问那哭的女子是什么样的人，伙计告诉他说是个寡妇，丈夫刚死去不久。他听了更觉高兴，心想：从前司马相如不是因弹琴而打动了卓文君的吗？他连忙叫伙计把那妇人找了来。

他问道："你为什么每晚都要哭呢？是不是因听了我琴声的缘故？"

"是的。"她答道。

"为什么呢？"他高兴起来了。

"因为一听见你的琴声就想起我死去的丈夫。"她很伤心地说。

"你丈夫也很会弹琴吗？"他又问。

"他不会。"她说。

"那他是干什么的呢？"他感到很奇怪。

"他是弹棉花的。"

3. "谦虚"的大公鸡

佚　名

[提示]

在生活里你见过这样"谦虚"的"大公鸡"吗？他是胖是瘦，是高是矮，是老是少？请将此公画成"漫画"，再开口朗诵。

大公鸡对喜鹊说："谦虚是一种美德，而骄傲是生活的毒瘤。我向来敬重谦虚的邻居。"

喜鹊问："那么，在你的邻居中，谁算最谦虚的呢？是母鸡吗？"

大公鸡不以为然地说："母鸡可一点也不谦虚。下一个蛋就'咯咯咯'叫个不停，唯恐人们不知道它立下了功劳，简直是骄傲的典型！"

喜鹊又问："那么，黄猫呢？"

大公鸡说："黄猫更不行了！它每天在阳光下睡觉，见了人眯缝个眼睛，带搭不理的。而有时候，捉到了老鼠，吃饱了，便弓起腰，翘着尾巴，显得不可一世的样子，何以称得上谦虚？"

喜鹊再问："孔雀可称得起谦虚吗？"

大公鸡说："孔雀简直是自我标榜的典型！它自恃长了一条美丽的尾巴，见了穿花衣服的人，便开屏比美。如果把它称为谦虚者，那就把'谦虚'二字给糟践了！"

喜鹊思索了一刻便问："那么，谁是谦虚者呢？"

大公鸡说："最谦虚者，要算本大公鸡了。就以咱两个而论：比较起来，我每天早起'打鸣'，催促人们走上田野，而你只白天站在房头上'喳喳'空叫；可是，我也并不觉得比你的功劳大。我生了一身美丽的羽毛，五颜六色，光耀夺目，而你却灰吐噜的，像烟囱里钻出来的灰家雀；可是，我也并没有觉得比你优

【附三】朗诵艺术技巧和文体练习

335

越而不和你说话……还有，别的优点我不敢说很多，谦虚这一点，是可以自豪的……"

——大公鸡还没有觉悟到，以谦虚自豪本身就是骄傲。他正好存在着他所批评的毛病。

4. 猛禽收藏家

周冰冰

[提示]

你赞同这位猛禽收藏家的一片好心吗？你对猛禽们的抗议感到费解吗？想必答案是否定的。请将那些关键词语，话里有话地点送到听众的耳朵里，让他们咀嚼、回味。

显赫的人物是各有其所好的。

我要讲的这位人物喜欢养鸟。不过他养的不是委婉动听的百灵和夜莺，也不是能言善道的八哥和鹦鹉，而是凶猛强悍的猛禽，隼鹰、黄鹰、秃鹰以至猫头鹰……他把这些捉来的猛禽都装在养鸟的笼子里，鸟笼造得牢固精致。

主人在亲友会聚的丰盛宴会上，以得意的口气赞扬这些猛禽："朋友们，请你们参观一下这些凶猛的天使吧！我非常爱它们，所以才把它们保护起来。人们不是常说海阔凭鱼跃，天高任鸟飞吗？在我的培养下，它们会生长得更好，更能施展它们的飞翔本领！"

亲友们随声附和着点头称赞，可猛禽们却提出了抗议："主人方才说'海阔凭鱼跃，天高任鸟飞'，你把我们囚在这个只能容身的笼子里，既不给我们空间，也不给我们时间，怎么能让我们施展飞翔的本领呢？"

主人态度平和地说："你们不要曲解我的一片好意。我之所以这样做，目的不过是爱你们，保护你们啊！在这里你们不愁吃不愁喝，你们何必在多灾多难的自然界里生活呢？"这些娓娓动听的言辞，一点儿也没打动猛禽们的心，它们仍旧是提出抗议。

主人态度斯文地说："好吧，你们不就是想冲出笼子去追求那广阔的空间和充裕的时间吗？给我一段时间让我好好想一想。到时候，你们就会完全满意了。"

5. 蠢 驴

邵 京

[提示]

驴子三次设想三次否定、向猴子的两次请教和两次行动，猴子的两次回答……这一切你能赋予它们不同的色彩，一步步很分明地体现出来吗？

有头驴子，听到人们骂它"蠢驴"，很不服气，它想学样本事，气气人们。

驴子想：我跟谁学本事呢？对了，跟老虎学捕食。啊，不行，它虽然有本事，可太凶残了。对了，跟孔雀学化妆。啊，不行，它虽然有本事，可太风流了。对了，跟蜜蜂学建筑。啊，不行，它太爱唠叨。哎，跟谁学好呢？

驴子思前想后，觉得没有合适的本事可以学。于是，它决定拜访猴子，请它出出主意。要知道，猴子可有个聪明脑袋。

猴子听驴子诉完了苦衷，想了一会儿，说："我看啊，你还是去买些书吧。据我所知，有学问的人都有很多书。要知道，有学问可是件好事，会得到许多人的赞扬。"

就这样，驴子买来了很多书，它觉得，从此以后，自己就是学问家了。人们再也不会对它出言不逊。谁知，它还是听见人们

骂"蠢驴"。

驴子伤心极了，决定再去问问猴子。

猴子听完驴子的叙述，埋怨道："你可真笨，买了书要看啊。要知道有学问的人可都爱'咬文嚼字'！"

驴子茅塞顿开，它乐颠颠地跑回家，拼命咬书，看见字就嚼，折腾了好几天，才把文"咬"掉，字"嚼"完，这下，驴子可神气啦，认为自己真的成了天下有名的学问家。

可是，真奇怪，不知为什么，驴子仍然听见人们叫它"蠢驴"。

6. 白鹅的翅膀

飞　翔

[提示]

白鹅的翅膀大而无用，可它那骄傲的神情，趾高气扬的夸张语调，与那谦虚的灰鸽、不卑不亢的蜜蜂形成了鲜明的对照。抓住它们的特点，找到你生活中的"白鹅""灰鸽""蜜蜂"。

白鹅伸长颈子，昂起头，在院子里大摇大摆地走着。它看见一只灰鸽从头上飞过，落在屋檐边，便张开翅膀使劲拍了几拍，用洪亮的嗓音对鸽子说："灰鸽，灰鸽，我们比一比，看你的翅膀大，还是我的翅膀大？"

鸽子"咕咕"笑道："我当然比不过你，你的翅膀比我的大得多！"

"我的大，我的大"，白鹅非常得意，欢呼着说，"我的翅膀大，鸽子比输啦！"它高高地挺起胸脯，摇摇摆摆地来田边的油菜花下。蓦地，一个小黑点在空中划过，落在油菜花上。白鹅瞪着两眼看去，只见一只小蜜蜂。于是，它又张开翅膀，用力地拍打着地面，放声笑道："哦，哈哈！你那薄薄的透明的玩意儿，也叫翅膀吗？"

"嗡嗡，是翅膀。"蜜蜂从油菜花上飞起来，轻轻地回答道，"我的翅膀虽然很小很小，但能飞很远很远的路。嗡嗡，对不起，我要送花粉回蜂房去了，你愿意陪我飞一阵吗？"

小蜜蜂说完，"嗡嗡"地飞远了。白鹅使劲地扇动两只翅膀，示威似的想飞起来，可是刚离地，就跌落在地上了。

这时，从天空传来一阵清亮的鸽哨声，灰鸽正在白云里矫健地飞翔，扇动着被白鹅取笑过的翅膀。

白鹅悄悄地收拢自己曾经炫耀过的大翅膀，眼里露出惶惑的神情。

7. 狼 和 羊

[俄] 克雷洛夫

[提示]

你也许会觉得这故事写得十分生动、形象。可你心目中明确了它所寄托的寓意了吗？你也许已经悟出了作品的寓意，可你能将它含而不露地在你的朗诵中体现出来吗？

狼把羊蹂躏得厉害，羊简直活不下去了。事情闹得那么糟糕，结果引起兽国统治者的严重注意，而且要采取办法来保护羊群。

于是，就把高级官吏们召来开会。说实话，高级官吏中就有好几只是狼。但也有报告书上说得很好的狼呀：这些德高望重的狼——时常有人讲到他们的德政，而且还提出了无可辩驳的证据——有人看见它们温文尔雅地走过羊群，当它们的肚子吃得饱饱的时候。再说，又何必拒绝好名声的狼参加会议呢？既然羊可以有权提出控告——那么也就没有理由虐待狼呀！

在密林深处，会议开始了。凡是要申诉的，都让它适当地发

表意见，然后制定了一条十全十美的法律。现在我逐字逐句地把这条法律记录如下：

"只要发现狼企图侵犯羊群，羊群因而将受到欺压时，不论这只狼是谁，羊都有权利抓住狼的咽喉，把狼押到最近的矮树丛或森林中的法庭上去。"

法律的条文没有什么需要增删的地方，但是我却看到，虽然大家都在说，不管羊是原告还是被告，总不应该把狼放过去，不过到现在为止，狼却还是把羊拖进林子里去。

8. 狮子和老鼠

〔俄〕克雷洛夫

[提示]

看看这个狮子和老鼠，想想那个"羊和水牛"，朗诵时你能由此及彼，举一反三吗？

老鼠十分低声下气地来见狮子，它要求狮子准许它住在附近的一棵树底下。老鼠这样恳求道：

"在我们整个儿森林里，你是强大的，赫赫有名的；我敢保证，谁也没有狮子大王力量大，你只要大吼一声，所有的野兽就都心惊胆战。然而，保不住会有什么意外发生，也可能需要什么人为你效劳。虽然我的身体小，但说不定我也可以对你有点儿用处。"

"什么！"狮子大声吆喝道，"你这个混账的小畜生，你竟这样的满脑门子都是骄傲自大！你简直是该死！你再不滚开，我就把你杀了！快滚，不然你就完蛋了！"

老鼠吓得要命，失魂落魄，拔起腿来就跑，溜得踪影全无了。

然而，狮子大王的骄傲自大，不久就得到了报应。有一天夜里，狮子出去找点儿可口的肉类，竟堕入了罗网。它的一切力量全没有用处：咆哮也罢，呻吟也罢，都没有效力；不论它怎么撕、怎么扭，也冲不破结实的罗网，猎人已经牢牢地把它逮住了。人们把它关在笼子里，把它摆出来展览。

已经太晚了，狮子想起不该那么轻蔑地拒绝老鼠的建议：检查自己的飞来横祸，狮子想道："这些个小牙齿，能够很快地咬破那把我毁了的罗网！我骄傲自大，就是自取灭亡！"

优秀的读者，为了追求真理，我还要添上一句年轻时听到的话。"不要把痰吐在井里，哪天你口渴的时候，也要上井边来喝水的。"大家这样说，不是没有充足的理由的。

9. 猴 子

金 江

[提示]

这猴子虽说做事有头有"尾"，可东奔西跑，喋喋不休，够它忙的。朗诵者得做到忙而不乱，稳中有变。作品最后对猴子的评价，明知是作者的反话，可你要"信以为真"，"一本正经"地去赞美猴子，这样一定会取得讽刺的效果。

黄牛在田里耕种，猴子跑去对它说：

"我来帮你耕种吧！"

猴子起劲地动了两下犁耙，忽然好像想起了什么似的，对黄牛说：

"真抱歉！我还有一件重要的事未做，不得不离开一下。你知道我对耕种是多么热爱，因为这是一件非常有意义的工作。可是现在只得偏劳你了。"

猴子拍掉自己身上沾的泥土，急急走了。

老鹰在树上筑窠，猴子看见了，便上树对它说：

"我来帮你建筑吧！你知道我是多么喜欢筑窠这件工作，因为这是一门非常有价值的科学。"

猴子帮老鹰热心地搭了几根树枝，又忽然好像想起了什么似的，对老鹰说：

"十分抱歉，我还有一件非常紧要的工作未做，不得不离开一下，请原谅！"

猴子像煞有介事似的，跳下树很快地走了。

猴子遇见兔子在山边打地洞，便跑过去对它说：

"噢，打洞是一件了不起的工作，我来帮助你打吧！"

猴子用力地挥了几下锄头，又像前面的一样，忽然想起了什么，用拳敲着自己的脑袋说：

"哎呀，我真忙昏了！还有一件非常重要的事情，非我去一下不可，只得先告辞了，抱歉，抱歉！"

猴子拍拍自己的屁股，匆匆忙忙地走了。

到了秋天，谷子成熟了。大家都称赞：

"这谷子长得真不错！"

猴子说："这是我和黄牛一同耕种的！"

树上的窠造好了，大家见了都说：

"这个窠造得真牢固，又漂亮！一定是出于名建筑师之手。"

猴子谦逊地说："不敢，不敢！这是我和老鹰一起造的！"

兔子的地洞打好了，大家看了都一致称赞：

"这件工程真伟大啊！"

猴子说："哪里，哪里！这不过是我和兔子一点小小的劳动成绩，不足挂齿！"

——猴子真是越来越谦逊了，因为大家都说它是多么"不平凡"的人物啊！

10. 乌鸦和猪的"谅解"

湛 庐

[提示]

朗诵时可赋予猪和乌鸦不同的色彩，可别忘了描绘出它们的相同表现，提示出它们的共同本质。此外，本作品如同《木偶探海》一样，文章最后点明了寓意。你能从本书第五章第四节的阐述中触类旁通，在朗诵实践中运用吗？

乌鸦在一株树上，看见下面有一只浑身长满黑毛的猪。

"哈哈！这个黑家伙，多难看呀！"乌鸦说。

猪向四处看了看，发现说话的是乌鸦，也就说："讲话的，原来是一个黑得可怜的小东西！"

"你说谁？你也不看看你自己！"乌鸦气愤地说。

"你也看看你自己吧！"猪也很气愤。

它们争吵了一阵，就一道去池塘，证实谁更黑得难看。它们从水里照了照自己，又互相端详了一下，谁也不开口了。但乌鸦忽然高兴起来说："其实，黑有什么不好看呢？"

"我也以为黑是很好看的。"猪也快乐地说。

——这只是一点比喻，是说：我们应该警惕，不要因为彼此都有同样的缺点，就互相原谅，并且把缺点当作优点自称自赞起来。

11. 寓言诗三首

刘 征

[提示]

谁要是一味效仿蚊子，发出又轻又尖的刺耳声音，模拟铁牛那样板着铁青的脸孔，学田鼠、蛤蟆的吱吱哇哇叫，听众准会被你吓

跑。可生活中毕竟有类似蚊子那样甜言蜜语的马屁精，跟铁牛一样耿直的憨厚人，有田鼠那样不辨是非、贪图小利的人，有蛤蟆那样神通广大、心术不正的人，你就找到生活中的这些依据进行朗诵艺术的创作吧。而三面镜子各指的是什么？明确之后，要体验作品中的"人"照了这三面镜子之后的不同感觉。感觉得越深，体现得越真，讽刺意味越浓。

烤天鹅的故事

一阵阵馋人的香味透出厨房，
热烘烘的烤炉里正在吱吱作响。
"大嫂，在烤什么山珍海味？"
窗外的田鼠对窗里的蛤蟆大声叫嚷。

"他大叔，不是鸡雏也不是麻雀，
是一只仙鸟，羽毛跟白雪一样。"
"怎么，弄到了一只天鹅吗？
您真有通天的本事，不比寻常。"

田鼠的话蛤蟆打心眼儿里爱听，
她打开话匣子拉起了家常：
"看你说的，我也没什么本事，
事在人为嘛，还不是靠朋友帮忙。

你知道，池塘管理员鹭鸶爱吃鱼，
我送了几条上好的鲤鱼请他品尝。
一来二去，我们成了过得着的朋友，
经他介绍，我跟飞禽界有了来往。

由鹭鸶我结识了鼎鼎大名的仙鹤，
由仙鹤又结识了老雕，那山林之王。
后来，我跟雕夫人拜了干姐妹，
她爱吃螃蟹，我给她送去一大筐。

雕夫人陪我走进她家的餐厅，
我第一次吃到天鹅肉，又嫩又香。
我请求她帮我弄一只天鹅，
没多久，她就满足了我的希望。"

"这下子，你全家可以饱餐一顿，
也许我也能分一碗美味的鹅汤。"
"不行！不瞒您说，他大叔！
这稀罕物儿我早已安排了用场。

我打算请喜鹊先生来吃个便饭，
他才真正通天，能见到织女牛郎。
如果他肯赏脸来尝尝天鹅的味道，
通过他，就不难弄到天上的凤凰。"

且住！我这该死的笔胡诌些什么？
蛤蟆能吃到天鹅肉，岂不荒唐！
但"关系"是笑眯眯的特殊许可证，
凤凰，也许真的会放进蛤蟆的烤箱。

铁牛和蚊子

铁牛一声不响，在湖边上坐着，
蚊子围着铁牛的耳朵嗡嗡地唱歌：
"我跑遍南北，观察过天下的牛，
像您这样了不起的牛从来没见过。"

"水牛力大无穷，也甘拜下风；
黄牛又矮小又窝囊，更不必说；
连号称山林之王的独角犀牛，
在您的面前也好像矮了许多。"

蚊子偷眼看看，铁牛不动声色，
清清嗓子，唱得更加甜蜜柔和：
"您的威名远远超出了家畜界，
这是大家公认，可不是我乱说。

"地球上的动物谁也比不了您：
大象傻里傻气，狮子残忍刻薄，
连那自吹为万物之灵的人类，
也只配做狗的主人，猴子的大哥。"

蚊子偷眼看看，铁牛睬也不睬，
提了提神，调门又提高了许多：
"您的声誉已经传到九霄之上，
这小小的地球又能算得什么？

王母领略过您高强的手段，

牛郎见了您要叫一声老伯。
可是您跟所有的大人物一样，
总是谦虚谨慎，厌恶歌功颂德。"

蚊子偷眼看看，铁牛脸色铁青，
心想：对这个傻瓜何必多费唇舌！
于是它伸出吸管朝着牛皮猛力刺去，
吸管碰断了，牛皮一点没有刺破。

   * * *

阿谀奉承的确比刀枪还危险，
曾玷污多少圣贤，颠覆多少王国。
但它也会像肥皂泡那样自己破灭，
如果听话者长着一双铁牛的耳朵。

三面镜子

三面神奇的镜子，各有特点：
第一面镜子能把魔鬼照成天仙，
第二面镜子能把天仙照成魔鬼，
第三面，能照出最真实的容颜。

三面镜子争论得面红耳赤，
都说自己能受到人的称赞。
为了证明他们之中谁是胜利者，
一天早上，一同走进人的房间。

人，梳洗完毕突然发现，
三面镜子放在香水瓶的旁边：

"我不记得有这么三面镜子,
可是既然有了,就该享用一番。"

于是他拿起了第一面镜子,
镜子里是谁? 他揉了揉眼。
花一般的容貌,雪一般的肌肤,
乌黑的长发像闪闪发亮的流泉。

"谁说我……咳,不必再提它!
原来我的美丽真的赛过天仙。"
他连忙拿出一个镶着宝石的匣子,
小心翼翼地把镜子收藏在里边。

第二面镜子又拿在他手中,
镜子里是谁? 他吓得失声叫喊。
是猪,是狼,是猩猩,不——
简直是地狱里的魔鬼逃到人间。

他举起拳头,但又转念一想:
用它来照别人倒也十分方便。
他连忙拿出一个镶着珍珠的匣子,
小心翼翼地把镜子收藏在里边。

最后,他拿起了第三面镜子,
这绝不是我! 他忽然怒气冲天。
照出一些小毛病倒还罢了,
照出那满头秃疮实在难堪。

"怎能容忍这骇人听闻的诽谤！
我要抗议，要维护人的尊严！"
于是他举起拳头，只听当的一声，
把第三面镜子砸成一堆碎片。

五、剧本朗诵技巧练习

1. 吝 啬 鬼（阿巴贡独白）

[法]莫里哀

[提示]

阿巴贡早已成为世上吝啬鬼的代名词，抓住"抠"字，找到句与句之间的不同点，细致地揣摩吝啬鬼的心理状态，让语调跌宕起伏，变化万千，正如人物此时那七上八下无法平静的心境，切忌一喊到底。

（他在花园就喊："捉贼！捉贼！"出来帽子也没有戴）捉贼！捉贼！捉凶手！捉杀人犯！王法，有眼的上天！我完啦，叫人暗害啦，叫人抹了脖子啦，叫人把我的钱偷了去啦。这会是谁？他去了什么地方？他在什么地方？他躲在什么地方？我怎么样才找得着他？往什么地方跑？不往什么地方跑？他不在那边？他不在这边？这是谁？站住，还我钱，混账东西……（他抓住自己的胳膊）啊！是我自己。我神志不清啦，我不晓得我在什么地方，我是谁，我在干什么。哎呀！我可怜的钱，我可怜的钱，我的好朋友！人家把你活生生从我这边抢走啦；既然你被抢走了，我也就没有了依靠，没有了安慰，没有了欢乐。我是什么都完啦，我活在世上也没有意思啦。没有你，我就活不下去。全完啦，再也无能为力啦，我在咽气，我死啦，我叫人埋啦。难道没有一个人愿意把我救活过来，把我的宝贝钱还我，要不然也告诉我，是谁把它拿走的？哦？你说什么？没有人。不管是谁下的这个毒手，他一定用心在暗地里憋我来的：不前不后，正好是我跟那忤逆儿子讲话的时候。走，我要告状，拷问全家大小：女用人、男用人、儿子、女儿，还有我自己。这儿聚了许多人！我随便看谁一眼，谁就可疑，全像偷我的钱的贼。哎！他们在那边谈什么？谈那偷我的钱的贼？楼上什么声音响？他会不会在上头？行行好，有谁知道他的下落，求谁告诉我。他有没有藏在你们当中？他们全看着我，人人在笑。你看吧，我被偷盗的事，他们一定也有份。快来呀，警务员，宪兵，队长，法官，刑具，绞刑架，刽子手。我要把个个儿人绞死。我找不到我的钱呀，跟着就把自己吊死。

2. 啊，野麦岭（续）——新绿篇（日本电影，阿竹单白）
[提示]

要深入挖掘台词后面的丰富内容，把阿竹从小到大是怎么走过的坎坷之路，自己也一步一步地以阿竹的身份"走一走"，在心里体验体验她的每一个生活细节和难以回首的往事。当你无法抑制自己的心境时，就用你的心灵将台词倾吐出来吧。

　　我做了个梦。雪不停地下着，真冷啊！我……爬呀，爬呀，怎么爬，也爬不到头！……我是在爬野麦岭啊！当时我十五，常治比我大一岁，我们一起爬山。冒着大风大雪，翻过了野麦岭。当时我只是想：要是能赚钱回去，就能够养活父母，这样一来，家里就能够……吃上白米饭，还能穿上……好点的衣服，让常治……让我……都能够过上……幸福的生活……（笑）可这十年，我这样干又得到了什么呀！……过的是地狱一样的日子……不管怎么拼命地干，也没有好日子过……想到这些，我就……

下雪的时候……我老是想：啊，不要去踩这个雪吧，就这样保留着它：我自己的一辈子，也要像雪一样的纯洁！……看看现在，自己的身子和人格……都给糟蹋了！……（哭）永远也不可能有幸福的生活，永远也不会有……永远……不会有……

3. 杜 十 娘（杜十娘独白）

佚　名

[提示]

剧本一开始就要求演员"无限痛楚地"，而朗诵者万万不可不动心地只做痛苦状，要将过去的场景，一幕幕地在眼前闪过，要真体验、真感受、真思考。无体验、无感受、无思考地带有哭腔地背诵台词，是骗不了观众的。只有真挚地用心去倾吐才能感动"上帝"。

（三更鼓响，夜深人静。）

（无限痛楚地）啊！……夜深了……我杜十娘好命苦啊！……想当初，我在行院之中，有多少王孙公子要赎我出去，是我执意不肯相从。可叹我无知瞎了双眼，错把李甲认作诚实的君子，轻信了他那甜言蜜语，海誓山盟。实指望，跟随他从此脱离苦海，重归良门，夫妻恩爱，同心偕老。……谁料想，他却是个薄情无义、人面兽心之徒。竟然为了一千两银子，就把我转卖给他人！……啊，……（低泣）可怜我一片痴情，竟遭如此绝情！……到如今，满目凄凉，举目无亲，反复思量没有生路，只有一死了此残生吧！

（恨不欲生，急步欲向舱外，忽然止步）不，我不能如此不明不白地死去。我要等到天明，当着众人之面，说明此事，再

怀抱宝箱，投江一死，叫他落个人财两空。（稍停又转念）可是……我这样一死，有何人替我申冤，哪个为我报仇？！（略思）有了，我想这宝箱乃是能人所造，滴水不进，我不免写下申冤大状，放在箱内，待我死后，若有人把我的尸体打捞起来，宝箱权当谢礼，就请他与我十娘申冤诉苦！（立即取纸笔，边说）唉！杜薇呀，杜薇！想不到这滚滚长江，就是你葬身之地了！（写好后边哭边读）

"家住绍兴府卢家村，自幼父母双亡孤苦伶仃，被人拐带进京卖入娼门，学习弹唱，我名杜薇排行叫十娘。今与李甲结为夫妻同转家乡。来到这瓜州遇见了盐商孙富，李甲贪图银两，变了心肠把我卖掉。我满腹辛酸事无处诉说！天哪！天哪！叫天天不应，我只得怀抱宝箱，同葬长江，若有人把我尸首打捞上岸，这宝箱权当谢礼，敬请义士为我申冤报仇啊！"（叠好放宝箱内，看舱外）啊！……天就要亮了，待我去梳妆起来。

4.《我为什么死了》（"女人"旁白）

谢　民

[提示]

把观众当作你最知己的朋友，把你在"文革"中的悲惨遭遇都告诉他们。但别忘了，你又是个多么乐观、爽快、活泼、爱说爱笑、浑身充满了活力的女青年。跟你的朋友直接交流起来吧！他们会理解你的。

（微微一笑）你们知道我是谁吗？知道吗？我敢说你们猜不着！我敢说，把你们当中的一千个聪明人集合起来，做出一万个答案，也不能说清楚我这个实体。因为……因为跟你们说话的这个人早已离开了人世间，总而言之，我是个死人！我是在一九七八年春天去世的。这是一个使人充满希望的名副其实的春天，九亿人民身上的每一个细胞都充满了活力。我渴望在这有意义的年代里生活下去，但是很不幸，在一场人为的刺激下，我的严重心脏病发作了。我死的时候才三十三岁，就像现在这个模样。（笑着摇摇头）想起来真逗！我活着的时候很爱唱歌，简直不懂得发愁。我唱歌唱得好极了，（唱）啦啦啦，啦，啦，啦，啦啦啦……啦！我生过一个女儿，可是一生下来就被别人抢走了，至今下落不明。想起来真是一场滑稽戏，真逗，哈，哈，哈，哈！噢，你说什么？说我是个女鬼？一个鬼魂？哈，又错了！世界上根本就没有鬼魂存在！告诉你，我不过是作者笔下的一个有真实依据的人物，一个多少有点真实的"我"，一个似我非我，是作者在纸上把我画出来，逼着我活过来，在这里向你们演说我的十分可笑又十分悲惨的经历。他准保是个大笨蛋，因为我的遭遇可能叫人哭笑不得。哭笑不得，本身就好笑。因此，在我的故事开始之前，就得大笑一番。（十分畅快地笑）啊……哈，哈，哈！好了，开始吧，先从我的死……也就是故事的结尾演起。奏乐，奏欢乐的圆舞曲！

5.《蒲田进行曲》（日本电影，小夏和阿银的对白）

[提示]

当红银幕小生银四郎一心追求名利，为了巴结电影厂老板的女儿朋子，将已怀有身孕的女友小夏甩掉，并把小夏硬塞给替身演员安次。小夏与安次渐渐有了感情，并打算结婚；婚礼前夕，小夏在摄影棚一角又遇见了阿银。组织好他们的"动作线"，积极地"动作"起来，不仅善于说，善于影响对手，还要善于听，善于接受对手的刺激。对手的一个眼神，一个语气词，一个不一般的呼吸……都是你后面台词的依据。

小夏　阿银!

阿银　侬哦!

小夏　(笑)你一个人在这儿干什么呀?

阿银　要到晚上才有戏。怎么怎么,几个月不见,肚子都这么大了?

小夏　啊,啊,有时候还踢我呢!噢,对了,就像你睡着的时候踢我那样,踢得一模一样!

阿银　那太对不起了!啊——

小夏　阿银,下星期你也来参加……我和安次的婚礼吧?

阿银　好,我来,反正我也没别的事。

小夏　看你无精打采的,怎么啦?

阿银　最近,我的镜头都快删光了。

小夏　嗯。(笑)哎,我说,朋子怎么样?

阿银　别提了,有一回说要给我做饭,我挺高兴。可她变卦了,喝得醉醺醺躺在沙发上,害得我是一场空欢喜呀!

小夏　家务她做吗?

阿银　她这种人才不管呢!

小夏　那,房间里乱糟糟的啦?

阿银　简直是糟糕透了!她整天听那些噪音刺耳的唱片,累的时候真受不了!你知道的,我喜欢……听那种轻柔的抒情歌曲,对吗?喂,怎么啦?你干吗哭鼻子呀?

小夏　(抽泣)我听了……心里觉得太委屈你了……(哭)

阿银　还是你小夏心好。哦,婚礼仪式练习过了?

小夏　嗯……(摇头)

阿银　什么?这些家伙都是饭桶,办事真马虎!来,我教你,这样。

小夏　哎，（破涕为笑）是，啊，本来应该是这样的啊！我穿上洁白的礼服……

阿银　你……还想在那一天穿洁白的礼服？

小夏　当然啦！干吗不穿？

阿银　得了得了，你也不看看你这邋遢的身子！

小夏　穿上它，心会变得纯洁的！

阿银　女人啊，真是太可怕了！

小夏　接着，奏起了《婚礼进行曲》。

阿银　啊？

小夏　（唱）邦邦卡邦——邦邦卡邦——！

阿银　轻点！耳朵都炸了！

小夏　音量响一点，就把过去的事情冲得烟消云散了！

阿银　懂了懂了，于是，压轴的好戏就开始了：聚光灯照着你，照新郎的聚光灯也亮了，可人没有……

小夏　啊？

阿银　是啊，人没有！

小夏　这怎么办呢？那么……

阿银　当时一片混乱。"新郎没有，新郎哪儿去了？""快点去找新郎啊！"这时候，"哐"一下子，随着音乐声，聚光灯亮了，在灯光下站着的……是我！

小夏　啊？

阿银　不是安次，是穿着白色礼服的银四郎！哈哈哈！

小夏　哈哈哈！你可真会开玩笑！……

阿银　开玩笑？

小夏　啊？

阿银　你以为我开玩笑？你以为我不敢这样做？

小夏　……阿银，你难道……

阿银　哈哈哈！我能叫人吓一跳！你把手……伸过来。（给
　　　小夏戴戒指）瞧，正好！

小夏　你这是……

阿银　戒指啊！新郎送给新娘的……结婚戒指！

小夏　啊！

阿银　4克拉，花了三千万元，是用卖掉公寓的钱买的。

小夏　你这是做什么呀？！

阿银　咱们俩结婚！

小夏　别开玩笑！

阿银　不开玩笑，咱们俩结婚！

小夏　阿银！——（哭）

阿银　别哭，你别哭了，咱们俩有缘分，海枯石烂心不
　　　变嘛！

小夏　（哭）你忘了你是怎么待我的吗？

阿银　忘了那些吧！

小夏　（哭）再说，我已经……开始慢慢地喜欢安次了！

阿银　你撒谎！你说的不是真话，你真喜欢的……其实
　　　是我！

小夏　真喜欢安次！

阿银　好，那你回答：到底要不要跟我结婚？按说像你这样
　　　的女人，应该是跪在我的面前求我答应跟你结婚；现
　　　在反过来了，我这美男子……只好向你求婚了……

小夏　这戒指……你拿回去吧！

阿银　小夏，你，你这是？

小夏　我，到了安次家乡以后……就像我这样的一个女人，
　　　那里的人还夸我，叫我"好媳妇""好媳妇"哪。再
　　　说，安次的妈妈还特意嘱咐我，要我好好跟安次过，

所以我……要是变了心，怎么对得起他们……

阿银　小夏，你说什么？这么说，你想让我孤零零地生活？

小夏　我这是……怀胎八个月才想明白的……

阿银　明白什么啦？哦，我走了！……

小夏　一个女人……一辈子图什么呢？……

阿银　我可要走了，小夏！

小夏　还不就是图个能白头偕老的人吗？谁让你不跟我在一起啦？！（哭）

阿银　我可真要走了！难道……你没注意到我背上有个"孤独"的"孤"字吗？

小夏　注意到了！可是我只能让你走了！（哭）

阿银　你会后悔的！

小夏　是会后悔的，可还是……再见吧！

阿银　随你便！

小夏　阿银！（哭）

附赠：基本功和文学作品朗诵

（一）基本功　　示范：赵　兵

1.《满天星》

2.《十道黑》

3.《报书目》

4.《挡马》

5.《报菜名》

（二）文学作品

5级　　寓言《会叫的猫》朗诵者：赵　静

6级　　散文《理解》朗诵者：王　苏

7级　　唐诗《闻官军收河南河北》朗诵者：孙道临

　　　　现代诗《这也是一切——答一位青年朋友的

　　　　　　　〈一切〉》朗诵者：刘家桢

8级　　古文《口技》朗诵者：宋怀强

　　　　散文《立论》朗诵者：方　舟

9级　　宋词《声声慢》朗诵者：丁建华

　　　　唐诗《金铜仙人辞汉歌》朗诵者：孙道临

　　　　戏剧《哈姆雷特（节选）》朗诵者：孙道临

10级　　唐诗《将进酒》朗诵者：孙道临

　　　　小说《四世同堂（节选）》朗诵者：赵　兵

　　　　小说《简·爱（节选）》朗诵者：狄菲菲

20 世纪 80 年代末，我们在上海人民广播电台搞了一个"朗诵艺术基本知识讲座"之后，在"朗诵艺术基本知识讲座"的基础上，90 年代我们在中国戏剧出版社出版了《朗诵艺术》一书。

而后，在 21 世纪初，我们在《朗诵艺术》一书的基础上，又在上海世纪出版集团上海人民出版社、格致出版社推出了《朗诵艺术创造》一书，并作为朗诵水平等级考试的指导用书。

感谢广大读者的厚爱，每次出版，都会销售一空。这次承蒙文汇出版社的青睐，我们在《朗诵艺术创造》的基础上又出版了《朗诵艺术教程》一书。这本书的出版终于弥补了孙道临先生在序言中写下的遗憾，在书后附上了朗诵名家的朗诵音频（均为朗诵水平等级考试篇目）。

这么多年来，是工作的需要，更是由于广大朋友和读者的鼓励才给我们增添了信心和动力，我们对朗诵艺术始终投入了极大的热情和关心，除了朗诵艺术实践、教学以外，我们没有忘记将朗诵艺术研究的最新、最深体会奉献给热爱朗诵艺术的朋友和读者。

还是这句话：但愿这本书能为艺术百花园中朗诵这朵争妍夺目的奇葩洒上一掬清水。

希望这本书能为热爱朗诵艺术的朋友和读者多多少少提供一点帮助。

《朗诵艺术教程》的撰著出版，我们看作是语言工作者应尽的一份义务和责任，当作对广大热情朋友和读者的一点小小回报，为推动和引领朗诵艺术尽一些绵薄之力。

孙道临、乔奇两位艺术大师生前曾为本书作序，此次再版，亦是对两位先生最好的纪念。

最后，恳请看过本书的各位提出宝贵意见！

赵兵、王群

2021.12 于上海